꿈 너머 꿈을 꾸다

정도전의 조선 창업 프로젝트

꿈 너머 꿈을 꾸다

초판 1쇄 발행 2008년 6월 5일
초판 2쇄 발행 2012년 8월 1일

지은이 박남일
펴낸이 이영선
펴낸곳 서해문집
이 사 강영선
주 간 김선정
편집장 김문정
편 집 허 승 임경훈 김종훈 김경란 정지원
디자인 오성희 당승근 안희정
마케팅 김일신 이호석 이주리
관리 박정래 손미경

출판등록 1989년 3월 16일 (제406-2005-000047호)
주소 경기도 파주시 문발동 파주출판도시 498-7
전화 (031)955-7470 | **팩스** (031)955-7469
홈페이지 www.booksea.co.kr | **이메일** shmj21@hanmail.net

ISBN 978-89-7483-347-3 03910

꿈 너머 꿈을 꾸다

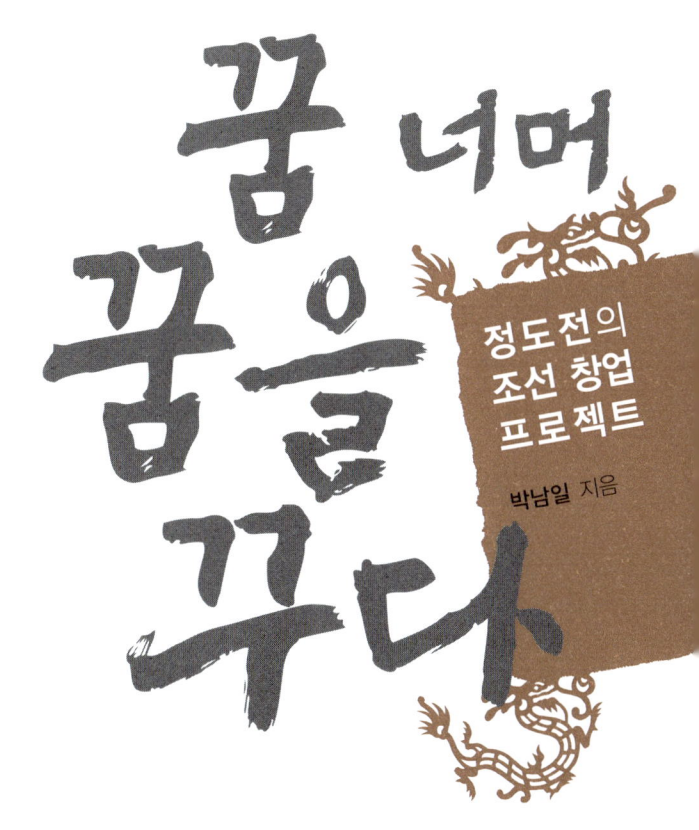

정도전의
조선 창업
프로젝트

박남일 지음

서해문집

역사 속
기획가와 만나다

역사는 '과거와 현재의 대화'라고 흔히 말한다. 영국 역사가 에드워드 카Edward H. Carr가 남긴 말이다. 그런데 사실상 우리는 역사와 대화를 잘 나누지 못한다. 왜 그럴까. 역사는 스스로 말하지 않고, 우리가 말을 걸어 줄 때에만 말하기 때문이다. 그렇다. 역사 속에서 진실을 발견하려면 우리는 일단 말을 걸어야 한다. 그렇다면 누구에게 말을 걸 것인가? 그 대화 상대를 잘 고르는 것이야말로 역사를 접하는 첫 관문이다.

세계 역사는 중요한 고비마다 뛰어난 기획가들에 의하여 재창조되었다. 기원전 4세기 무렵에는 마케도니아의 기획가 알렉산드로스 대왕이 끝없는 기획 전쟁을 벌이며 동서양 통합을 시도하였다. 기원전 2세기 전후 중국 땅은 유방劉邦의 책사 장양張良에 의하여 재창조되었다. 더불어 중세시대 칭기즈 칸의 명 참모 야율초재耶律楚材는 유라시아 대륙을 재편하는 놀라운 기획력을 발휘하였다. 나아가 공산주의를 기획하여 현대 세계를 둘로 가른 마르크스는 또 어떤가.

한반도 역사 또한 격변기마다 열정적인 기획가가 나타나서 '새로운 세상'을 꿈꾸며 '역사의 기획서'를 작성하였다. 하지만 그 기획서 대부분은 실행되기도 전에 폐기처분되기 십상이었다. 실행이 되더라도 사회 시스템으로 정착되는 경우는 거의 없었다. 다만 우리 역사 속에서 확실하게 성공한 기획가를 한 사람만 꼽으라면, '조선'이라는 거대 회사를 기획한 삼봉三峯 정도전鄭道傳이다. 이 걸출한 역사 기획가는 상상을 뛰어넘는 생각의 깊이와 넓은 안목으로 '조선 창업'이라는 초대형 프로젝트를 기획하였다. 그리하여 백성을 근본으로 하고, 신권臣權이 중심이 된 새로운 개념의 독특한 왕조국가를 창업하였다.

인류의 역사에서는 수많은 나라가 생겨나고 소멸하였다. 어떤 나라는 확장을 거듭하여 대제국이 되었고, 어떤 나라는 분열되어 주변 강대국에 복속되거나 흡수되고 말았다. 또 어떤 나라는 자중지란自中之亂으로 내파內波에 시달리다가 망해 버렸다. 하지만 조선은 장장 5백 년을 지탱한, 보기 드물게 장수한 나라였다. 물론 신라나 고려도 제법 긴 역사를 자랑한다. 하지만 조선은 지리멸렬하게 명맥을 이어가다가 폐업한 신라나 고려와는 달랐다. 조선은 이전 왕조와는 달리, 완전히 새로운 색깔로 창업된 나라였다.

고려와 조선이 다른 점은 무엇일까. 고려는 분열된 세력이 산술적으로 통합된 국가였다. 반면에 조선은 철저하고 치밀하게 기획된 나라였다. 고려는 영토가 결합한 나라였지만, 조선은 영토만 빼고 모든 것이 새롭게 창조된 나라였다. 한마디로 조선은 기획력이 빛을 발한 나라인 것이다. 그리고 그 기획 주체는 바로 삼봉 정도전이었다.

조선을 창업한 기획가 정도전. 그는 국가 창업기획을 완성시키던 과정에서 정적 이방원李芳遠(1367~1422)에게 피살당하고 만다. 하지만 그의 기획 작품은 나중에 세종의 보완 작업과 정조의 리모델링 과정을 거치며 장장 5백 년간이나 유지되었다. 애초에 밑절미가 튼튼하게 기획된 나라였기 때문이다.

기획가는 꿈을 현실에 그려 내는 사람이다

사람들은 흔히 역사에서 교훈을 얻을 수 있다고 생각한다. 그러나 역사는 그리 친절한 선생님이 아니다. 역사는 결코 먼저 말을 거는 법이 없다. 다만 역사는 우리가 던지는 질문에 답할 뿐이다. 가령 우리가 역사 속의 위대한 기획가에게 "기획가는 누구입니까?"라고 묻는다면 어떤 대답이 들려올까? 그 예상되는 답은 이러할 것이다.

"기획가는 지식인과 경영자(또는 정치가) 사이에 존재한다. 따라서 뛰어난 기획가는 그 자신이 '가치' 지향적인 지식인이면서, 동시에 '현실' 지향적인 경영자나 정치가여야 한다. 현실을 저버리는 기획가는 몽상적인 이상주의자일 뿐이며, 가치를 업신여기는 기획가는 탐욕스런 영업자, 또는 정치꾼일 뿐이다. 그러므로 기획가는 실천적 지식인인 동시에 지식을 실천하는 사람이다."

우리는 또 위대한 기획가의 삶에서 '가치는 무엇인가?'라는 질문에 대한 대답을 구할 수도 있다. 그러면 그는 답할 것이다. 그것은 꿈이라고. 개인의 단순한 꿈이 아니라 조직 구성원 모두의 집단적인 꿈이라고. 더불어 눈앞에 놓인 단편적인 꿈이 아니라, 그 꿈 너머에 있는 꿈이 곧 우리가 추구해야 할 가치라고 말할 것이다.

그러한 꿈들을 집대성하고 체계화한 것을 우리는 사상思想이라고 부른다. 기획가는 그 사상을 현실 세계에 생생하게 그려 내는 사람이다. 그런 점에서 기획가는 화가이며 디자이너다. 다만 그는 '사상'이라는 물감을 붓에 묻혀, 화폭이 아닌 현실에 그림을 그리는 사람이다.

기획가는 본질적으로 지식인이다. 하지만 모든 지식인이 위대한 기획가가 되는 것은 아니다. '실천적 열정'과 '힘'을 가진 지식인만이 위대한 기획가가 될 수 있다. 그런 면에서 본다면 정도전이야말로 지식인의 모범이며 기획가의 전형일 것이다.

그는 당대의 모순을 바로잡고 사회적 혼란을 수습하려는 열정으로 가득한 지식인이었으며, 매우 체계적인 통치 이념을 정립한 실천적 지식인이었다. 그것은 권력에 맞서는 담대한 자신감과 백성에 대한 사랑에서 비롯되었다. 이성계李成桂(1335~1408)와 그 아들 이방원이 중세 한반도에 휘몰아친 태풍이었다면, 그 태풍의 한가운데 위대한 기획가 정도전이 버티고 있던 것이다.

지금부터 6백여 년 전, 그 암울한 중세시대에 정도전은 멀고도 먼 꿈을 꾸었다. 그리고 그 꿈을 직접 현실 속에 디자인하였다. 그의 그림에서 이미 낡은 고려사회는 '최종 부도' 처리되었고, 5백 년간 지속될 조선 창업 설계도가 드러났다. 중세에 태어난 정도전은 강고한 정치ㆍ

경제·사회·문화 체제를 치밀하게 설계하여 중세를 뛰어넘었다. 그리고 스스로 '탈脫 중세인'이 되었다.

경제적 생산양식이 확연하게 바뀐 오늘날까지도 우리는 '조선'이라는 테두리에서 완전히 벗어나지 못하고 있다. 우리가 지금 전근대적인 것이라 하여 타파해야 할 것으로 여기는 조선사회의 메커니즘이 당시에는 참으로 혁명적인 기획 작품이었던 것이다.

'제로베이스'에서 '가설'로 사고하기

기획가는 기존 틀에 얽매이지 않고 사고한다. 또한 사고를 자신의 틀속에 가두지 않는다. 그런 사고를 일러 경영컨설팅 용어로 '제로베이스zero-base 사고'라고 한다. 원점, 또는 아예 백지상태에서 시작하는 사고방식을 말한다. 예를 들어, 한가운데 콩알만 한 검은 점이 찍혀 있는 복사용지 한 장이 놓여 있다고 하자. 고정관념에 사로잡힌 이들은 그 종이에서 대부분 '검은 점'을 본다. 하지만 제로베이스 사고를 하는 사람은 점보다 훨씬 넓은 여백을 볼 수 있다.

기획가 정도전은 제로베이스 사고에 충실하였다. 고려사회가 백지한 장이라면, 그 한가운데 찍힌 점은 부패한 고려 왕실과 조정이었다. 그럴 때 정도전은 점이 아닌 면을 보았다. 타락한 권력이 아니라 그 밑바탕이 되는 백성의 삶을 본 것이다.

건국 4백 년이 지난 고려사회는 태조 왕건의 건국정신이 어느새 사라지고, 되돌릴 수 없는 환경의 변화를 겪고 있었다. 이미 '패러다임 카타스트로피catastrophe(구조 붕괴)'에 직면하여, 이전 제도나 틀 속에서는 해결점을 찾을 수 없는 지경에 이른 것이다. 그때 위대한 기획가는 기존 관념을 깨고, 새로운 회사를 창업하는 꿈을 꾸었다. 당시 지식인들 대부분이 개혁을 외치면서도 왕조의 존망에 대한 판단을 내리지 못하고 있을 때, 기획가 정도전은 고객의 입장에서 가치를 생각하였다.

당시 고객이란 가난한 백성들이었다. 그 백성들에게 최고의 가치는 부도 직전의 낡은 회사에서 벗어나는 것이었다. 유배를 받아 10년 가까운 세월을 객지로 떠돌며 처절한 생활고와 싸우는 과정에서 그 자신이 고객이 되기도 한 정도전. 그는 제로베이스에서 사고하며 백지 위에 튼실한 회사를 창업하고자 하였다. 그리하여 고객의 가치를 실현하는 것을 필생의 목표로 삼은 것이다.

한편 기획가는 가설 사고를 통하여 자신의 목표를 일관되게 추진하였다. '가설 사고'란 어떤 시점에서든 결론을 가지고 행동하는 것이다. 가설 사고는 우선 어떤 결론을 먼저 내리는 것에서 시작된다. 요컨대 정도전은 햇병아리 관료 시절에 부모상을 당하여 묘막살이 하는 동안에《맹자》를 읽으며 '민본정치' 이념에 매료된다. 그리고 그는 정치적 결론에 도달한다. '역성혁명易姓革命'을 통하여 새로운 국가를 창업해야 한다는 것이었다. 그것은 가설이자 목표가 되었다. 하지만 가설은 그것 자체로 그쳐서는 아니 되는 법이다. 기획가 정도전은 끊임없이 '무엇을 할 것인가(So What)?'를 고민하였다. 그리고 거기에서 얻은 결론에 따라 행동하였다.

예컨대 그는 외교 문제에 직면하여 '원元나라는 끝났다'는 결론에 따라 행동하였다. 그리고 또 스스로에게 묻는다. 그렇다면 무엇을 할 것인가? 답은 간단하다. 다가올 새로운 위험에 대비해야 하는 것이다. 새로운 위험이란 신흥강국 명明나라였다. 그 위험에 대비하려면 원나라와의 관계를 버려야 했다. 더불어 불합리한 사회지배구조를 바꾸기 위해서는 부득이 역성혁명도 불사해야 했다. 그렇게 고려왕조를 폐업한 이후에는 무엇을 할 것인가…….

정도전의 창업기획은 그처럼 가설에 입각하여 '무엇을 할 것인가'를 반복적으로 질문하고, 각각의 질문에 대한 작은 결론을 도출하는 과정이었다. 그래서 그는 수구 권문세력과 싸웠고, 친원파와 싸웠다. 또한 이성계를 동업자로 끌어들였고, 과거의 스승과 동문 선비들을 냉혹하게 숙청하기도 하였다. 또한 타락한 불교와 싸우고, 도읍을 옮겼으며, 요동정벌을 기획하였다. 위대한 역사 기획가는 그 삶의 모든 과정을 확고한 목표와 신념에 따라 판단하고 행동하였다. 그처럼 기획가는 제로베이스 사고와 가설 사고를 연결하며 불꽃같은 삶을 산 것이다.

리더십에 대한
기획력의 승리

궁극적으로 입헌군주제 국가의 실세 '총리'를 꿈꾸던 정도전은 탁월한 정치가이기도 하였다. 삼봉 정도전 연구에 정통한 역사학자 한영우 교수는 정도전을 혁명적 정치가로 바라본다. 어떤 정치학자는 삼봉 정도전을 '플라톤의 철학과 마키아벨리의 덕성, 막스 베버의 윤리를 겸비한 정치가'라고 한다. 왕실의 절대 권력에 의탁하는 정치 고문관이나 귀족 관료가 아니라, 자신의 철학에 따라 스스로 나라를 다스리는 능동적인 지도자였다는 것이다.

또한 정도전은 사상가이자 실천적 혁명가다. 우리 시대의 사상가임을 자처하는 도올 김용옥은 삼봉 정도전을 마르크스와 레닌을 합한 사회사상가로 본다. 과학적 이론의 상징인 마르크스의 냉정과, 혁명적 실천의 상징인 레닌의 열정을 한 가슴에 품은 사람이라는 것이다. 더불어 어떤 이들은 이 위대한 인물을 '경세가輕世家'라고 부르기도 한다. 경영자가 기업을 다스리듯, 경세가는 세상을 다스리는 사람이다.

오늘날 관점으로 보면 정도전은 뛰어난 기획력을 갖춘 전문경영인이라고 할 수 있다. 실제로 그는 놀라운 기획 능력을 발휘하며 역성혁명과 조선 창업 과정을 주도한다. 우리는 흔히 조선 태조 이성계를 조선 창업의 주체로 알고 있지만, 정도전이 없는 이성계는 상상할 수가 없다. 요컨대 새로 창업한 조선은 이성계의 것이라기보다는 정도전의 것이었다. 정도전이 이성계를 도운 것이 아니라 이성계가 정도전을 도와 조선 5백 년을 창업하게 된 것이다. 창업 직후에 정도전은 종종 이렇게 말했다고 한다.

"한고조가 장양張良(유방을 도와 중국을 통일한 한漢나라 건국공신)을 쓴 것이 아니라 장양이 한고조를 썼도다."

왕의 면전에서 위험수위를 넘나드는 이러한 넋두리에 태조 이성계도 고개를 끄덕였다고 한다. 그것은 가히 리더십에 대한 기획력의 승리였다.

그런데 장양이 건국 뒤에 조용히 물러나서 목숨을 부지한 데 반하여 정도전은 새 왕조가 들어선 뒤에도 끊임없이 기획하고 개혁하였다. 현실에서 물러날 줄 모르는 그는 천성적으로 타고난 기획가였던 것이다. 어쩌면 정도전은 장양의 차가운 이성과 토사구팽 당한 명장 한신의 뜨거운 열정을 동시에 지닌 인물이었는지도 모른다.

정도전은 잡다한 호기심에 충만한 '다 빈치Leonardo da Vinci' 같은 미시적인 기획가가 아니다. 거시적인 역사의식을 바탕으로 미시적 각론에 충실한 기획가였다. 또 기획가 정도전의 삶은 '주식회사 조선'이라는 거대한 창업기획서를 작성하고 이를 실행에 옮기는 과정과 거의 일치한다. 세계 역사상 보기 드문 독특한 기획가인 것이다. 정치가로는 실패했지만, 5백 년 제국의 기획가로, 역사의 물줄기를 바꾼 정도전의 삶은 오늘날 국가나 기업, 사회에 매우 심오한 메시지를 던져 줄 것이다.

정도전의 삶에 대한 몇 가지 논란

어느 시대나 그렇지만 대부분의 엘리트 집단은 자신을 위해 전체를 희생시키는 것쯤은 아무렇지 않게 생각하는 경향이 있다. 정도전이 살았던 시대의 엘리트들도 그랬다. 정치가 실종된 터전에 새로운 역사를 창조하여 백성의 눈물을 닦아 주어야 할 임무를 안고 있는 그들이었지만, 그 임무를 깨닫고 실천하는 엘리트들은 그리 많지 않았다. 그때 정도전은 전체 속에 자신의 삶을 몽땅 던져놓고 매우 역동적인 삶을 살았다.

그의 삶은 우리 호기심을 무한히 자극한다. 더불어 우리는 그의 삶에 대하여 몇 가지 의문에 휩싸이게 된다. 그중 가장 흥미를 일으키는 논쟁거리를 몇 가지만 추리면 다음과 같다.

첫째, 우리는 위대한 기획가의 불확실한 출생 정보에 고개를 갸웃거리게 된다. 그가 언제 태어났는지, 어디서 태어났는지에 대한 정확한 기록이 전해지지 않기 때문이다. 어떤 역사가는 정도전이 정몽주와 같은 1337년생이라고 한다. 또 어떤 역사가는 《태조실록》에 실린 나이를 역산하여 1342년생이라고 주장한다. 심지어는 그 중간쯤인 1339년생이라고 보는 견해도 있다. 그가 태어난 곳에 대해서도 충북 단양, 경북 영주, 경북 봉화, 경기 양주 등 네 가지 출생지 설說이 전해온다.

둘째, 우리는 위대한 기획가의 핏줄논쟁에 직면하게 된다. 그 논쟁의 요체는 정도전의 외할머니가 과연 노비의 딸이었는가, 하는 점이다. 당시 핏줄논쟁은 오늘날 정치인의 색깔논쟁만큼이나 고약한 것이었다. 1392년 8월 23일, 개국 직후에 인사 개혁을 단행하는 과정에서 권신 우현보의 자손인 우홍수, 우홍명, 우홍득 등이 곤장 1백 대씩을 맞고 죽는다. 나중에 《태조실록》 편찬자들은 원년 8월 23일자 기사記事에 이들의 죽음에 대하여 자세히 기록한다. 그러면서 이들의 죽음이 단양 우씨 집안에 대하여 피해의식을 가진 정도전이 조작한 사건이라고 단정하며, 뜬금없이 '정도전의 외할머니가 우씨 집안 노비의 딸〔玄寶族人金戩者〕'이라는 내용을 끼워 넣었다. 그것이 핏줄논쟁의 빌미가 되었다.

셋째, 정도전의 요동공략 기획 또한 중요한 쟁점 가운데 하나다. 정도전은 실권자 이성계를 통하여, 고려 말의 명장 최영崔瑩(1316~1388)이 추구하던 요동정벌을 사실상 가로막았다. 그런 이유 때문에 정도전을 사대주의자로 보는 시각도 있다. 하지만 그로부터 몇 년 뒤에 정도전 자신이 직접 요동정벌을 기획함으로써 '사대주의자' 논쟁은 마침표를 찍게 된다. 하지만 또 다른 의문이 남는다. 그가 기획한 요동정벌 프로젝트는 과연 실현 가능한 전략이었을까? 아니면 '국내용'이었을까?

넷째, 위대한 기획가의 창업 프로젝트는 젊은 보스boss 이방원에게 제동이 걸리고 만다. 역적모의를 했다는 이유로 정도전은 이방원의 칼날에 숨을 거둔다. 과연 정도전은 역모를 꾀했을까? 아니면 이방원이 권력 침탈 과정에서 뒤집어씌운 누명일까? 어쩌면 기획가의 삶에 얽힌 모든 비밀의 열쇠가 바로 여기에 있을지도 모른다.

차례

프롤로그 **5**
역사 속 기획가와 만나다 / 기획가는 꿈을 현실에 그려 내는 사람이다
'제로베이스'에서 '가설'로 사고하기 / 리더십에 대한 기획력의 승리
정도전의 삶에 대한 몇 가지 논란

1. 꿈 너머 꿈을 꾸다

부도 위기로 치닫는 반쪽짜리 왕국 ················· **23**
기획가의 탄생과 그에 얽힌 비밀 ················· **29**
이색 아카데미, 정몽주와의 만남 ················· **37**
말단 직원, 꿈 너머 꿈을 꾸다 ················· **43**
신돈의 개혁을 벤치마킹하다 ················· **49**

2. 기획 이념을 세우다

발상의 전환 일으킨 묘막살이 3년 ················· **57**
성균관과 인적 네트워크 ················· **62**
신돈과 공민왕, 불완전한 개혁의 끝 ················· **67**
반反개혁의 역습 ················· **73**

3. 현장 체험, 기획의 밑바탕이 되다

나주 소재동으로 귀양살이 가다 ·············· **81**

현장에서 역지사지易地思之를 배우다 ·············· **86**

천민을 최고의 스승으로 삼다 ·············· **90**

기획서의 밑그림을 그리다 ·············· **96**

6년간의 유랑을 통해 실천적 기획가로 거듭나다 ·············· **99**

4. 목표를 향한 한발 전진

'힘 있는 동업자' 이성계를 만나다 ·············· **107**

중개인 이방원의 역할 ·············· **112**

정치적 재기와 위험한 외유外遊 ·············· **116**

기획 이념서 《삼봉집》을 발간하다 ·············· **121**

정세 분석을 통한 '한발 물러서기' ·············· **126**

5. 기획 실행을 위한 네 가지 프로젝트

무작정 '글로벌 경영'을 꿈꾼 최영 ⋯⋯⋯⋯ **137**

프로젝트 하나, 위화도에서 군사를 돌리다 ⋯⋯⋯ **143**

프로젝트 둘, 전제를 개혁하다 ⋯⋯⋯⋯⋯ **148**

프로젝트 셋, 가짜를 폐하고 진짜를 세우다 ⋯⋯ **154**

프로젝트 넷, 군권을 장악하다 ⋯⋯⋯⋯⋯ **159**

6. 조선 창업 그리고 새로운 시작

수구세력의 반격과 두 번째 유배 ⋯⋯⋯⋯ **167**

최대 위기와 최후 반전反轉 ⋯⋯⋯⋯⋯⋯ **172**

기획가의 길과 충신의 길 ⋯⋯⋯⋯⋯⋯ **178**

이성계, 드디어 왕위에 오르다 ⋯⋯⋯⋯⋯ **184**

국가경영 기본 계획, '즉위교서'를 작성하다 ⋯ **191**

7. 국가경영 시스템을 구축하다

내부의 위협요인, 행동가 이방원 ⋯⋯⋯⋯ **199**

외부의 위협요인, 명나라 주원장 ⋯⋯⋯⋯ **205**

'로고송'을 만들다 ⋯⋯⋯⋯⋯⋯⋯⋯ **211**

천도를 향한 태조의 집념 ⋯⋯⋯⋯⋯⋯ **218**

8. 사상을 현실로 만들다

통치의 매뉴얼 〈조선경국전〉 ································ **227**
거침없는 군사 기획 ···································· **233**
500년 수도 건설 ······································ **239**
조선의 CPO 정도전 ···································· **246**

9. 무너진 기획가의 꿈

두 거인의 '기氣 싸움' ·································· **255**
'이중 플레이' 주원장과 몇 가지 의혹 ···················· **262**
요동정벌을 기획하다 ·································· **270**
사병혁파로 고조된 갈등 ································ **278**
단칼에 잘려 나간 기획가의 꿈 ·························· **284**
역사 속에 부활한 조선의 기획가 ························ **291**

용어 설명 **298**

일러두기

설명이 필요한 용어 및 인명은 번호를 붙여 표시하고 그 설명을 298~303쪽에 실었다.

1

꿈 너머
꿈을 꾸다

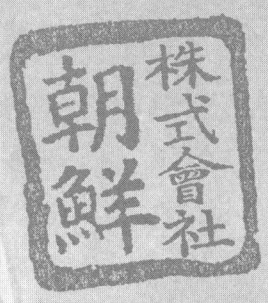

부도 위기로 치닫는 반쪽짜리 왕국
기획가의 탄생과 그에 얽힌 비밀
이색 아카데미, 정몽주와의 만남
말단 직원, 꿈 너머 꿈을 꾸다
신돈의 개혁을 벤치마킹하다

젊은 기획가 정도전은 피폐한 현실에 그저 절망하지만은 않았다. 공민왕과 신돈의 개혁은 '반짝 개혁'으로 끝나고 말았지만, 정도전은 그 역사적 과정을 반면교사로 삼았다. 신돈 역시 꿈을 꾼 사람이었다. 그러나 신돈에게는 치밀한 기획서가 없었다. 그런 과정을 보면서 정도전은 원대한 꿈을 실현하기 위하여 세밀한 밑그림을 그려 나간다.

부도 위기로
치닫는
반쪽짜리 왕국 傳鄭印道

고려는 반쪽짜리 왕국이었다. 475년의 고려 역사 가운데 왕이 제대로 권력을 행사한 기간은 겨우 절반쯤이다. 무인武人시대가 시작되면서부터 왕실의 체통은 땅에 떨어졌다. 그러다가 13세기 중반 몽골의 침략으로, 1백여 년간 왕권을 농락하던 무인들의 시대는 막을 내리지만, 그 대가로 고려왕조는 몽골족과 원나라에 사실상 합병되고 만다. 그러면서 왕조는 부도 징후를 보이기 시작한다.

24대 원종 대부터 고려 왕실은 원나라 황실과 혼인관계를 맺으며 줄줄이 친원정책을 펼쳤다. 마피아 같은 국내 무인들의 번뜩이는 칼날 아래 목숨을 구걸하느니, 강성한 원 제국에 합병되어 신변이라도 보장 받고 싶은 것이 고려 왕실의 솔직한 심정이었을 것이다. 그렇게 고려는 원의 지배 속에 들어갔다. 더불어 40년에 걸친 강화도 피난시대도 마감하고 원의 요구에 따라 개경으로 환도還都한다. 그러면서 고려는 급격하게 몽골화化하였다.

1274년, 원종의 뒤를 이어 즉위한 25대 충렬왕 시대에 이르자 행정 관제와 직제가 몽골식 체제로 바뀌었다. 왕씨 집안의 시어미와 며느리들이 대부분 몽골 출신이다 보니 왕실 안팎에서는 억양이 마치 쇳소리 같은 몽골어가 만연하였다. 원나라는 고려 임금의 묘호에 조祖나 종宗을 쓰지 못하게 하고, 왕의 시호를 모두 '충忠'자 돌림으로 할 것을 강요하였다. 임금의 호칭도 '폐하' 대신에 '전하'로, '태자'는 '세자'로 낮추어 부르게 하였다.

나아가 고려 왕실과 조정 신료들은 복장과 머리 모양 또한 모두 '몽골 패션'으로 바꾸었다. 갑자기 들이닥친 새로운 패션의 의미를 깨달은 백성들은 통곡하였다. 두 번에 걸친 원의 일본 정벌에 군사와 물자를 동원하느라고 고려 백성의 눈에서는 또 피눈물이 흘렀다. 게다가 해안에는 왜구들이 끊임없이 침략해 왔다. 그런데도 충렬왕은 정사政事는 뒷전으로 미루고 사냥과 주색에 빠져 지냈다. 왕의 지나친 행태에, 몽골에서 온 왕후가 오히려 걱정할 정도였다.

1308년, 충렬왕의 뒤를 이은 충선왕은 더욱 한심한 왕이었다. 원 세조 쿠빌라이의 외손자인 충선왕은 집권 초기 두 달 동안 이것저것 개혁 흉내를 내기도 하였다. 그러나 곧 싫증을 내고는 숙부 제안공齊安公을 대리인으로 세워 놓고 원나라 연경(지금의 베이징)으로 돌아가 버렸다. 이 '해외파' 왕은 재위 기간 대부분을 아예 원나라에서 살며 '리모컨' 하나로 고려 왕실을 원격조종하였다. 조정의 신료들은 왕의 결재를 받기 위해 개경과 연경을 오가며 매우 힘들게 국정을 수행하였다. 멀리서 뜻만 전하는, 이른바 '전지傳旨[1] 정치'였다.

고려는 원나라의 하청회사로 변하고 말았다. 그 부실한 하청회사의 경영권을 두고 왕실 주변의 기회주의자들은 암투를 벌였다. 조정은 부패하고 정치는 완전히 실종되고 말았다. 일부 뜻있는 신하들이 왕에게 어서 돌아오라고 싹싹 빌어 보았지만 이미 외국물에 흠뻑 젖은 충선왕은 끄떡도 하지 않았다. 그렇다고 충선왕이 고려의 왕권을 포기한 것은 아니었다. 고려 조정에서 오랜 기간 비어 있던 왕의 자리에 세자를 옹립하려고 하자, 이 오만불손한 왕은 측근을 시켜 그 세자를 죽여 버렸다. 이처럼 아들을 죽이면서까지 원나라 왕실의 품 안에서 호의호식하던 충선왕이었지만, 고려 측의 귀환 요구가 거세지자 결국은 둘째 아들에게 왕위를 물려준다.

어린 시절을 거의 원나라에서 보내다가 충선왕의 갑작스러운 지목으로 나이 스물에 왕이 된 충숙왕은 한동안 얼떨떨하였다. 충숙왕은 24년간 재위하였지만, 하루도 왕위가 위태롭지 않은 적이 없었다. 번히 눈뜨고 살아 있는 아버지는 '리모컨'을 놓으려 하지 않았다. 그래서 조카 왕고王暠에게 바람을 넣어 왕위찬탈을 노리게 하였다. 그토록 연경에서 엉덩이를 떼지 않던 충선왕은 어느 날 뜬금없이 개경으로 돌아오더니, 1만 개의 등불을 밝히고 부처를 공양하는 '만승회萬僧會' 따위의 소모적인 행사를 열었다. 국고를 탕진하는 일이었다. 그리고 다시 연경으로 돌아가더니 충숙왕을 원나라 영왕의 딸 복국장공주와 억지로 결혼을 시켰다.

'질투의 화신' 복국장공주는 충숙왕의 본처 덕비 홍씨를 궁 밖으로 밀어낸다. 그러자 충숙왕은 자주 사복 차림으로 나가서 홍씨를 만난다. 그러다가 나중에는 아예 종실 정안공의 집으로 사저를 옮겨서 덕비 홍씨와 사랑을 나눈다. 청상과부나 다름없는 처지가 된 복국장공주는 울화통을 터뜨리다가 1319년에 화병으로 요절하고 말았다.

5년 뒤에 충숙왕은 다시 연경 쪽 압력으로 원의 조국장공주와 혼인한다. 하지만 이 새색시 또한 이듬해에 아이를 낳은 뒤 그 후유증으로 세상을 뜬다. 게다가 악명 높은 충선왕도 비슷한 무렵인 1325년 5월 연경에서 죽었다. 일생을 원나라에 목매달던 그의 시신은 결국 고려 땅에 돌아와서 묻혔다. 백성들은 아마도 그의 무덤에 침을 뱉고 싶었을 것이다.

한편, 충선왕의 간섭에서 벗어난 충숙왕과 덕비는 부부애가 더욱 깊어졌고, 마침내 1330년에 덕비는 둘째 왕자를 출산한다. 그 왕자가 나중에 개혁군주 공민왕이 된다.

여기까지만 보면 충숙왕은 '충忠' 자 돌림 왕들 중에서 그나마 인간적인 편이었다. 하지만 그는 충선왕이 지목한 세자 왕고의 끊임없는 왕위찬탈 음모에 맞서느라 무척 피곤했다. 그 까닭에 충숙왕은 정치에 염증을 느끼고 그 또한 사냥과 주색으로 국고를 탕진하였다. 그러다가 1330년에 아들에게 왕위를 물려주고 만다.

이때 즉위한 임금이 바로 희대의 패륜아 충혜왕이다. 객기 넘치는 열여섯 나이에 첫 왕위에 오른 그는 정사를 제쳐 두고 사냥을 다니거나 내시들과 씨름을 하며 놀았다. 아버지 충숙왕은 그런 아들을 '날건달'이라고 불렀다. 1339년, 아버지 충숙왕이 죽고 나자 이 '날건달'은 물 만난 고기처럼 본격적인 패륜 행각을 벌인다.

그는 먼저 아버지의 후비인 수빈 권씨와 숙공휘령공주의 몸에 손을 댄다. 성적性的 취향이 무척 다양하던 충혜왕은 정력이 강해진다는 열약熱藥을 복용하면서 내시의 처, 장인의 후처, 선비 가문의 며느리 등 닥치는 대로 여인들을 짓밟고 다니며 성병까지 퍼뜨렸다. 고려 여인들에게 충혜왕은 공포의 화신이었다. 그러자 항간에는 부랑배들이 왕을 사칭하여 여염집 아낙을 강간하는 일까지 벌어졌다.

게다가 충혜왕은 민가의 재물을 갈취하고, 새 궁궐을 짓는답시고 백성들을 강제로 부역케 하였다. 자신의 연회장을 만들기 위해 민가 1백여 채를 철거하는 등 백성의 토지와 재산을 기분 내키는 대로 강탈하였다. 백성들 사이에는 '왕이 민가의 어린이 수십 명을 잡다가 새로 짓는 대궐의 주춧돌 밑에 파묻으려 한다.'는 흉흉한 소문이 나돌았다.

왕을 두려워한 의주와 정주 고을 백성들 상당수가 짐을 꾸려 압록강을 건너는 지경에 이르자 원나라 순제順帝는 충혜왕에게 '체포대'를 보냈다. 순제의 명을 받은 체포대원들은 충혜왕을 포박하고 발로 걷어차면서 끌고 갔다. 그렇게 압송되어 온 충혜왕에게 원나라 순제는 경멸스런 어조로 내뱉는다.

"그대의 피를 온 천하의 개에게 먹인다 해도 부족할 것이다."

그 자신의 피는 얼마나 깨끗했는지 알 수 없지만, 순제는 이 패륜아에게 피를 들먹이며 극단적인 모욕을 준 뒤, 연경에서 2만 리 떨어진 변방으로 유배시켜 버렸다. 유배 길에 오른 충혜왕은 1344년, 악양현(후난성〔湖南省〕 북쪽 항구 도시)에 이르러 독살을 당한다. 그의 나이 서른이었다. 충혜왕이 죽었다는 '희소식'을 들은 고려 백성들은 매우 기뻐하였다고 한다.

1344년, 충혜왕의 뒤를 이어 여덟 살짜리 충목왕이 29대 임금에 올랐다. 원나라 순제는 충목왕의 어머니 덕녕공주를 섭정으로 세웠다. 몽골 출신의 이 섭정은 인사개혁부터 단행하여, 충혜왕의 측근을 몰아내고 새로운 인물들로 조각組閣하였다. 충혜왕이 새로 지은 궁궐에 학문기관인 숭문관崇文館을 세우기도 하였다. 또 전국 각지에 관리를 파견하여 토지를 측량하는 등 왕실의 기강을 세우고 경제를 재건하는 데 힘을 쏟았다.

하지만 '꼬마 임금'이 시름시름 앓다가 열두 살 나이로 세상을 떠나면서 덕녕공주의 개혁 작업은 중단되었다. 더불어 이듬해인 1349년에 충목왕의 배 다른 동생 저眂가 역시 열두 살의 어린 나이로 왕위에 오르니, 바로 제30대 충정왕이다. 덕녕공주와 충정왕의 모후 희비 윤씨 사이에 권력쟁탈전이 벌어졌다. 두 여성의 대결로 어수선한 정국을 틈타 왜구가 극성을 떨었다. 1351년 8월에는 130여 척의 배를 거느린 대규모 왜구 떼가 해안지방을 유린하였다. 하지만 고려 조정은 손을 쓸 수가 없었다. 왜구를 막아 내야 할 관리들이 출전 명령을 어기고 오히려 앞서 피난을 떠나는 지경이었다.

1351년 10월, 하청회사 고려가 부도나지 않기를 바라던 원나라 순제는 마침내 어린 충정왕을 강화도로 유배토록 하고 강릉대군 왕기王祺에게 왕위를 내렸다. 그가 곧 31대 공민왕이다.

공민왕의 즉위로 '충忠'자 돌림 왕의 시대는 일단 막을 내린다. 더불어 고려와 원나라의 관계 또한 새로운 국면으로 접어들었다. 홍건적이 위세를 떨치면서 원나라 세력도 약해지고 있었다. 스물두 살의 젊은 왕은 그 기회를 놓치지 않고 강력한 개혁을 단행하면서 원의 간섭에서 벗어나려고 노력하였다. 적어도 재위 초기 10여 년 동안은.

기획가의
탄생과
그에 얽힌 비밀 傳鄭道印

위대한 기획가 정도전은, 희대의 패륜아 충혜왕의 광기가 극에 달하던 1342년, 경기도 양주 삼각산 삼봉에서 태어난 것으로 추정된다. 당시 고려사회는 총체적인 부도 위기를 맞고 있었다. 고려 조정 또한 원나라의 수탈 대행기관에 지나지 않았다. 권문세족은 굶주림에 시달리는 백성의 처지는 아랑곳하지 않고 원나라에 대한 충성 경쟁을 벌이고 있었다.

그 암담한 시대상황에서 위대한 역사 기획가가 탄생한다. 그런데 그의 출생 과정이 예사롭지 않다. 한 나라를 창업하고 재상의 지위까지 오른 그의 출생에 대한 기록이 정확하지 않기 때문이다. 그의 출생에는 흔히 위인의 일대기에 나오는 것처럼 거창한 태몽이나 선지자의 예언 따위는 찾아볼 수가 없다. 오히려 뜬구름 잡는 식의 여러 가지 출생 설이 지난 6백 년 동안 그의 이름 뒤를 졸졸 따라다녔다.

설說에 따라 정도전은 1337년에 태어났다고도 하고, 또 1342년에 태어났다고도 한다. 심지어는 1339년 출생 설도 있다. 태어난 곳에 대해서도 충청도 단양, 경상도 영주, 경상도 봉화, 경기도 양주 등 네 가지나 전해 온다.

그런데 《태조실록》 5년(1396년) 7월 19일자 기사에 "정도전의 장고 狀告(인사기록)에 의하면, 나이는 55세이고 판삼사사判三司事[2] 직에 있사온데……."라는 구절이 있다. 당시 나이를 역산하면 정도전은 1342년생이 맞다. 1337년 출생 설을 주장하는 사람들은, 정도전이 목은牧隱 이색李穡 문하에서 정몽주와 동문수학하였고, 이집·원천석·박의중 등과 성균시 동기라는 점을 근거로 들지만 도무지 신빙성이 없다. 1339년 출생 설은 더욱 근거가 약하다.

한편, 정도전의 아버지 정운경鄭云敬(1305~1366)은 젊은 시절에 삼각산에서 학문을 연마하였고, 1332년 4월부터 1342년 말까지 개경과 상주에서 관리로 재직한 바 있었다. 정도전은 여러 편의 시에 삼각산 옛집을 그리워하는 마음을 담기도 하였다. 예컨대 〈병중회삼봉구거病中懷三峰舊居〉라는 시에서 정도전은 병에 걸려 고단한 처지를 이렇게 읊었다.

아아 나는 해묵은 병이 있어,
어느 때나 더위를 두려워하네.
더구나 거마車馬의 먼지 속에서
의관의 속박을 너무 받다 보니.
그래서 기운이 답답하고 번거로워

오월에도 오히려 낮지를 않네.

그립다 삼봉의 저 구름이여.

· · · · · ·

천문天門은 구중九重이라 깊기도 하여

외치자 해도 걸음이 내키질 않네.

삼봉은 아득해 어느 곳이냐,

보이는 저 끝은 다만 구름과 연기.

〈제추흥정題秋興亭〉이라는 시에서도 정도전은 "삼봉 그 아래 내 집이 있어, 두 곳은 멀리 서로 바라다보네. 어느 때 그곳으로 돌아가서, 한 번 웃고 술잔 함께 들어 볼거나."라고 하면서 옛집을 그리워한다. 이처럼 정도전 자신이 삼각산 옛집에 대한 강한 집착과 향수를 가지고 있었다는 것은, 그가 태어난 곳이 경기도 양주 삼각산이라는 심증을 굳게 한다.

오늘날, 정도전의 생애와 사상에 정통한 역사가들은 1342년 삼각산 삼봉 출생 설에 이의를 달지 않는다. 그런데도 위대한 기획가의 출생과 관련하여 왜 6백 년 동안이나 논란이 이어진 것일까? 논쟁의 핵심은 정도전이 단암丹岩 우탁禹倬의 노비였던 소녀와 정운경 사이에서 태어났다는 속설이 과연 사실인지 아닌지에 있다. 당시 우탁은 단양 우씨 집안의 어른으로 역학易學에 정통하여 흔히 역동 선생이라 불렸다. 그런데 바로 그 단양 우씨 집안에는 정도전을 어이없게 만드는 속설이 하나 떠돌아 다녔다.

정운경이 낭인浪人의 처지로 떠돌던 어느 날이었다. 비를 피해 원두 막을 찾은 정운경은 거기서 새를 쫓던 우탁의 노비 소녀를 만난다. 정 운경은 소녀를 겁탈한 다음에 소녀에게 그저 성씨만 알려 주고 무책임 하게 떠났고, 소녀는 임신을 하여 아이를 낳았다. 그리고 몇 년이 흐른 뒤에 그곳을 다시 지나던 정운경은 길에서 우연히 자신의 아들을 만나 게 되는데, 그 아이가 곧 정도전이다.

이 속설에서 낭인 처지로 노비 처녀를 만났다는 그 시기에 정운경 은 이미 정7품 '통례문지후'로 근무하고 있었다. 백관들이 아침에 왕 을 조회할 때, 의식과 예절을 맡아 보던 관청의 관리로 근무하였으므 로, 당시 정운경은 개경에 있었던 것이다. 이어 정운경은 법률을 관장 하는 '홍복도감판관'으로도 재직하였다. 중견 관리로 율사律師의 자리 를 오래도록 지켰다는 것은 정운경이 사욕에 물들지 않고 도덕성을 공 인받은 사람이었음을 뜻한다. 또 역동 우탁은 정도전이 태어날 당시 안동부 예안에서 살고 있었다. 그런데 어떻게 우탁의 노비 소녀가 예 안이 아닌 단양에서 새를 쫓고 있었을까.

이러한 속설은 위대한 역사 기획가를 노비의 자식으로 몰아가며 '핏줄논쟁'을 불러 일으켰다. 그 핏줄논쟁은 외할머니 대까지 거슬러 올라갔다. 그리하여 《태조실록》 원년(1392년) 8월 23일조 한 면을 다음 과 같이 장식한다.

우현보의 집안에 김전金戩이란 사람이 일찍이 중이 되었는데, 그 의 종 수이樹伊의 아내와 몰래 간통하여 딸 하나를 낳았다. 김전의 가족들은 모두 수이의 딸이라고 하였으나 오직 김전만은 자기의 딸이라며 비밀리에 사랑하고 보호하였다. 김전은 훗날에 속인俗人이 되어, 수이를 내쫓고 그 아내를 빼앗아 자기의 아내를 삼고, 그 딸을 우연禹延이라는 선비에게 시집보내고는 노비와 토지와 집을 모두 주었다. 우연이 딸 하나를 낳아서 공생貢生[3] 정운경에게 시집보냈는데, 운경은 벼슬살이를 오래 하여 형부상서[4]에 이르렀다. 운경은 아들 셋을 낳았다. 그 맏아들이 곧 정도전이다.

한마디로 정도전의 외할머니가 단양 우씨 집안 출신의 승려와 노비 사이에 태어난 천출이라는 것이다. 더 구체적인 기록도 있다. 조선 개국에 끝까지 반대하며 조선 조정에 나가지 않고 경기도 개풍군 광덕산 두문동에 들어가 절의를 지켰다는 72명의 고려 유신 가운데 차원부車原頫라는 사람이 있다. 그의 일대기가 기록된《차문절공유사車文節公遺事》에 따르면, 단양 우씨 우연의 아내는 원래 중랑장中郎將[5] 차공윤의 딸이며, 김전의 딸은 첩으로 거느렸다. 실제로 정도전의 외할머니가 김전의 딸이었다 하더라도, 조선 개국을 반대한 차원부가 정도전에 대한 악감정을 노골적으로 드러낸 유치한 역사 기록이라고 볼 수 있다.

하지만 정도전이 쓴 아버지 정운경의 행장行狀(죽은 사람의 행적을 적은 글)에 따르면, 정운경은 외가의 외가인 영천 우씨 산원 우연禹淵의 딸과 혼인한 것으로 기록되어 있다. 영천 우씨는 영주의 토착 성씨다. 영주 지방의 향리 봉화 정씨 가문에서 태어난 정운경은 일찍이 어머니를 여의고 성장기에 외가 쪽 도움을 받으며 공부하였다. 정운경의 외숙 안분은 주자학의 대가 안향과 안축 등을 배출한 영주 명문가 순흥 안씨 태생으로, 그 자신도 1307년 과거에 장원급제한 인물이다.

정도전의 출생을 밝히는 열쇠가 여기에 있다. 바로 정도전의 외할 아버지 '우연'이 누구인지가 문제다. 그런데 《태조실록》에서 정도전 의 외할아버지는 단양 우씨 '우연禹延'이고, 정운경의 행장 속 외할아 버지는 영천 우씨 '우연禹淵'이다. 같은 우씨지만 서로 본이 다르고, 한 자 이름도 다르다.

더욱이 《태조실록》은 정도전이 역모의 누명을 뒤집어쓰고 이방원 의 손에 죽은 뒤인 1410년 정월부터 하륜河崙, 변계량 등의 주재로 조 말생, 권훈, 윤회, 우승범 등이 편수編修한 역사 기록이다. 주목할 점은 편수진의 핵심에 우현보의 손자들이 있다는 것이다. 조선 창업을 이끈 엄청난 인물을 살해한 이방원과 그의 측근들이 자신들의 편치 않은 마 음을 날조된 역사 기록으로 합리화한 것은 아닌지 의문이 든다.

정도전의 핏줄논쟁을 정리하면 이렇다.

조선 창업 후 한밤중에 난을 일으켜 정도전을 죽인 이방원과 그 측 근들은 자신이 저지른 역모 사건을 정당화하기 위해서 세 가지 '전통 적인' 방법을 동원하였다. 첫째, 죽은 자에게 역모 혐의를 씌웠다. 둘 째, 출신을 폄하하여 천출로 만들었다. 셋째, 죽은 자와 원한이 있는 세 력, 즉 단양 우씨 후손 우승범을 가까이 끌어들여 사후 수습을 모색하 였다. 그리하여 《태조실록》의 편찬자들, 특히 우현보의 손자 우승범 형제들은 세간의 속설을 더욱 그럴듯하게 윤색하여 단양 지방에 퍼뜨 린 것이다.

이처럼 정도전은 '핏줄'에 대한 숱한 논란을 안고 태어났다. 그리 고 어린 시절을 개경의 동남쪽 방향에 있는 삼각산에서 보냈다. 지금

文憲公三峯鄭道傳像

정도전 영정
권오창 작. 봉화정씨종회 소장.

의 경기도 양주쯤으로 추정되는 곳이다. 더불어 대부분의 위인들이 그렇듯, 정도전 또한 어려서부터 글공부를 무척 좋아하였고, 책을 많이 읽어서 지식이 풍부했다고 한다. 많은 독서와 풍부한 지식, 그것은 위대한 기획가가 되는 데 반드시 필요한 조건일 터다.

공민왕 즉위 직후인 열한 살부터 정도전은 최림이라는 선비에게서 수업을 받았다고 한다. 역사에 잘 알려지지는 않았지만, 최림은 1353년에 목은 이색과 함께 과거에 급제하여 정6품 벼슬을 한 선비였다. 하지만 최림은 공민왕 5년(1356년) 정초에 원나라에 하정사賀正使[6]로 갔다가 돌아오던 중에 도적을 만나 살해당하였다. 그리하여 스승을 잃은 정도전은 목은 이색의 문하로 들어가 본격적인 학문의 길을 걷는다.

이색 아카데미,
정몽주와의
만남 傳鄭印道

정도전의 아버지 정운경과 이색의 아버지 이곡李穀은 같은 향리 출신으로, 젊은 시절에 경상도 복주(지금의 안동)에서 만나 벗이 되었다고 한다. 이곡은 고려 말 가전체 작품으로 유명한 《죽부인전竹夫人傳》을 저술한 문인이다. 이곡이 정운경보다 일곱 살이나 나이가 많았지만, 둘은 젊은 시절에 함께 동해안을 유랑할 정도로 친구처럼 지내며, 만나면 서로 농담을 나눌 만큼 격의 없이 지냈다고 한다. 그런 인연으로 정도전은 자연스럽게 이색의 문하에 들어가 본격적인 성리학을 공부할 수 있었다.

성리학性理學은 고려 말에 안향·백이정·유탁 등이 도입하였다. 권근權近의 할아버지인 권부가 이를 전승하였고, 이제현李薺賢과 이곡·이색이 차례로 그 맥을 이었다. 그리고 이색의 문하에서 정몽주·정도전·권근·길재 등 대학자들이 배출되면서 고려 말의 성리학은 크게 성

이색 초상
정도전의 아버지 정운경과 이색의 아버지 이곡의 인연
으로, 정도전은 이색의 문하에서 성리학을 공부할 수
있었다. 국립중앙박물관 소장.

하게 된다.

그런데 성리학이란 사물의 존재나 현실의 문제를 중시하면서 인륜
의 근본이 되는 포괄적인 원리를 찾으려는 학문이다. 내면세계와 관념
을 중시하는 불교의 원리와 사뭇 다른 세계관이다. 그러므로 성리학에
심취하면, 종교와 신앙에 의존하던 감성적이고 관념적인 사고방식이
논리적이고 현실적인 사고방식으로 바뀌게 된다. 정도전은 일찍부터
성리학의 원리를 고려 말 현실에 적용하려 하였다. 정도전은 이러한
사상적 변화를 겪으며 실천적 지식인으로 태어난다.

그 무렵 개혁군주 공민왕은 쓰러져 가는 고려의 왕통을 이어 가려
고 '반짝 개혁'을 단행하고 있었다. 공민왕은 충숙왕과 공원왕후(덕비)
홍씨 사이의 둘째 아들로, 희대의 패륜아 충혜왕의 동생이었지만, 형
과는 딴판이었다. 빈껍데기 왕실의 새 주인이 된 공민왕은 강력한 개

혁군주로 자리 잡고 싶은 욕구가 대단하였다.

1352년 2월, 업무를 시작하자마자 공민왕은 첫 개혁 작품으로, 정방政房을 폐지하였다. 정방은 조폭 같은 무인들이 왕권을 농락하기 위해 운영하던 기구였다. 그는 또 강화도에 유배 중인 어린 충정왕을 독살했다. 권력투쟁의 씨앗을 말리기 위한 고육지책이었다. 더불어 고려 풍속을 회복하기 위해 변발과 호복 같은 몽골 패션을 금지하였다.

젊은 왕은 분위기를 쇄신하면서 친정親政 체제를 구축해 나갔다. 하지만 새 왕의 과감한 개혁정치에 위기를 느낀 권문세족들이 거세게 저항하면서 연달아 쿠데타를 일으켰다. 그해 9월에 일어난 첫 번째 변란의 주인공은 판삼사사 조일신趙日新이었다. 조일신은 정천기, 최화상, 장승량 등과 함께 무력으로 공민왕을 협박하고 스스로 우정승에 올랐다. 나중에는 쿠데타 동지들까지 죽이고, 스스로 좌정승 겸 판군부감찰判軍簿監察을 겸직하면서 정치·군사 권력을 독차지하였다.

하지만 반격 기회를 엿보던 공민왕은 며칠 뒤에 김첨수를 시켜 조일신을 연행하고, 그의 도당 스물여덟 명을 하옥하였다. 그렇게 쿠데타 세력에 대하여 한판승을 거둔 공민왕은 이제현을 우정승, 조익청을 좌정승으로 하는 개혁정권을 수립한다.

1355년 무렵에 홍건적이 일어나 세력을 확대하면서 원나라의 힘이 약해지자 공민왕은 원의 연호를 폐지하고, 관제도 고려 식으로 복원하였다. 또 원나라 순제의 황후인 기황후의 오빠 기철奇轍 일당을 제거하여 원의 간섭을 차단하였다. 그 무렵 이성계의 아버지 이자춘李子春은 원나라의 지배기구인 쌍성총관부雙城摠管府를 폐지하고, 원나라에 빼앗긴 북방 일대의 일부 영토를 회복하기도 하였다. 이듬해 7월에는 동북면(지금의 함경도) 병마사 유인우柳仁雨가 쌍성(지금의 함경남도 영흥)을 함락시키고 함주 이북의 땅을 수복하였다.

정도전이 이색의 문하에 들어간 것이 바로 이 즈음이었다. 당시 이색과 그의 문하생들은 성리학계를 대표하는 사단을 구축하고 있었다. 일종의 '아카데미'와 같은 것이었다. 따라서 고려 말 최고의 유학자 이색의 문하생으로 들어간 것은 정도전에게 커다란 행운이었다. 그런데 진짜 행운은, 거기에서 정몽주鄭夢周(1337~1392)를 만난 것이었다. 위대한 기획가의 정신세계에 가장 큰 영향을 끼친 사람은 스승 이색보다도 동문 선배 정몽주였다. 정도전은 자신보다 나이가 다섯 살 많은 정몽주를 학문적으로나 인간적으로 깊이 존경하였다.

사서삼경에 통달한 정몽주는 정도전이 유가사상을 정확히 이해하는 데 많은 도움을 주었다. 언젠가 정몽주가 말했다.

"시와 문장은 말단의 기예에 불과하고, 이른바 신념의 학문이 있는데 그것은 《대학》과 《중용》 두 책에 갖추어져 있다."

이 말을 전해 들은 정도전은 곧바로 두 책을 구하여 독파하였다. 그리고 과거에 급제한 정몽주를 찾아가 인사를 한 뒤, 그 감격을 이렇게 말했다.

"선생은 더불어 이야기하기를 평생의 친구처럼 하시고 드디어 가르침을 주시어, 날마다 듣지 못한 바를 들었습니다."

정도전은 정몽주의 강의를 듣다가 간간이 자기 생각과 일치하는 대목이 나오면 매우 기뻐하였다고 한다. 뒤에 정도전은 "정몽주와 출입을 같이하고 그 후 오래도록 함께 지내며 보고 느낀 바도 깊었으니, 선생을 내가 가장 잘 안다."고 술회하였다.

정몽주 초상
이색의 문하에서 함께 수학한 정몽주와 정도전은 평생 서로에게 큰 영향을 미친다. 국립중앙박물관 소장.

마지막 고려인 정몽주에 대한 역사의 평가는 차고 넘친다. 스승 이색의 평가에 따르면 정몽주는 학문에서 어느 누구보다도 부지런하고, 가장 뛰어나며, 그의 논설은 어떤 말이든지 이치에 맞지 않은 것이 없었다. 또 정도전은 정몽주를 "여러 생도들이 각기 학업을 연수하면서 사람마다 이견이 있었는데, 선생은 그 물음에 따라 명확히 분석하여 설명하되 털끝만큼도 차이가 나지 않았다."고 평하였다. 또한 그의 시 〈차제공운-次諸公韻〉에서도 "포은 선생은 도덕의 으뜸〔宗〕이시며, 비치는 문채文彩(문장의 멋)는 풍류의 으뜸"이라고 높이 칭송하였다.

정몽주 또한 정도전을 무척 좋아하여 '사람을 보는 눈이 있어 진짜와 가짜를 구별할 줄 아는 사람'이라고 하였다. 두 사람이 서로 헤어져 있을 때는 상대방에 대한 그리움을 시로 적어 주고받았다. 정도전이 정몽주를 얼마나 신임하였는지는 〈달가達可(정몽주의 자字)에게 올리는 글〉에 잘 나타나 있다.

나의 벗 달가는 참으로 그 적격자라고 하겠습니다. 그 이유는 달가가 비록 높은 지위는 없다 하더라도, 학자들이 본래부터 달가의 학문이 올바름에 감복했고 달가의 덕이 뛰어남에 감복하였기 때문입니다. 나처럼 용렬한 사람으로서도 세상의 비웃음을 아랑곳하지 않고 개연히 이단을 물리치는 데 뜻을 두게 된 것은 역시 달가에게 의지하기 때문입니다. 하늘이 달가를 내신 것은 참으로 우리 도의 복입니다.

불교가 지나치게 번성하는 반면에 유교가 쇠락한 현실을 걱정하면서, 이를 헤쳐 나갈 현인賢人의 역할이 대단히 중요하다고 강조하는 글이다. 정도전은 그 현인이 곧 정몽주라고 말하고 있다.

이 밖에도 이색의 문하에는 이숭인·이존오·김구용·김제안·박의중·윤소종 등과 같은 문생들이 있었다. 정도전은 그들과 함께 공부하면서 서로 막역한 사이가 되었다. 그리고 훗날 이들과 함께 정치개혁세력을 이룬다. 이러한 '유교 아카데미'에서 정도전은 과거科擧를 준비한다. 역사 기획가로서 자격증을 획득하기 위한 과정이었다.

말단 직원,
꿈 너머
꿈을 꾸다 傳鄭印道

정도전이 이색 문하에서 공부하고 있을 무렵, 중국 땅에서 세력을 키운 홍건적 일부가 만주지역으로 북진하여 요동을 점령하였다. 그러다가 원의 반격에 쫓기게 된 홍건적은 고려를 침범한다. 1359년, 홍건적 4만 명이 압록강을 건너 쳐들어왔다. 순식간에 철주(지금의 평안북도 철산)와 서경(지금의 평양)이 함락되면서 고려는 고전을 면치 못하였다. 전열을 정비한 고려군은 1360년 2월에 2만의 병력으로 반격하여 홍건적을 압록강 이북으로 몰아냈다.

그토록 나라 안팎이 시끄러운 와중에서도 그해 9월에 성균시가 열렸다. 공민왕은 왕권을 강화하기 위하여 성균관에 유교 교육기능을 강화시킨 터였다. 정도전은 관리가 되는 첫 관문으로 예비시험에 해당하는 성균시에 원천석·정의·안중온·이집·김구용 등과 함께 합격한다. 더불어 그 무렵 정도전은 최씨 가문의 규수와 혼인을 하고, 아들 진津

을 얻었다. 아직 정식 벼슬을 얻지 못한 터에 가장이 된 그는 동네 어린 아이들을 불러 모아 '과외수업'을 하며 생계를 꾸려 간다. 그런 한편 으로 정식 벼슬길로 나아가기 위한 국자감시를 준비한다. 당시 그의 나이 열아홉이었다.

1361년 10월, 홍건적 10만이 다시 고려로 침입해 왔다. 고려는 속 수무책이었다. 곧 개경이 함락되었다. 공민왕은 가까스로 경기도 광주 를 거쳐 복주로 후퇴하였다. 그 틈에 개경을 점령한 도적 떼는 3개월여 에 걸쳐 궁성과 도시를 폐허로 만들었다. 그 사이 친원파가 득세하였 다. 그간 공민왕의 반원정책에 숨죽이고 있던 그들은 "거 봐라. 원나 라를 포기한 결과가 어떠냐?"며 들이댔다. 왕으로서도 할 말이 없었 다. 결국 정동행성征東行省[7]이 다시 설치되고, 관제도 개혁 이전의 상태 로 돌아가 버렸다.

하지만 국난은 영웅을 낳는다. 1362년 1월, 20만으로 증강된 고려 군이 대대적인 반격을 하여 적장을 죽이고 개경을 탈환한다. 그것은 나중에 기획가에게 막강한 동업자가 될 이성계의 데뷔 무대였다. 이 작전에서 혁혁한 공을 세운 이성계는 일약 고려의 영웅으로 떠오른다.

한편 홍건적이 무너뜨린 궁성을 재건하는 동안 공민왕은 죽주(지금 의 경기도 죽산), 진천 등으로 떠돌며 행궁 생활을 하였다. 그러는 동안 무신들의 힘이 강해지고, 문신중용정책은 후퇴하였다. 그처럼 국정이 어수선했지만, 그해 10월에는 청주에서 국자감시가 열렸다. 홍건적과 전쟁을 치르느라 결원된 관리를 충당하고자 시행한 것이었다.

정도전은 이 시험에서 강호문·설장수·안경온·김도·허시·이숭인 등과 함께 급제하였다. 드디어 벼슬길에 오른 기획가 정도전은 '고려'

라는, 부도 직전의 낡은 회사에 입사하게 된다. 그리고 1363년, 충주 사록司錄으로 발령을 받는다. 법제 업무를 담당하는, 정8품의 말단 관직이었다.

1363년, 개경이 재건되어 공민왕은 환궁 길에 올랐다. 그러나 그 길이 만만치 않았다. 그해 윤3월 초하루 밤, 여흥(지금의 경기도 여주) 홍왕사에 차린 행궁이 중서문하시랑평장사中書門下侍郎平章事[8] 김용金鏞의 습격을 받은 것이다. 권력에 눈이 뒤집힌 김용은 일당을 이끌고 십여 명의 관리를 살해하며 왕의 침소로 들이닥쳤다. 그리고 오랫동안 자신을 신임해 준 왕의 가슴에 칼을 꽂았다.

그러나 피를 토하며 비명에 간 사람은 공민왕이 아니라 환관 안도적이었다. 공민왕이 내시 이강달의 도움을 받아 태후의 밀실로 숨어드는 동안, 환관 안도적이 왕을 대신하여 침소에 누워 있었던 것이다. 그 사이 소식을 듣고 달려온 최영과 오인택 등이 반란군을 순식간에 제압하였다. 사건의 전모가 밝혀진 뒤, 김용의 몸은 사지가 찢겨져 전국에 흩어지고 머리는 개경의 저잣거리에 내걸렸다. 더불어 김용의 반란 사건을 수습한 최영은 고려의 군권을 장악하게 된다.

비록 구사일생으로 목숨은 구했지만, 신임하던 신하에게 일격을 당한 공민왕은 후유증에 시달렸다. 그 한숨이 잦아들기 전인 1364년 정월, 원나라 기황후의 사주를 받은 최유가 1만 군사와 함께 덕흥군 왕혜를 받들고 의주로 침입해 왔다. 막강한 두 실력가 최영과 이성계는 연합하여 보름 만에 쿠데타 무리를 패퇴시켰다. 그해 10월, 최유는 원나라 군사에 포박 당하여 고려로 압송되었고, 11월에 처형되었다.

계속된 반란과 저항으로 개혁에 극도로 피로감을 느낀 공민왕은 떠돌이 행각승 신돈辛旽을 왕궁으로 불러들인다. 파벌과 사리사욕에 물들지 않은 신돈이야말로 부패한 권문세족들과 당당히 맞설 수 있는 인물이라고 여긴 것이다. 공민왕은 신돈에게 중요한 국정의 자문을 구하였다. 그러면서 자신은 휴식을 위하여 뒤로 한 발짝 물러설 궁리를 했다.

이처럼 공민왕이 개혁의 피로감에 지쳐 있을 무렵, 감수성 예민한 말단 관료 정도전은 비로소 나라의 사정을 폭넓게 볼 수 있었다. 말단 관료의 눈에도 고려사회는 어디 한 군데 성한 곳이 없었다. 홍건적의 거듭된 침략으로 백성들의 삶은 만신창이가 되어 있었다. 나라가 거덜이 나든 말든 오로지 재산을 불리는 데만 혈안이 되어 백성의 고혈을 빨던 권문세가들은 도적 떼가 들이닥치자, 왕과 백성을 팽개치고 도망쳤다.

왕실의 보호를 받은 불교는 타락이 극에 달한 상태였다. 사원은 이미 수탈기관이 되어 있었다. 놀고먹는 승려들이 늘어났다. 그러자 사원에 점점 더 많은 토지가 필요하게 되었다. 전국의 토지는 권문세가와 사원에 집중되었다. 사원의 땅과 권문세가의 땅이 산과 강을 경계로 맞붙게 되었다. 수탈을 견디지 못한 농민들은 고향을 떠나 유민流民이 되어 떠돌았다. 군과 현 전체가 텅텅 비는 곳이 생길 정도였다.

비록 시골 관청의 말단 관료에 지나지 않은 정도전이었지만, 그의 눈에도 고려는 이미 회생 불가능한 부실 회사였다. 대다수 백성의 고단한 삶을 보면서 정도전의 가슴속에는 울분이 쌓여 갔다. 그러던 1364년 여름, 정도전은 종7품 전교주부典校主簿[9]로 승진하여 개경으로 돌아온다. 공민왕의 집권 전반기가 끝날 무렵이었다.

어느 정도 재건이 되었다고는 하지만, 정도전의 눈에 비친 도성은 여전히 폐허 상태나 다름없었다. 부도 직전의 조정과 폐허가 된 도성. 이러한 시대상황이 햇병아리 말단 관료 정도전의 꿈을 자극하였다. 정도전의 몸속에서는 그 폐허가 된 자리에 새로운 꿈을 실현하고픈 욕구가 꿈틀거렸다. 그의 새로운 꿈은 그 시절에 쓴 〈고의古意〉라는 시에 잘 나타나 있다.

> 푸른 솔이 길가에 자라니
> 도끼날에 상처를 면치 못하리.
> 아직도 굽고 곧은 바탕을 지녀
> 훨훨 타는 불빛을 도와주네.
> 근심 없이 편안히 있어
> 곧은 줄기 구름 뚫고 자라
> 때가 와서 큰 집을 지을 적이면
> 우람한 저 대들보에 충당할 건가.
> 그 뉘라서 이 뜻을 미리 알아
> 최고봉에 옮기어 심어 줄 건가.
>
> 태고의 거문고를 내 지녔으니,
> 오동도 아니요, 실도 아닐세.
> 시름에 겨워 한번 튕기면
> 시원한 바람이 자리에 가득하다오.
> 만물은 제각기 다 쓸 곳이 있으나
> 이르고 늦을 때가 있을 뿐

･ ･ ･ ･ ･ ･

백아伯牙는 지금 어디에 있는가,

온 누리에 지음知音이 비었구나.

정도전은 자신을 소나무에 견주었다. 나무꾼의 도끼에 잘려 훨훨 타는 불 속에 던져지는, 그런 소나무가 아니었다. 쑥쑥 자라나서 큰 집의 우람한 대들보가 될 낙락장송이었다. 또한 그는 춘추시대 거문고의 달인 백아가 되었다. 그러면서 자신의 소리를 알아들어 줄 지음知音이 없음을 안타까워하였다.

그랬다. 말단 관료 정도전은 나라를 떠받치는 재상을 꿈꾸었다. 오늘날 같으면 동사무소 직원이 국무총리를 꿈꾼 것이고, 대기업 신입사원이 그룹 총수가 되는 꿈에 젖은 격이었다. 더욱 놀라운 것은, 그 꿈이 즉흥적인 발상이 아니라 '오래 품은 뜻〔古意〕'이라는 것이다. 한마디로 과대망상이었다.

하지만 허무맹랑한 꿈은 아니었다. 그는 모두가 함께 잘 사는 새로운 세상을 꿈꾸었다. 그것은 개인적인 꿈이 아니라 집단의 꿈이었고, 보통 사람들의 꿈 너머에 있는 꿈이었다. 그리고 젊은 날의 과대망상은 치밀한 기획 과정을 거쳐 결국 현실이 되어 갔다.

신돈의
개혁을
벤치마킹하다 鄭道傳印

정도전이 전교주부가 되어 개경에서 근무를 시작할 무렵, 때마침 공민왕의 왕비 노국공주에게 태기가 있었다. 혼인한 지 13년 만에 들어선 아이였다. 공민왕은 그런 노국공주의 배가 불러 가는 것을 보면서 지아비로서 기쁨을 누리고 싶었을 터다. 하지만 공민왕의 소박한 꿈은 곧 깨지고 말았다. 1365년 2월, 만삭이 된 노국공주가 아이를 낳다가 산고를 이기지 못하여 죽어 버린 것이다.

각별히 사랑하던 노국공주를 잃은 공민왕은 식음을 전폐할 정도로 극심한 상실감에 빠졌다. 공민왕은 지금 국립중앙박물관에 소장된 〈천산대렵도〉를 비롯하여, 〈노국대장공주진〉, 〈석가출산상〉, 〈아방궁도〉, 〈현릉산수도〉, 〈동자보현육아백상도〉 등 뛰어난 미술 작품을 남길 정도로 예술적 재능이 풍부한 감상주의자였다. 그런 예민한 감수성 탓에 그는 아내 잃은 슬픔을 이성으로 극복할 수가 없었다. 더구나 그처럼

공민왕과 노국공주
노국공주를 잃은 공민왕은 상
실감에 빠진 나머지 정사를 신
돈에게 맡기고 뒤로 물러선다.
국립고궁박물관 소장.

나약한 심성으로 수구세력의 거센 반발을 막아 내는 것은 무리였다.

왕은 마침내 개혁의 모든 칼자루를 신돈에게 물려주었다. 그리고 자신은 공주의 명복을 비는 불사佛事에만 전념하였다. 노국공주의 죽음은 공민왕의 통치 편력에 대마루(분수령)가 된 사건이었다. 고려 말 개혁군주 공민왕이 역사의 무대 뒤로 물러나고, 신돈의 시대가 온 것이다.

공민왕이 신돈을 처음 만난 것은 1358년이었다. 당시는 공민왕의 개혁정책을 앞장서서 집행하던 성리학자 이제현이 사직하여 관직에서 물러나 있을 때였다. 당시 공민왕은 왕사 보우普愚[10]를 곁에 두고 불교에 심취해 있었다. 권문세족들의 강력한 관료체제에 적잖은 부담을 느낀 공민왕은 권문세족을 견제할 방안을 구하고 있었다. 그럴 무렵에 측근 김원명에게 신돈을 소개받았다. 계성현 옥천사 노비의 아들이라는 신돈은 벤처 사업가 기질을 타고난 인물이었다.

개혁군주 공민왕과 벤처 사업가 신돈. 두 사람은 궁합이 잘 맞았다. 그러나 이때까지만 해도 공민왕은 유랑 중인 신돈을 가끔씩 불러서 친구처럼 만날 뿐이었다. 물론 그 정도만으로도 관료들은 둘의 관계를 시기하면서 "앞으로 나라를 어지럽힐 자는 반드시 중놈이 될 것"이라며 신돈에게 악담을 퍼부었다.

신돈을 요승이라 하며 죽이려는 이들도 있었다. 그러나 공민왕은 신돈을 극구 감싸 주었다. 그러다가 김용의 반란으로 많은 측근을 잃은 뒤에는 신돈을 정치적 동반자로 전격 기용하였다. 그리고 1365년 7월에는 신돈을 진평후眞平侯로 봉하는 동시에 행정부의 수장인 영도첨의사사領都僉議司事, 군부기관의 수장인 판중방감찰사사判重房監察司事로 삼았다. 또 취성부원군鷲城府院君, 제조승록사사겸판서운관사提調僧錄司事兼判書雲觀事 등 이름도 생소한 온갖 직위가 신돈에게 주어졌다. 신돈은 공민왕의 분신이 되었다. 무일푼의 떠돌이 행각승 신돈은 벤처 사업가다운 기질 하나로 순식간에 낡은 회사의 최고경영자가 되었다.

신돈은 급진개혁론자, 천한 요승, 국정을 문란케 한 반역자 등등 제 이름 앞에 여러 가지 수식어를 달고 다녔다. 하지만 왕의 대리인으로 권력의 칼자루를 손에 쥔 그는 1366년 5월에 전민변정도감田民辨正都監[11]을 설치하고 경제 개혁에 착수한다. 우선 그는 부당하게 겸병한 토지를 본래 주인에게 돌려주게 하고, 강압적으로 노비가 된 사람들은 양민으로 풀어 주었다. 광종 시대의 노비안검법奴婢按檢法[12]을 능가하는 개혁이었다. 그것은 오늘날 편법으로 증여받은 재벌 일가의 주식을 빼앗아 비정규직 말단 사원들에게 나누어 준 것이나 다름없었다. 그야

말로 혁명적인 개혁 조치였다.

　개혁의 바람이 불어 닥치자 토지와 노비를 잃은 양반들은 '중놈이 나라를 망친다.'며 비난하였지만 노비에서 해방된 백성들은 신돈을 성인聖人으로 찬양하였다. 한때 그의 인기는 고대 로마의 영웅 카이사르의 그것을 웃돌았다. 신돈은 기층 대중의 지지를 받으며 거침없는 추진력으로 개혁을 단행하였다.

　토지개혁과 더불어 신돈이 이룬 또 다른 업적은 숭문관 옛터에 성균관을 다시 연 것이다. 이 특출한 벤처 사업가는 "공자는 천하 만세의 스승"이라고 말하면서 유학 부흥의 산실이 된 성균관을 번듯하게 다시 세웠다. 이처럼 떠돌이 승려가 유학 발전을 적극 추진한 것은 흥미로운 일이다. 하지만 단순한 흥밋거리로 치부할 일이 아니었다. 그것은 개혁 군주 공민왕과 벤처 사업가 신돈의 진정성을 보여 주는 대목이다. 기득권층인 권문세족의 집요한 방해를 받으면서도, 이들 개혁 동반자가 고려사회를 회생시키기 위하여 사뭇 진지하고 심도 높게 고민했음을 알 수 있다. 실제로 이후 성균관은 많은 유학자를 배출하여 조선 창업에 주축이 된 인재 배출기관으로 자리를 잡아 갔다. 신돈의 개혁은 성균관을 낳았고, 성균관은 위대한 기획가 정도전을 낳은 것이다.

　이처럼 급진개혁론자 신돈이 노비해방과 토지개혁에 열을 올리던 1365년에 정도전은 정7품으로 다시 승진하였다. 그가 새로 맡은 관직은 통례문通禮門 지후祗候로, 왕의 조회 때 예식을 주관하는 부서 소속이었다. 지금의 대통령 비서실 직원에 견줄 만한 직책이었다. 이때부터 정도전은 공민왕과 신돈의 개혁을 가까운 거리에서, 호기심 어린 눈으로 지켜본다. 급진주의자 신돈의 개혁 작업을 벤치마킹한 것이다.

그것은 비록 짧은 기간이었지만 정도전이 위대한 역사 기획가로 성장하는 데 중요한 경험이 되었다.

그러나 신돈의 개혁은 그리 오래가지 못하였다. 남의 돈으로만 일을 벌이는 사업가가 성공하기는 어려운 법이다. 신돈 역시 그랬다. 벤처 사업가로서 번득이는 아이디어로 충만한 그였지만 체계적인 경영 수업과 리더십 훈련을 받지 못한 터였다. 그의 독단을 제어해 줄 참모진도 마땅히 갖추지 못하였다. 더구나 그는 리더의 가장 기본적인 자질이라 할 수 있는 수신修身의 덕을 갖지 못한 인물이었다.

공민왕이 점점 미쳐 가는 동안, 권력의 정점에 오른 신돈은 그 자신 또한 첩을 거느리고 주색에 빠지면서 도덕적 정당성을 잃어 갔다. 스스로 모순에 처한 신돈은 보수적인 기득권 세력의 비판에서 자유로울 수 없었다. 결국 신돈의 개혁은 용두사미가 되어 버렸다.

한때나마 공민왕과 신돈의 개혁에 관심을 가지고 기대를 건 정도전과 신세대 지식인들은 그 기대만큼이나 실망도 컸다. 망해 가는 왕조의 심장부에서 더는 세상의 어지러움을 참지 못하여 한적한 곳에 은거하려는 이들이 늘어났다. 흔히 고려 말 '삼은三隱'이라고 하는 이색, 정몽주, 이숭인의 호가 각각 목은牧隱, 포은圃隱, 도은陶隱으로 모두 '숨을 은隱' 자 돌림이던 것은 결코 우연이 아니었다.

그러나 젊은 기획가 정도전은 피폐한 현실에 그저 절망하지만은 않았다. 공민왕과 신돈의 개혁은 '반짝 개혁'으로 끝나고 말았지만, 정도전은 그 역사적 과정을 반면교사로 삼았다. 신돈 역시 꿈을 꾼 사람이었다. 그리고 그 꿈을 실현할 기회를 부여받았고, 한순간 열정을 불태웠다. 그러나 그는 자신의 꿈을 집단의 꿈으로 승화시키지 못하였다. 신돈에게는 치밀한 기획서가 없었다. 또한 그는 개인의 욕망에 굴복하고 말았다. 그런 과정을 보면서 정도전은 원대한 꿈을 실현하기 위하여 세밀한 밑그림을 그려 나간다.

기획가는 개인의 출세에 얽매이지 않는다. 그렇다고 현실을 벗어나 은둔하는 것을 미덕으로 여기지도 않는다. 위대한 기획가는 집단의 희망을 창조하는 사람이다. 이를 위해서 위대한 기획가는 개인의 욕망을 접고, 자신의 한평생을 새로운 세상을 건설하는 데 내던진다.

2

기획 이념을
세우다

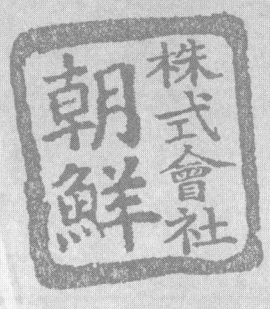

발상의 전환 일으킨 묘막살이 3년
성균관과 인적 네트워크
신돈과 공민왕, 불완전한 개혁의 끝
반反개혁의 역습

기획가의 가슴에는 인간을 향한 순수하고 따뜻한 마음이 있었다. 그것은 양심이며 사랑이었다. 따뜻한 가슴이 없는 냉철한 머리만으로는 시대의 외톨박이 신세를 벗어날 수 없는 법이다. 진정으로 위대한 리더는 순수한 사랑과 우정으로 견고한 인적 네트워크를 맺는다. 역사의 위대한 기획가가 태어나는 과정도 마찬가지일 터다.

발상의 전환
일으킨
묘막살이 3년 傳鄭印道

왕에게 능력을 인정받아 출세가도를 달리던 정도전. 그 승진 모드에 제동을 건 일이 일어났다. 1366년 1월, 그의 아버지 정운경이 세상을 떠난 것이다. 이제 막 청운의 꿈을 펼쳐 가던 정도전에게는 아버지의 죽음이 큰 충격이었을 터다. 정운경은 고려 말 3대 청백리 가운데 한 사람으로 《고려사》에 기록될 만큼 청렴한 관리였다. 그러니 집안은 당연히 가난할 수밖에 없었다. 정운경은 세 아들의 이름을 짓는 데도 청백리다운 면모를 보여서 도전道傳, 도존道存, 도복道復이라고 이름 지었다. 도道를 전하고, 도를 간직하며, 도를 회복하라는 뜻이었다.

오늘날의 차관급에 버금가는 정3품 형부상서까지 지낸 정운경이 세 아들과 외동딸에게 남긴 것은 늙고 허약한 노비 몇 명이 전부였다. 맏아들로서 정도전은 튼튼하고 쓸 만한 노비는 동생들에게 나누어 주고, 자신은 늙고 병든 노비 몇 명을 거두었다.

정운경의 유해는 본향인 영주에 안장되었다. 출셋길을 달리던 스물다섯의 젊은 관료 정도전은 벼슬을 버리고 아예 영주로 내려가서 아버지의 무덤 앞에 묘막을 쳤다. 그리고 3년상喪에 들어간다. 3년이라는 세월은 출세가도를 달리던 젊은 관료의 발목을 잡기에 충분한 기간이었다. 사대부들 사이에 3년 탈상이 제도화되었다고는 하지만, 실제로는 거의 1백 일 탈상을 관례로 하고 있었다.

정도전이 개인의 출세에만 관심을 둔 사대부였다면, 그 역시 일찌감치 상복을 벗었을 것이다. 하지만 정도전은 신돈의 개혁을 벤치마킹하는 과정에서 이미 수신修身의 중요함을 터득하고 있었다. 유가의 예의 원칙에 충실한 정도전은 기꺼이 3년상을 치렀다. 이어 그해 12월에는 어머니 우씨 상마저 당하여 실제로는 4년 가까이 부모상을 치른다.

역사는 앞으로 나아가기도 하지만 때로는 멈칫거리거나 잠시 후퇴하기도 한다. 그래서 역사유물론자들은 흔히, 역사는 나선螺線형으로 발전한다고 한다. 곧장 직선으로 나아가는 것이 아니라, 용수철처럼 빙빙 돌면서 조금씩 앞으로 나아간다는 것이다. 성공한 개인의 삶도 그럴 것이다. 더구나 역사의 거센 파도를 헤치고 가는 위대한 기획가의 삶이야 늘 더디고 멈칫거리기 십상이었다. '대기만성'이라는 말이 있듯이.

입에 까칠한 음식과, 찬바람이 살갗에 파고드는 허름한 옷차림으로 부모의 묘막을 지키는 정도전에게, 포은 정몽주는 《맹자》 한 질을 보내 주었다. 둘도 없는 글벗이자 친형 같은 선배 정몽주가 보내 준 책을 정도전은 하루에 반半 장, 또는 한 장을 넘기지 않을 정도로 정독하였다. 기획가의 성실한 독서법이 엿보이는 대목이다. 그렇게 《맹자》

의 내용을 한 글자씩 가슴에 새기면서 정도전은 민본주의 사상에 심취하였다.

그러면《맹자》의 무엇이 그토록 기획가의 마음을 사로잡은 것일까. 정도전은 맹자가 주창한 '왕도王道정치'론에 빠져들었다. 왕도란《서경》에 처음 나타난 것으로, 그것을 공자가 '덕치사상'으로 계승하였고, 맹자가 체계적으로 완성했다. 왕도정치는 인仁과 덕德을 바탕으로 하는 정치로, '패도覇道정치'에 상대되는 정치사상이다. 유학자들에게 그것은 이상적인 정치사상이었다.

맹자는 왕도의 핵심적 내용을 군주의 어진 마음에서 찾았다. 그것이 인정仁政이다. 어진 정치를 펼치려면 인간의 바탕이 선해야 한다. 이른바 '성선설'이 여기에서 나온다. 그리고 맹자는 왕도를 실현하기 위하여 정전제井田制를 제시하였다. 정전제는 사방 1리(약 4백 미터)의 토지를 우물 정井자로 아홉 등분하여, 여덟 농가가 나누어 부치게 하고 가운데 땅은 공동으로 경작하여 조세로 바치게 한 제도다. 세금과 노동력 수탈을 완화하려는 것이 정전제의 취지였다. 더불어 맹자는 형벌을 완화하는 등 여러 가지 양민정책을 제시하였다.

그런데 군주가 하늘의 이치에 따르지 않고 통치를 잘못하면 어떻게 해야 할까? 그럴 때는 하늘이 재해나 이변을 통해 견책을 내린다.《고려사》뒷부분에 우박, 천둥 등 잦은 기상이변과 재해가 기록되어 있는 것이 그 실례다. 군주가 이러한 경고성 견책마저 무시하고 더욱 무도한 통치를 한다면? 하늘은 천명을 바꾸어 국가를 전복하고 멸망시킨다. 역성혁명도 가능하다는 것이다. 바로 이 대목에서 정도전의 뇌리에는 한 줄기 섬광이 지나갔다.

한편 《맹자》에서는, 덕을 잃은 군주는 존재 가치가 없다고 하였다. 그 내용에 매료된 정도전의 머릿속에서는 발상의 대전환이 일어났다. 역사 속에서 덕 있는 군주가 과연 몇이나 되던가. 가뭄에 콩 나듯 하는 '덕 있는 군주'에게 불안하게 나라의 명운을 거느니, 차라리 전문경영자를 재상으로 뽑아, 그에게 나라를 맡기는 게 낫지 않겠는가. 여기까지 생각이 미친 기획가의 가슴은 마구 뛰었을 터였다.

따지고 보면 중세 고려왕조 사회에서 《맹자》는 '불온서적 1호'였다. 해석하기에 따라서는 왕조에 대한 반란을 공공연하게 부추기는 책이었다. 그런데 정도전에게 그런 불온서적을 보내 준 사람이 바로 훗날 조선 창업의 최대 걸림돌이 된 정몽주였다. 끝내 왕씨 왕조를 지킨 마지막 고려인 정몽주가 정도전에게 《맹자》를 선물하여 역성혁명을 꿈꾸게 한 것이다. 결과로만 보면 '마지막 고려인'이 '조선의 창업자'를 도운 셈이었다.

한편, 오늘날 대학생들이 영어 공부에 목을 매듯, 당시의 신진사대부들은 오직 유교 경전에만 매달렸다. 하지만 위대한 기획가는 공부하는 방법이 확연하게 달랐다. 유교적 지식만으로 따지면 정도전은 포은 정몽주나 도은 이숭인보다 특별히 나을 것이 없었다. 요컨대 이색 아카데미의 신세대 지식인 중에서 성리학의 최고 이론가는 단연 정몽주였다. 정몽주는 "횡성수설하는 것까지도 모두 이치에 맞지 않은 것이 없다."는 평을 얻을 정도로 정평이 난 성리학자였다.

그러나 도전적인 기획가 정도전은 유교 경전과 역사, 불경, 음악, 수학, 의학에 이르기까지 당대에 접근 가능한 모든 지적 범주를 섭렵하였다. 당대의 다른 지식인들이 백지 위에 찍힌 한 점에 골몰하는 동안 정도전은 넓게 펼쳐진 여백을 본 것이다. 그리하여 가히 백과사전적인 지식을 체계화하여, 통합적 세계관을 이루었다. 그런 통합적 사고체계가 없었다면 '조선 창업'이라는 위업은 불가능했을 것이다. 위대한 기획은 번뜩이는 발상으로 만들어지지 않는다. 백과사전 속의 수많은 경계를 넘나드는 방대한 지식과 지성이 밑절미가 되어 위대한 기획가가 탄생하는 것이다.

이처럼 4년 가까운 여묘살이 기간이 정도전에게는 사상의 폭을 넓히는 계기가 되었다. 더불어 그때 안비판, 이안렴, 성중서, 김사농, 유판도 등 많은 문하생도 길러 냈다. 이색 아카데미의 우등생 정도전에게 배운 이들은 대부분 과거에 급제하여 관료가 되었다. 문생들 중에는 경기도 안찰사, 교주도(지금의 강원도) 안찰사, 경상도 안찰사 등 오늘날의 도지사급 벼슬아치만 해도 세 명이나 나왔다. 이때 공부한 정도전의 두 아우도 나중에 참판, 판윤 등의 벼슬을 지낸다.

1369년 여름, 부모상을 마친 정도전은 삼각산 삼봉의 옛 초가집으로 돌아왔다. 공민왕은 교서를 내려 "부모상에 성인의 예절을 잘 지켰다."고 칭찬하였다. 정도전에게 여묘살이는 조선 창업의 이념을 어물게 하고 수많은 유생들과 교류함으로써 '조선 창업'이라는 초대형 프로젝트에 동원할 인적 자원을 확보하는, 뜻있는 기간이었다.

성균관과
인적
네트워크 傳道
鄭印

정도전이 영주에서 묘막을 지키는 동안에도 나라는 안팎으로 시끄러
웠다. 특히 1367년에는 왜구가 강화도에까지 침입하여 약탈을 자행
하였다. 1368년 초에는 주원장朱元璋이 명나라를 일으켰다. 주원장은
수도를 북경으로 정하고, 중국의 새로운 통치자로 떠올랐다. 명의 기
세에 몰린 원나라 순종은 북쪽으로 밀려났다. 반쪽이 되어 버린 '북원
北元'은 간신히 명맥을 이어 가긴 했지만 사실상 멸망한 것이나 다름
없었다.

원이 패망한 이듬해인 1369년 5월, 고려는 원의 연호를 중단하였
다. 지긋지긋한 원의 지배에서 공식적으로 벗어난 것이다. 그리고 고
려 조정은 새로 일어난 명나라에 사신을 보내어 머리를 조아렸다. 비
로소 명나라가 동아시아의 맹주로 떠오르게 되었다.

그 무렵, 권력에 맛들인 신돈은 그 타락상이 절정에 이르렀다. 새로

사택을 지어 놓고 수많은 첩을 거느리며 주지육림에 빠져 개혁 지도자로서 명분과 정당성을 모두 잃어버렸다. 그런 가운데서 신돈은 지방 권력까지 장악하기 위하여 사심관事審官 제도를 부활하려 한다. 사심관은 서울에 있으면서 고향의 일에 관여하던 벼슬아치를 말한다. 그것은 중앙이 지방의 권력을 통제하기에 유리한 제도였다.

신돈의 이 같은 권력욕에 그를 두둔하던 공민왕마저 눈살을 찌푸렸다. 한편 정신이 흐릿해진 공민왕은 죽은 노국공주의 영혼을 위안한다는 명목으로 크고 화려한 영전影殿 공사를 일으키고 있었다. 대규모 공사가 벌어질 때마다 죽어나는 것은 가난한 백성들이었다. 사방에서 원성이 자자했다. 하지만 이미 제정신이 아닌 왕의 귀에는 그 원성이 들리지 않았다.

정도전은 〈원유가遠遊歌〉라는 오언고시를 지어 그런 세태를 신랄하게 비판하였다. 요순시대를 이어 받은 이상국가인 주周나라와, 폭정의 대명사인 진秦 시황제를 대비하는 기법으로 공민왕의 실정을 풍자한 〈원유가〉는 당시로서는 매우 노골적인 참여시였다. 그 뒷부분을 옮겨 보면 이렇다.

. . . . . .

악독한 조룡祖龍(진나라 시황제) 입을 벌리어
한꺼번에 여섯 나라 제후 삼켰네.
아방궁은 하늘과 가지런하여
촉산의 꼭대기를 내리눌렀네.
어호魚狐(물고기와 여우)의 사이에 화가 일어나

하루아침 항우와 유방에게 바쳤다오.

백성의 힘을 빼긴 누구나 같지만

잘되고 잘못된 건 훈유薰蕕(향기 나는 풀과 악취 나는 풀) 같은 것.

이제 와 옛날을 느끼며 서성대다가

해가 늦어 내 수레를 돌이켰다오.

집에 가득 찬 객들은 아직도 흩어지지 않아

술잔을 들어 서로 주거니 받거니

부르는 노랫가락 멎기도 전에

두 가닥 눈물이 그대 위해 줄줄 흘러라.

《시경詩經》과 같은 중국 고전을 제대로 알지 못하면 이해하기 어려울 만큼 인용과 풍자로 가득한 시다. 하지만 당시 정도전이 고려왕조에 대한 일말의 희망도 버렸음을 느낄 수 있는 시였다.

'왕도정치'라는 화두를 가슴에 품은 정도전은 어지럽기 그지없는 개경의 정치풍토에 환멸감을 느끼고 삼봉 아래 고향 집에 파묻혀 한동안 공부에만 전념한다. 그러면서 가끔 삼봉 마루에 올라 개경 쪽 송악산을 바라보며 벗들을 그리워하였다. 이색의 문하에서 함께 공부하던 정몽주, 이숭인, 윤소종, 권근 등이 그들이었다. 정도전은 벗들에 대한 그리움을 〈삼봉에 올라 경도의 옛 친구를 추억함〉이라는 시에 담기도 하였다.

한편, 1370년 음력 8월 추석에는 공주에서 석탄石灘 이존오李存吾가 벗을 찾아 삼봉으로 왔다. 이존오는 정몽주, 박상충 등과 더불어 정도전의 절친한 벗이었다. 정도전이 여묘살이를 하던 1366년에 우정언右

正言¹으로 재직하던 이존오는 신돈의 횡포를 탄핵하고 공민왕의 실정을 비판하다가 왕의 미움을 사 극형의 위기에 처하였다. 스승 이색 등의 적극적인 변호로 극형을 겨우 면한 이존오는 벼슬을 버리고 고향 부근의 석탄에 내려가 은둔 생활을 하고 있었다.

정도전과 이존오. 오랜만에 만난 둘은 함께 달을 구경하면서 우정을 나누었다. 그렇게 짧은 말미에 회포를 풀고 이존오가 다시 공주 석탄으로 돌아간 뒤, 정도전은 "사람이란 모였다 흩어지는 것, 달도 차면 또한 이지러지네. 사람과 달이 서로 어긋나니, 아름다운 기약도 서로 다르게 가네……"라며 벗을 그리워하였다. 하지만 정도전이 애틋하게 그리던 벗 이존오는 애석하게도 이듬해인 1371년에 석탄에서 울화병이 도져 죽고 만다. 부당한 현실에 분개하던 의인의 요절이었다.

기획가의 가슴에는 인간을 향한 순수하고 따뜻한 마음이 있었다. 그것은 양심이며 사랑이었다. 따뜻한 가슴이 없이 냉철한 머리만으로는 시대의 외톨박이 신세를 벗어날 수 없는 법이다. 진정으로 위대한 리더는 순수한 사랑과 우정으로 견고한 인적 네트워크를 맺는다. 역사의 위대한 기획가가 태어나는 과정도 마찬가지일 터다.

그러던 1370년 봄, 개경에서 반가운 소식이 들려왔다. 공민왕이 유교를 진흥시키기 위해 성균관을 중수하고, 명망 있는 유학자들을 성균관에 불러들인다는 것이었다. 성균관의 총 책임자인 대사성大司成에는 스승 이색이 앉아 있고, 정몽주·김구용·박상충·박의중·이숭인 등 벗들이 성균박사 직함으로 후배 생원들을 가르친다고 했다. 정도전에게는 더없이 기쁜 소식이었다.

그해 여름 정도전은 개경으로 가서 이숭인을 만났다. 이숭인과 벗들의 천거로 정도전은 정7품 성균박사에 제수되었다. 스스로 공부하면서 후학을 가르치는, 오늘날의 국립대 교수직과 흡사했다. 어설픈 권력을 휘두르는 자리가 아니었기에 정쟁에 휘말릴 일도 없었다. 나이 서른의 젊은 기획가 정도전에게는 매력 있는 자리였다.

정도전은 날마다 명륜당에 앉아서 생원들에게 경서를 강의하였다. 그의 기획력은 후배들에 대한 강의 기법에서도 발휘되었다. 그는 경서에 대한 일방적인 강의에 머무르지 않고, 강의가 끝나면 서로 토론을 하게 함으로써 생원들의 '자기 주도' 학습을 이끌어 냈다. 젊은 기획가의 참신한 강의 기법은 인기가 높아 그에게 배우려는 사람들이 많이 모여들었다.

이로써 성균관은 성리학 이론으로 무장하고 여론을 주도할 신흥사대부 집단의 근거지가 되었다. 그 오피니언리더 그룹의 맨 앞자리에서 열정적인 기획가 정도전은 위대한 역사 기획가의 꿈을 키워 갔다.

신돈과 공민왕, 불완전한 개혁의 끝 傳鄭道印

1370년 5월에 공민왕은 신흥제국 명나라의 신하가 되었다. 그해 7월에 명나라 황제는 제복과 악기를 내려 주었다. 몽골 패션 대신 명나라가 정해 준 옷을 입고, 명에서 보내 준 악기를 울리며 사대의 예를 다하라는 뜻이었다. 왕은 제사를 올리는 예의 절차와 악절樂節을 만드는 일을 정도전에게 맡겼고 일찍이 백과사전적 지식을 갖춘 정도전은 그 일에 유감없는 능력을 발휘했다.

그러자 공민왕은 '큰일을 맡길 만한 사람'이라며 정도전을 정5품 예의정랑禮儀正郎으로 특진시키고 성균박사와 태상박사를 겸임하게 한다. '태상太常'이란 고려시대에 제사를 주관하고 왕의 묘호와 시호를 제정하는 일을 맡아 보던 관아 태상시太常寺를 말한다. 따라서 태상박사는 왕의 신임을 받는 사람만이 담당할 수 있는 직책이었다. 이어 공민왕은 정도전에게 임금의 교서敎書 등을 작성하는 고원誥院에서 근무케 한다.

한편, 타락한 개혁의 전도사 신돈을 둘러싸고 사방에서 비난이 빗발쳤다. 마침내 공민왕은 신료들의 간언을 받아들인다. 그리하여 1370년 10월에 친정親政을 선언한다. 하지만 이미 커질 대로 커진 신돈의 세력은 공민왕의 친정에 걸림돌이 되었다. 정치적 동반자가 정적 관계로 돌아선 순간이었다. 마침내 공민왕은 신돈과 결별하기 위한 수순에 들어갔다.

이듬해인 1371년 7월, 선부의랑選部議郞[2] 이인이 익명으로 신돈의 역모를 일러바쳤다. 공민왕은 일단 신돈을 수원으로 유배시키고, 그 측근들을 국문하여 처단하였다. 신돈은 이미 반격할 틈을 잃어버렸다. 공민왕은 그런 신돈을 가차 없이 처형케 하였다. 이처럼 정적 제거 작업은 일사천리로 이뤄졌고, 6년여에 걸친 신돈의 시대는 막을 내렸다.

신돈을 처형한 왕은 정도전에게 그 뒷수습을 맡겼다. 신돈의 죽음에 대하여 태묘太廟(종묘)에 고할 내용과 그 예법을 진행하게 한 것이다. 한마디로 중신의 처형을 그럴듯하게 합리화하여 조상의 영전과 백성에게 공표하는 일이었다. 한때나마 개혁의 지도자로 천하를 호령하던 신돈의 최후를 쓸쓸한 심정으로 뒷갈망하고 나자 어느덧 서늘한 가을바람이 불어왔다. 그 쓸쓸한 가을 풍경 속에서 정도전은 문득 권력과 세월의 무상함을 느꼈다. 그 느낌을 정도전은 〈추야秋夜〉라는 시에 담았다.

· · · · · ·

슬프다 저 명리名利에 허덕이는 사람,

늘그막에 이르러도 아직 모르네.
고귀한 자는 스스로 교만하고 고집이 세며
비천한 무리들은 다들 속임수를 따르네.
영화란 번갯불을 좇는 것이거늘
죽은 뒤에는 그 기운만 남아 있어
아름다운 저 군자와 선비를 보소
속마음은 닳거나 변함이 없네.
높고 높다, 운월의 정,
희고 흰 빙설 같은 모습이로세.
모쪼록 썩지 않는 사업 남기어
천추를 내다보며 기약을 하네.
이 느낌 펼쳐 긴 노래를 부르나니,
가을바람 으스스 처량키도 하네.

　개혁 임무를 올곧게 끌어가지 못하고 명리와 영화의 유혹에 굴복하여 결국은 한 줌의 재로 돌아간 신돈과, 권력에 눈이 먼 수구세력의 교만함을 비꼬는 내용이다. 그러면서 '속마음이 닳거나 변하지 않는' 군자의 모습을 되새기는 시다. 만약 정도전이 흔해 빠진 나약한 지식인이었다면, 그 또한 감상적 허무주의에서 벗어나지 못하였을 것이다. 하지만 열정적인 기획가는 결코 낙담하지 않았다. 위대한 기획가는 현실의 허무함을 미래에 대한 열정으로 승화시킨다. 그리하여 넉넉한 낙관주의로 무장을 하고, 부패로 얼룩진 현실 위에 천 년을 내다보는 역사적 사업을 남길 것을 스스로 다짐하는 것이다.

이 무렵에 정도전은 이미 고려왕조의 부도를 예감하고 새로운 국가 창업을 결심한 것으로 보인다. 그는 마침내 '고려와 같은 왕조체제로는 이제 안 된다'는 전제하에 새로운 가설을 세운다. 가설은 현실에 대한 귀납적 사고와 연역적 사고의 통합된 결과물이다. 기획가는 귀납적 접근 방식으로 고려의 부도 위기 징후를 낱낱이 파악한 다음, '새로운 나라를 창업해야 한다'는 연역적 명제를 끌어낸 것이다. 그리고 그 명제는 곧 위대한 역사 기획의 가설이 되었다.

한편, 신돈이 사라진 뒤에도 공민왕은 예전의 영민한 군주로 돌아오지 않았다. 오히려 정신병이 도질 대로 도져 성적性的 관음 증세까지 보였다. 그리하여 홍륜, 김흥경 등 귀족의 자제들에게 시녀들과 음행을 시킨 후 그 광경을 문틈으로 엿보는 것을 취미로 삼았다. 또 홍륜 등과 직접 동성애를 즐기는가 하면, 심지어 이들에게 왕비들을 강간토록 하였다.

재상이던 이제현의 딸 혜비 이씨는 사대부의 딸답게 비정상적인 수컷들의 행위를 단호하게 거부하였다. 왕비의 강력한 저항은 미친 왕도 꺾을 수가 없었다. 이 절개 굳은 왕비는 나중에 공민왕이 죽자 출가하여 여승이 되었다고 한다. 곡성부원군 염제신의 딸 신비 염씨도 능욕을 단호하게 거절하였다가 공민왕 사후에 스스로 머리를 깎고 여승이 되었다. 또한 죽성군 안극인의 딸 정비 안씨는 공민왕의 자제위 子弟衛[3]들이 능욕하려 하자 머리를 풀고 목을 매어 죽는 시늉을 함으로써 미친 왕의 기세를 꺾고 만다.

그러나 종실 덕풍군 왕의의 딸인 익비 한씨는 협박을 견디지 못하여 결국 자제위들에게 몸을 내주고 아이를 잉태한다. 그리고 1374년

9월 갑신일, 공민왕은 내시 최만생에게 익비 한씨가 아이를 잉태하였다는 보고를 받는다. 홍륜과 그의 무리가 뿌린 씨앗이었다. 왕은 아이를 자기 자식으로 만들어 후사를 잇고자 한다. 그리하여 내시 최만생에게 홍륜과 그의 무리를 모두 죽이라고 명하였다.

하지만 영리한 내시 최만생은 적어도 한 수 앞은 내다볼 줄 아는 인물이었다. 그는 홍륜의 무리를 처단하여 왕의 명을 받든다 하더라도, 결국은 자신도 왕의 손에 죽으리라는 것을 알았다. 그 순간 최만생은 왕을 죽이고 자신이 사는 길을 택하였다. 그리하여 홍륜 무리에게 사실을 알려 주고 대책을 논의하였다. 이들은 왕을 죽이는 쪽으로 의견을 모았다. 그리고 즉시 거사를 준비하였다.

그날 밤, 최만생과 홍륜 일당은 침전으로 들어가 만취한 채 자고 있는 왕에게 칼을 꽂았다. 즉위 23년째. 공민왕의 나이 마흔 다섯이었다. 공민왕은 술 냄새를 풍기며 저세상으로 갔다. 이승의 문턱을 넘어가는 그의 발걸음은 비틀거렸을 것이다. 마치 부도 직전에 처한 고려의 운명처럼 말이다.

그렇게 왕을 살해한 최만생과 홍륜 일당도 무사하지는 못하였다. 이들은 왕을 죽일 수는 있었지만, 자신들이 사는 방법을 찾지는 못하였다. 충성스런 내시 이강달과 경복흥慶復興, 이인임李仁任 등은 우왕좌왕하던 내시 최만생과 홍륜 일당을 모두 붙잡아 처형하였다. 그리고 이인임과 경복흥 등 수구 권문세력은 조정이 혼란한 틈을 타서 정권을 장악한다.

신돈과 공민왕이 역사 무대에서 사라진 뒤, 성균관은 오로지 멸사봉공의 도덕정치 이념만으로 수구세력에 맞서야 했다. 그들은 더욱 철저한 유교사상으로 무장하였다. 하지만 그들은 여전히 백지 한가운데 찍힌 검은 점에 골몰할 뿐이었다. 그러한 신진사대부 집단 안에서 이색의 문하생들은 가장 '좌측'으로 시야를 넓혔다. 그리고 왼쪽의 선봉에 선 정도전은 젊은 기획가로서 세상을 향하여 한층 강경한 목소리를 내게 된다.

반反개혁의
역습 傳鄭印道

공민왕 시해 사건을 수습한 이인임 일파는 스스로 정권을 장악하고, 열 살짜리 왕자 우禑를 고려 32대 왕으로 즉위시킨다. 하지만 우는 핏줄논쟁에서 자유롭지 못하였다. 우는 신돈의 여종이던 반야와 공민왕 사이에 태어난 아들이다. 그런 까닭에 항간에는 우가 신돈의 아들일 것이라는 소문이 파다하였다. 그런데 우가 태어난 무렵에 공민왕은 시중 이인임에게 이렇게 말하였다고 한다.

"신돈의 집에 아름다운 여비가 있어 가까이하였더니 아들 우를 얻게 되었다. 왕우를 지켜 달라."

그러던 공민왕은 자신이 죽기 며칠 전에 말을 바꾸었다. 우의 어머니는 이미 죽은 궁인 한씨라는 것이었다. 그러면서 한씨에게 순정왕후라는 시호를 내리고, 그 집안 조상들까지 벼슬을 추증한다. 항간에서 제기될 왕자 우의 핏줄논쟁을 막으려는 고육책이었다. 하지만 그것은 등불을 됫박으로 덮으려는 것이었다.

왕자 우를 보필하라는 공민왕의 유지를 받은 이인임은 결국 우왕과 공동운명의 처지에 놓인다. 따라서 이인임은 고려 종실의 반대를 무릅쓰고 우왕을 즉위시키는 데 필사적인 노력을 기울였다. 그 결과 우왕이 즉위하고, 이인임은 최영 등과 함께 권력의 핵심을 틀어쥐게 되었다.

이인임은 지금의 총리격인 문하시중門下侍中에 올라 실권을 장악하고 다시 친원정책을 추진한다. 그러나 정도전이나 정몽주 같은 신진사대부의 눈으로 보면 이인임 정권은 명백히 현상 분석의 오류를 범하고 있었다. 그것은 국제적인 역학관계를 무시하고 시대를 거스르는 정책이었다. 친원파와 친명파 사이에는 심각한 갈등이 빚어졌다. 이때 정도전은 전교령 박상충과 함께 이인임에게 건의하였다.

"왕이 시해되었는데도 그 일을 고하지 않으면 필시 황제가 의심할 것입니다. 명나라에 빨리 사신을 파견하여 상사喪事를 고하여야 할 것이옵니다."

하지만 이인임은 시큰둥하게 말한다.

"모두가 두려워서 꺼리는데, 누구를 사신으로 보낸다는 말인가?"

그러던 1374년 11월, 호송관 김의金義가 명나라 사신 채빈과 그 아들을 죽이고, 임밀을 납치하여 북원으로 도주하는 사건이 발생하였다. 명나라에 대한 정면도전으로 비춰질 일이었다. 이때 성균사예5 정도전은 정몽주 등과 함께 다시 재상 이인임에게 일렀다.

"선왕은 불행(왕이 죽었다는 뜻)하였으나 고하지 않았고, 사신은 돌아가지 않았으니 미리 명나라 조정에 알리지 않으면 사직이 위태로워질 것이옵니다."

그때서야 비로소 이인임은 사신으로 갈 만한 사람이 있는지 알아보라고 하였다. 정도전과 정몽주는 최원崔源을 만나 뜻을 전하였다. 최원은 흔쾌히 대답하였다.

"사직이 편안할 일이라면 어찌 한 번 죽는 것을 아끼겠는가."

고려 문신 최원. 그는 왜구를 격퇴하고 조일신[5]의 난을 평정한 공로로 한때 공민왕의 총애를 받았다. 그러나 재상宰相 김보의 무고로 좌천되었다가 1354년에는 장사성張士誠[6]을 토벌하는 원나라에 원병으로 가서 싸우고 돌아오기도 하였다.

이인임은 정도전의 말에 따라서 최원을 사신으로 보내 상사를 고하고, 또 사신을 죽인 연유를 명나라 측에 전하게 하였다. 하지만 최원은 명나라에 3년간이나 억류되고 만다. 그리고 우왕 4년(1378년)에 풀려나 귀국을 하지만, 사신으로서의 책무를 소홀히 했다는 명목으로 탄핵을 받았다. 그리고 국문 중에 죽었다. 그는 참으로 불운한 관리였다.

한편, 1375년 정월부터 정도전은 서연시독관書筵侍讀官[7]이 되어 왕에게 《대학大學》을 강론한다. 그러다가 4월에 다시 전의부령典儀副令[8]으로 임명되었다. 이때 수구 권신들은 다시 북원과 친교를 해야 한다는 내용으로 임금에게 올릴 건의서를 만들어 여러 신료들에게 돌렸다. 하지만 정도전은 거기에 서명을 거부하면서 항변하였다. 그럼에도 이인임과 지윤은 5월경에 북원의 사신을 맞이하고자 한다. 그러자 정도전은 김구용, 이숭인, 권근 등 개혁 동지들과 함께 뜻을 모아 도평의사사都評議使司에 글을 올렸다. 북원과의 외교에 대한 부당함을 역설하기 위함이었다.

"선왕께서 이미 남쪽의 명나라를 섬기기로 결정하였으니, 지금 북원을 섬기는 것은 당치 않습니다."

하지만 새파랗게 젊은 관료들의 목소리가 이인임의 귀에 들릴 리 없었다. 그럴 즈음 북원에서 사신이 왔다. 이숭인, 김구용, 권근 등과 함께 정도전은 사신을 받아서는 아니 된다는 내용으로 도평의사사에 다시 상서하였다.

"새로 떠오르는 명나라를 저버리고 원나라와 친교하는 것은 강자를 버리고 약자를 향하는 것이며, 순리를 버리고 역리를 따르는 것으로 장차 나라에 큰 화를 입힐 것입니다. 만약 사신을 받아들이면 온 나라의 신민이 모두 난신적자亂臣賊子(나라를 어지럽히는 불충한 무리)의 죄를 짓게 될 터이니, 후에 무슨 면목으로 현릉顯陵(태조 왕건의 능)을 지하에서 만날 것입니까?"

하지만 이인임과 경복흥은 그 상서를 받아들이지 않고, 오히려 정도전으로 하여금 원나라 사신을 맞아들이게 하였다. 분노가 치민 정도전은 경복흥의 집으로 가서 따졌다.

"제가 원나라 사신을 맞이한다면, 저는 마땅히 원나라 사신의 머리를 베어 오거나, 그렇지 않으면 결박을 지어 명나라로 압송하겠습니다."

그러자 경복흥이 화를 내며 말했다.

"그렇게 한다면 반신叛臣 김의⁹와 무엇이 다르겠는가?"

그러자 정도전은 왜 원나라 사신을 맞아서는 아니 되는지를 설명하였다. 권신들이 어떻게 현상 분석의 오류를 범하고 있는지를 지적한 것이다. 그런데 경복흥은 정도전이 말하는 태도를 문제 삼았다. 한마디로 젊은 관리가 건방지다는 것이었다. 경복흥의 집을 나온 정도전은 태후에게 가서 이인임 정권을 탄핵하며, 원나라 사신을 맞이하지 말 것을 아뢰었다. 정몽주는 그런 정도전을 보면서 말했다.

"삼봉, 그렇게 하다가는 뭔가를 각오해야 할 것이네."

정몽주의 신중한 목소리에 정도전은 고개를 끄덕였다.

"맞습니다. 허나 달가께서는 '옳은 길로 가는 장부의 발걸음은 깃 털보다 가볍다.'고 말씀하셨습니다. 제 한 몸 편안코자 했으면 글을 읽 어 세상에 나오지 말아야 했습니다."

정몽주의 염려는 곧 현실로 다가왔다. 젊은 관료의 반항에 거친 숨 을 씩씩 몰아쉬던 경복흥은 이인임을 만나 정도전과 정몽주 등을 귀양 보낼 각본을 짰다. 그리고 곧 우왕은 정도전과 정몽주를 불러들였다. 열 살짜리 왕은 이인임과 경복흥 등이 만들어 준 대사를 제법 감정을 섞어 가며 읽어 내려갔다.

"크고 작은 나랏일에 사사건건 반대를 하여 조정을 분열시키고, 문 하시중을 비롯한 조정 중신들을 업신여기는 것은 곧 나라에 대한 불충 이로다. 짧은 재주를 믿고 무리를 지어 함부로 내뱉는 불충한 언행은 실 로 가볍게 보아 넘길 수 없도다. 당장 정도전과 정몽주를 귀양 보내라!"

1375년 여름, 결국 정도전은 정4품 고위직 벼슬을 버리고 옥에 갇 혔다가 전라도 나주 회진현으로 유배된다. 뒤이어 정몽주도 경상도 언 양으로 유배당하였다. 옳은 길로 나서는 장부의 발걸음은 깃털처럼 가 볍다던 정도전과, 그에게 동조하던 정몽주는 이렇게 정치적 시련을 맞 는다.

한편, 정몽주와 정도전을 몰아낸 이인임 일파는 고려 조정을 장악 하고 본격적으로 친원정책을 펼친다. 원과 손잡고 신흥 명나라를 견제하려는 이 외교정책은 잘못된 현상 분석의 결과였다. 그로써 고려는 급속하게 보수화되었다. 일시적이긴 하였지만, 반개혁反改革의 바람이 다시 불어왔다.

북원은 명에 쫓기는 처지이면서도 고려에 대한 지배력을 여전히 행사하려고 하였다. 그리하여 심왕[10] 왕고의 손자 탈탈불화를 고려국왕에 봉하고 고려로 보내는 등 한바탕 소동을 일으켰다. 이인임이 발 빠르게 탈탈불화 일행을 저지함으로써 두 왕이 대립하는 사태는 겨우 막았다. 그리고 나중에 북원이 우왕을 고려국왕에 정식으로 봉함으로써 고려의 왕위계승 문제는 해결된 듯하였다. 그러나 이인임 정권은 1378년에 명나라에도 우왕의 즉위를 인정해 줄 것을 요청함으로써 이중적인 외교정책의 딜레마에 빠진다.

3

현장 체험,
기획의 밑바탕이 되다

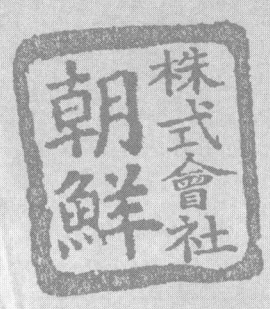

나주 소재동으로 귀양살이 가다
현장에서 역지사지易地思之를 배우다
천민을 최고의 스승으로 삼다
기획서의 밑그림을 그리다
6년간의 유랑을 통해 실천적 기획가로 거듭나다

기획가는 열린 사고를 하는 사람이
다. 열린 사고의 가장 기본이 되는 것
은 역지사지다. 그리하여 기획가는
남들과 다르게 보고, 남들이 보지 못
하는 것을 볼 수 있게 되는 것이다.
그렇게 마음의 눈을 뜬 기획가는 현
실의 문제에 직면하여 비판만 하거나
비껴가지 않고, 긍정적인 해결책을
모색하게 된다.

나주
소재동으로
귀양살이 가다 傳鄭印道

젊은 기획가 정도전에게 현실 권력이 둘러친 담장은 너무 높았다. 눈앞을 가로막은 담이 너무 높을 때는 뒤로 물러날 줄 알아야 한다. 그렇게 뒤로 물러설수록 담은 낮아 보이는 법이다. 기획가 정도전은 아예 멀찌감치 물러났다. 그리하여 끝없는 유배 길에 오른다. 그러면서 그는 착잡한 심정으로 귀양살이 가는 자신의 처지를 중국 하夏나라 시대의 충신 용방龍逄과 은殷나라 충신 비간比干에 빗대었다.

용방은 하나라 마지막 왕인 걸桀의 학정虐政에 대하여 "임금을 보면 위석危石(돌로 되어 무거운 관)을 쓰고 춘빙春氷(깨지기 쉬운 얼음)을 밟는 듯하다."고 하였다가, 불로 태우고 지지는 형벌을 받았다. 비간은 은나라의 마지막 왕인 주紂의 스승이었는데, 간언諫言을 하느라 사흘 동안 임금 앞에 나아가지 않았다. 그러자 주왕은 "듣자 하니 성인聖人은 심장에 구멍이 일곱 개나 있다고 한다."며 비간의 배를 갈라 직접 확인하였다고 한다. 정도전은 이러한 충신들의 비장한 최후를 되새기며, 그 느낌을 〈감흥感興〉이라는 시로 읊었다.

내 수레에 기름칠하여 먼 길을 떠나
험한 저 태행산을 오르니
황하 물이 그 아래로 내리 쏟는다.
삼박三亳(세 곳의 땅이름)의 사이를 돌아다보니
아득하여 모두 다른 나라 일인 듯,
두 무덤만 마주하여 우뚝하다.
어느 시대 사람이냐고 물었더니
용방과 비간이라 일러주네.
나라의 멸망을 차마 못 본 체할 수 없어
충의의 심간心肝이 찢어지기에
대궐문을 손수 밀고 들어가
임금 앞에 언성 높여 간諫했더라오.
예부터 한 번 죽음 뉘나 있으니,
구차한 삶은 처할 바 아니지 않은가.
천 년 지난 광막한 오늘날에도
영웅 열사가 가을 하늘에 비끼었구나.

정도전의 시에는 현실비판의 날카로운 칼날이 자주 번뜩인다. 정치적 사망선고를 받고 기약 없는 유배 길에 오르면서도 그는 선비의 기개를 굽히지 않았다. 아득한 절망에 심신이 무너질 법도 하건만, 그는 중국의 역사 속에서 대화 상대를 찾아, 자신의 현실을 객관적으로 비출 거울로 삼는다. 그리고 넉넉한 낙관주의로 무장하며, 뒷날에 모든 것이 반전反轉될 것이라고 믿는다. 기획가는 가설적으로 사고하면서 끊임없는 자기암시를 거는 것이다.

그렇게 양심수 정도전이 굽이굽이 시골길을 돌고 또 돌아 이른 곳은 전라도 나주 회진현에 있는 작은 마을이었다. 근처에 '소재사消災寺'라는 절이 있어 나중에 동네 이름을 '소재동消災洞'이라고도 하였다. 재앙이 사라지는 동네라는 뜻인데, 아마도 정도전 자신이 붙인 이름인 듯하다.

당시 회진현은 사람이 거의 살지 않는 고장이었다. 한적한 숲 속에, 밥 짓는 연기를 뿜어 올리는 초가집 십여 채만이 낮게 엎드려 있었다. 천민들이 모여 사는 이 마을은 '거평부곡'이라고 불렸다. 정도전이 〈소재동기消災洞記〉에서 표현한 바에 따르면 회진현은 주위가 모두 산으로 둘러싸인 고장이었다. 북동쪽으로는 중첩된 산봉우리와 고개들이 서로 잇닿아 있고, 남쪽으로는 평평한 들판이 펼쳐져 탁 트인 조망이 좋은 곳이었다. 서남쪽으로는 올망졸망한 산봉우리가 낮게 깔려 서해 바닷가로 이어지고 있었다. 지금의 나주시 다시면 운봉리 백동마을, 또는 백룡산 서쪽 기슭쯤 되는 곳이다.

정도전은 '황연'이라는 사람의 집을 빌려 여장을 풀었다. 말이 집이지 다 쓰러져 가는 움막 같았다. 정도전은 "집이 낮고, 기울고, 좁고, 더러워서 마음이 답답하다."며 불편을 토로하기도 하였다. 개경에서 벼슬살이할 때도 정도전의 생활형편이 그리 넉넉한 것은 아니었다. 하지만 지독히도 가난한 백성들의 삶이란, 글깨나 하는 사대부의 상상을 뛰어넘었다. 가난의 굴레는 기획가의 가족들에게도 씌워졌다. 그 실상은 《삼봉집》에 실려 있는 〈가난〉이라는 글에 잘 나타나 있다.

　　내가 죄를 지어 남쪽 변방으로 귀양 온 뒤부터 내게 벌떼처럼 비방이 쏟아지고, 터무니없는 구설이 퍼지는 바람에 화를 참을 수가 없다. 아내는 그런 현실을 두려워하다가 내게 원망어린 편지를 보냈다.

　　"당신은 평소에 글만 부지런히 읽으시느라, 아침에 밥이 끓는지, 저녁에 죽이 끓는지 통 관심이 없습니다. 집 안에 곡식 한 섬 없는데, 아이들은 방에 가득해서 춥고 배고프다고 울어 댑니다. 제가 어찌어찌하여 끼니를 때워 나가면서도 당신이 독실하게 공부하여 뒷날 입신양명하면 사람들이 우러러볼 만큼 가문에 영광을 가져올 것이라 믿어 왔는데, 끝내 국법을 어겨 이름을 욕되게 하고, 몸은 남쪽 변방에 귀양 가서 독한 장기瘴氣(축축하고 더운 땅에서 생기는 독기)나 마시며, 형제들은 나가 쓰러져서 가문이 여지없이 파탄이 나서 세상 사람의 웃음거리가 될 지경에 이르렀으니, 현인군자라는 게 진실로 이러한 것입니까?"

　　그리하여 나는 다음과 같이 답장을 썼다.

　　"그대의 말이 참으로 온당하오. 나에게는 형제보다 더 정이 많은 친구들이 있었는데, 내가 패한 것을 보자 뜬구름같이 흩어져 버렸소. 그들이 나를 근심하지 않는 것은 본래부터 서로 은혜가 아니라 세력으로 맺어진 까닭이오. 부부의 관계는 한번 혼인을 하면 죽을 때까지 바뀌지 않는 것이니, 그대가 나를 책망하는 것은 사랑해서지 미워해서가 아닐 것이오. 또 아내가 남편을 섬기는 것은 신하가 임금을 섬기는 것과 같으니, 이 이치는 허망한 것이 아니며, 다 같이 하늘이 내려 준 섭리일 것이오. 그대는 집을 근심하고 나는 나라를 근심한다는 것 말고 어찌 다른 것이 있겠소? 각각 그 책임을 다할 뿐이며, 그 성패와 이둔利鈍(날카롭고 무딤)과 영욕과 득실은 사람에게 있는 것이 아니라 하늘이 정한 것이오. 그러니 무엇을 근심하겠소?"

정도전은 가솔을 돌보지 못한 자신을 원망하며 속으로는 울음을 삼켰을 것이다. 하지만 그는 자신을 원망하는 아내에게 여전히 당당하다. '세력'으로 맺어져, 불리한 때에는 뿔뿔이 제 갈 길로 흩어지는 개경의 벗들을 질타하며 오히려 자신의 당당함을 원칙적으로 주장하는 것이다. 소재동의 더욱 가난한 농부들, 즉 고려 땅 최후의 고객들을 위해서 말이다.

현장에서
역지사지易地思之를
배우다 傳鄭印道

낯선 유배지에서 겪는 고통은 이만저만한 것이 아니었지만, 그중에서도 가장 큰 고통은 지독한 외로움이었다. 정도전이 지은 《금남잡제錦南雜題》에 실린 〈도깨비에게 사과하는 글〉에는 외딴 유배지에서의 처절한 고독이 잘 나타나 있다. 대략 에세이 한 편 분량쯤 되는 그 내용을 풀어 보면 이렇다.

　유배지 나주 회진은 숲이 많고 바다에 가까우며 사람 사는 동네가 거의 없었다. 그래서 늘 이내(해 질 무렵 멀리 보이는 푸르스름하고 흐릿한 기운)가 끼고 장기瘴氣가 스며들어 하늘은 흐리고 들은 어둑하였다. 눈에 보이는 모든 것이 쓸쓸했다. 이처럼 음기가 사람을 엄습하여 늘 사지가 늘어지는 듯하고, 울적한 마음으로 잠자리에 들려고 하면, 홀연히 도깨비들이 나타나 그들에게 낯선 이방인인 정도전의 심기를 어지럽혔다.

이방인은 짐짓, 몹시 성난 목소리로 외치며 도깨비를 쫓다가 문득 잠이 깬다. 그러다 잠이 들면 다시 환영幻影이 나타나 떠들고 비웃으며 또 정신을 어지럽히는 것이었다. 그러자 이방인은 용기를 내어 큰 소리로 말한다.

"너희는 음물陰物이므로 나와 같은 무리가 아닌데, 왜 오는 것이냐?"

그러자 도깨비들이 답한다.

"큰 도읍에는 저택들이 서로 바라보고 관개冠蓋(갓 쓴 사람들)가 날마다 서로 노니는데, 그곳이 사람들이 사는 곳이며, 아득하고 음산한 들판은 도깨비가 사는 곳입니다. 그러고 보면 당신이 우리에게 온 것인데, 어째서 우리더러 가라 합니까?"

이방인은 할 말이 없다. 그래서 다시 묻는다.

"그러면 왜 나를 보고 슬퍼하는 것이냐?"

"당신은 자신의 힘도 헤아리지 않고 기휘忌諱(꺼릴 짓)를 범하여 태평성세에 쫓겨났으니 가소롭지 않습니까? 당신은 또 힘써 배우고 뜻을 두텁게 하여 바르게 행하고 곧게 나아가다가 끝내는 화를 당하여 귀양을 왔는데, 스스로 밝힐 길이 없으니 이 또한 슬프지 아니합니까?"

"그럼 웃는 까닭은 무엇이냐?"

"우리는 까마득한 곳에 엎드려 살고 있어 세상이 우리를 알지 못하는데, 당신과 같이 학문이 깊고 자질구레한 것까지 모두 탐구하는 분이 이렇게 거칠고 먼 지방까지 와서 상종하게 되었으니, 이는 기쁜 일이 아니겠습니까?"

도깨비들은 또 말을 잇는다.

"그리고 당신은 멀리 쫓거나 평민 측에도 들지 못하여, 사람들이 당신을 만나면 놀라서 마음이 떨립니다. 그래서 모두 손을 저으며 돌아서는데, 우리는 당신이 온 것을 좋아하여 같이 놀아 주거늘 같은 무리가 아니라고 배척하니, 우리를 버리고서 누구와 벗을 한단 말입니까?"

도깨비들에게서 문득 깨우침을 얻은 정도전은 자신을 부끄럽게 여긴다. 그러면서 "산언덕 바다 모퉁이에 천지가 음음陰陰하고 초목이 우거졌네, 사람 하나 없이 홀로 사는 내가, 너를 버리면 누구와 같이 놀랴……."며 도깨비들에 대한 미안함과 친근함을 시로도 나타낸다.

비록 가상으로 설정한 상황이었지만, 도깨비들과 상상의 대화를 나누며 정도전은 역지사지易地思之의 미덕을 불현듯 깨닫는다. 도깨비가 자신의 처소로 흘러든 것이 아니라, 자신이 도깨비들의 마을에 침입한 것이라고 보는 정도전의 발상은 참으로 기발하다. 역지사지 사고를 통한, 기획가의 기발한 상상력이 돋보이는 대목이다.

기획가는 열린 사고를 하는 사람이다. 열린 사고의 가장 기본이 되는 것은 역지사지다. 그리하여 기획가는 남들과 다르게 보고, 남들이 보지 못하는 것을 볼 수 있게 되는 것이다. 그렇게 마음의 눈을 뜬 기획가는 현실의 문제에 직면하여 비판만 하거나 비껴가지 않고, 긍정적인 해결책을 모색하게 된다. 그리고 그 해결책을 체계화하면서 위대한 기획의 목표를 세운다.

소재동에서 귀양살이하는 동안, 정도전은 기획의 목표를 분명하게 세운다. 그 목표는 낡은 고려사회를 마감하고, 질적으로 발전된 새로운 세상을 여는 것이었다. 소수의 권문세족이 지배하는 불합리한 회사

를 폐업하고, 그 자리에 민본주의가 관철되는 새로운 국가를 창업하는
것이었다.

그렇게 나름대로 목표를 설정한 정도전은 경상도 언양에 유배당한
개혁 동지 정몽주에게 자신의 속내를 담은 글을 지어 보낸다.

> 마음을 같이한 벗이
> 하늘 한구석에 각각 있어,
> 때때로 생각이 여기 미치니
> 저절로 사람을 슬프게 하네.
> 봉황새는 천 길을 높이 날아서
> 돌고 돌아 조양朝陽으로 내려가는데,
> 이 사람은 출처에 너무 어두워
> 한 번 움직이면 법에 저촉이 되느니,
> 지란芝蘭은 불탈수록 향기 더하고,
> 좋은 쇠는 갈수록 빛이 더 나네.
> 곧고 곧은 지조를 함께 지키며
> 서로 잊지 말자 길이 맹세를 하세.

동지애의 맹세를 담은 편지였다. 옳은 길로 가는 장부의 발걸음은
깃털처럼 가볍다고 했지만, 잡풀 우거진 들판에서 귀양살이하는 처지
에 새로운 세상을 건설한다는 것은 생각만 해도 두렵고 떨리는 일이었
다. 나약한 처지의 기획가는 동지이며 벗인 정몽주에게 맹세를 함으로
써 두려움을 떨쳐 내려고 발버둥 친 것이다.

천민을
최고의
스승으로 삼다 傳鄭道印

밤마다 도깨비들에게 시달리는 막막한 귀양살이였지만 더러는 즐거움도 있었다. 부곡 천민들과 술자리 담소를 나누는 일이었다. 소재동 사람들은 대체로 술을 좋아하였다. 집주인 황연은 물론이고 유일하게 글을 좀 아는 김성길과, 그 아우 김천이 술자리 담소를 좋아했다고 한다. 또 늙어서 중이 된 서안길은 잡학雜學이 다식한 재담가였고, 김천부와 조송 등도 정도전과 술자리 담소를 즐긴 마을 사람이다. 이 가난한 벗들은 개경에서 내려온 이름난 유학자 정도전과 대화하기를 은근히 자랑스럽게 생각하였을 터다.

이들은 유배당한 정도전의 목에 걸린 죄목 따위는 개의치 않았다. 부곡민들에게 정치니 유배니 하는 것은 조정의 일일 뿐이었다. 이들은 다만 글깨나 아는 이웃과 사귀는 것이 새로운 낙이었다. 그래서 제각기 특산물과 술을 가지고 와서 한껏 담소를 즐겼다. 일찍이 맹자가 기획가 정도전의 머리를 깨우쳐 준 스승이었다면, 소재동 사람들은 기획가의 가슴을 깨우친 스승이었다.

정도전은 그 마을 사람들에 대한 감회를 〈소재동기〉에 적었다. 허영심이 없고 순박한 마음으로 자신을 친구처럼 대해 준 마을 농부들에 대한 헌사獻詞였다. 정도전은 〈소재동기〉에서, 천민 마을 부곡의 지체 낮은 농사꾼들이 오히려 자신과 생각이 통하였으며, 다른 어떤 식자들보다 인정이 많다는 것을 새삼 깨달았다고 하였다.

또한 〈소재동기〉에 따르면 정도전은 입성이라고는 겨울에 갖옷(털가죽을 댄 옷) 한 벌, 여름에 갈葛옷 한 벌 뿐이었다. 일찍 자고 늦게 일어나던 정도전은 또 머무르거나 움직이는 데 구속이 없었으며, 음식도 내키는 대로 먹었다. 그리하여 두세 학자들과 강론을 하다가는 개울을 따라 산골짜기를 오르내리는데, 피곤하면 휴식하고 흥이 나면 걸었다. 경치가 아름다운 곳을 만나면 이리저리 구경하며 휘파람을 불고, 시를 읊느라고 집으로 돌아갈 줄을 몰랐다. 어떤 때는 농사꾼이나 시골 늙은이를 만나 싸리나무 포기를 깔고 앉아서 서로 친구처럼 위로하며 이야기를 나누었다.

정치의 진정한 고객은 기층민중이다. 그중에서도 최후의 고객은 소재동 사람들 같은 천민들이다. 정도전은 유배지에서 진짜 고객을 만났다. 겉멋만 잔뜩 든 사대부와는 본질적으로 다른, 진짜 스승을 소재동에서 만난 것이다. 창업을 꿈꾸는 자에게 고객이야말로 최고의 스승이지 않겠는가.

한편 정도전이 소재동에서 지은 〈답전부答田夫〉와 〈금남야인錦南野人〉에는, 글깨나 한다는 사대부에 대한 경멸감과 일자무식인 소재동

촌로에 대한 존경심이 넘쳐난다. 〈답전부〉란 밭에서 일하는 농부에게 답한다는 뜻이다. 정도전과 농부의 대화는 마치 소크라테스의 대화 장면을 보듯, 심오하면서도 시원스럽다. 그런데 그 내용은 정도전 자신의 답변이 아니라 농부의 질문이 대부분을 차지하고 있다. 농부의 장황한 질문에 정도전은 한 줄도 안 되는 짤막한 답변을 내뱉을 뿐이다. 따라서 진짜 메시지는 농부의 장황한 질문 속에 있다. 그 내용은 이러하다.

정도전이 밭에서 호미를 들고 김을 매던 늙은 농부에게 인사를 건넨다. 그러자 늙은 농부가 묻는다.

"그대는 죄를 지은 사람인가?"

"그러합니다."

그러자 농부가 다시 묻는다.

"무슨 죄인가? 부모 봉양과 처자 양육과 출세를 위해 불의를 돌아보지 않고 한없이 욕심만 채우려다 죄를 얻은 것인가? 아니면 벼슬을 꼭 해야겠는데 스스로 이룰 능력이 없어 권신權臣을 가까이하고 세도에 붙어, 수레에 묻은 티끌이나 말발굽 사이를 분주히 오가며 술 찌꺼기나 남은 고기 부스러기를 얻어먹으려고 아첨을 떨며 구차하게 쾌락을 취하다가 벼슬 한 자락을 얻으니, 여러 사람이 모두 성을 내어 하루아침에 형세가 기울어져서 결국 이렇게 된 것인가?"

"그런 게 아닙니다."

농부는 다시 신랄하게 묻는다.

"그러면 말을 단정하게 하고 얼굴빛을 바르게 하여 겉으로 겸손한

체하며, 어두운 밤에는 분주히 돌아다니면서……, 자기 몸만 온전히 하고 처자를 보호하는 계책으로 세월을 보내던 중에, 자기 몸을 돌보지 않고 나라가 위급할 때 직분을 다하여 바른말 하거나 높은 도를 행하다가 화를 당한 선비가 있자, 그것을 다행으로 여겨 비방하고 비웃다가 하늘의 도가 무심치 않아 그만 간사한 속이 들통이 나고 죄가 발각되어 이런 지경에 이른 것인가?"

"그것도 아닙니다."

농부의 질문은 또 이어진다.

"그렇다면 장수가 되어 널리 따르는 무리를 만들어 앞에서 몰고 뒤에서 옹위하며, 평소에는 큰소리로 공갈을 쳐서 왕의 은총을 받아 관직과 녹봉을 받으며 자만심이 가득하여 조정 선비들을 경멸하다가, 적군을 만나면 호랑이 가죽을 뒤집어쓴 양처럼 겁을 먹고 싸우지도 못하며, 적이 일으키는 바람과 먼지만 보아도 먼저 달아나, 살아있는 영혼들을 적의 칼날 아래 버리고, 국가의 대사를 그르치기라도 하였단 말인가? 아니면 경상卿相(재상 벼슬)이 되어 제멋대로 고집을 피우고, 남의 말은 듣지 않으며, 자기에게 아첨하고 달라붙는 이는 쓰되, 곧은 선비가 말을 거스르면 성을 내고, 바른 선비가 도를 지키면 배격하며 임금의 작록爵祿(관직과 작위와 녹봉)을 훔쳐 사사로운 은혜로 만들고, 국가의 형전刑典을 희롱하다가 악행이 많아 화禍가 이르러 이러한 죄에 걸린 것인가?"

"그것도 아닙니다."

세 번에 걸친 신랄하고 장황한 질문을 마친 농부는 비로소 자신의 생각을 말한다.

"그대의 죄목을 알겠노라. 부족한 힘을 헤아리지 않고 큰소리를 좋아하고, 때가 아닌데도 바른말을 좋아하며, 지금 세상에 나서 옛사람을 사모하고, 아래에 있으면서 위를 거스른 것이 죄로다. 옛날에 가의賈誼[1]가 큰소리를 좋아하고, 굴원屈原[2]이 곧은 말을 좋아하고, 한유韓愈[3]가 옛것을 좋아하고, 관용방關龍逄[4]이 윗사람에게 거스르기를 좋아했다. 이 네 사람은 다 도가 있는 선비였는데 폄직貶職되거나 죽어서 자기 몸을 보전하지 못했거늘, 그대는 한 몸으로 몇 가지 금기를 범하였는데 겨우 귀양만 보내고 목숨은 보전하게 하였으니, 나 같은 촌사람이라도 국가의 은전恩典이 너그러움을 알 수 있도다. 그대는 지금부터라도 조심하면 화를 면할 것이오."

그러자 도전은 말한다.

"노인장께서는 은군자隱君子이십니다. 객관客館에 모시고 글을 배우고자 합니다."

그러나 늙은 농부는 매우 냉소적인 대답으로 말을 맺는다.

"나는 대대로 농사짓는 사람이오. 밭 갈아서 국가에 세금을 내고 나머지로 처자를 양육하니, 그 밖에 일은 내 알 바 아니오. 그대는 물러가서 나를 어지럽히지 마오."

그렇게 정도전의 '소설'은 끝난다. 자신이 직접 겪은 일일 수도 있고, 지어낸 이야기일 수도 있다. 늙은 농부의 질문 또한 정도전 자신이 스스로에게 던지는 반성의 목소리다. 그런 점에서 정도전은 곧 늙은 농부요, 늙은 농부는 다시 정도전 자신이다. 상호 이입移入의 형식으로 엮어 낸 이야기지만, 젊은 기획가가 소재동의 천민들을 마음의 스승

또는 세상의 거울로 삼은 것만은 확실하다. 그리고 그 거울에 자신을 포함한 사대부들의 위선적인 내면을 신랄하게 드러내고 있는 것이다.

기획서의
밑그림을
그리다 傳鄭印道

한편 또 하나의 풍자소설인 〈금남야인〉에서는, 글깨나 하는 선비에 대한 냉소적인 비아냥거림이 극에 이른다. 〈금남야인〉은 금남(지금의 나주시)에 사는 야인野人이 '담은 선생'이라는 이름난 유가儒家를 통쾌하게 풍자하는 내용이다. 정도전은 〈금남야인〉에서 지위나 재물을 탐내지 않고 진정으로 선비가 가야 할 길이 무엇인지를 되짚고 있다. 거기서도 역시나 진정한 스승은 유가가 아니라 바로 '일자무식'인 농부다.

성현의 말씀이나 책 속에 있는 것은 연역적 진리다. 기획가는 연역적 진리에 머무르지 않고 대중의 삶 속에서 귀납적 진리를 찾아낸다. 그것이 기획가가 관리자나 행정가와 다른 점이다. 일찍이 영주에서 여묘살이하는 동안 《맹자》를 통하여 새로운 이념에 눈을 뜬 정도전은 소재동 유배 시절에 기층민중의 삶을 체험하며 민본주의 이념을 확립한다. 《맹자》에서 터득한 연역적 혁명 논리를, 현장을 통하여 귀납적으로 체계화하는 것이다.

그러던 어느 날 정도전은 뒷산에 올라가서 사방을 바라보다가 서쪽이 평평하고 그 아래로 넓은 들이 펼쳐진 곳을 발견하였다. 정도전은 그 자리가 마음에 들었다. 그리하여 묵은 숲을 베어 내고 띳집 두 간을 짓기로 하였다. 풀을 가지런히 하지도 않고, 나무를 깎지도 않은 채 흙을 쌓아 뜰을 만들고 갈대를 엮어 울타리를 만드니 별로 힘들이지 않고 집을 지을 수 있었다. 게다가 동네 사람들이 와서 도와주니 며칠 만에 집이 완성되었다. 정도전은 흐뭇한 기분으로 편액을 '초사草舍'라고 하고 이에 머물렀다.

이 띳집을 지은 뒤의 감회를 정도전은 〈소재동기〉에 이렇게 적었다.

아, 두자미杜子美(두보杜甫의 자字)는 성도成都(중국 쓰촨〔四川〕성에 있는 도시)에 있을 적에 초당草堂을 짓고 겨우 한 해를 지냈을 뿐인데, 초당의 이름은 천 년을 전한다. 내가 이 초사에서 얼마나 살 것인지, 내가 이곳을 떠나간 뒤에 이 초사가 비바람을 맞아 무너지고 말 것인지, 들불에 타거나 썩어 흙덩이가 되고 말 것인지, 아니면 후세에 알려질지 알려지지 않을지, 모두 알 수 없는 일이다.

애석하게도 정도전이 지은 초사는 흔적도 없이 사라지고 말았다. 하지만 위대한 기획가 정도전은 초막집 하나를 지으면서도 무언가 커다란 의미를 부여한다. 초사는 외딴 유배지에 지은 그의 연구실이었다. 그 연구실에서 역사 기획가는 원대한 꿈을 그림으로 그렸다. 소재동 유배 시절에 지은 수많은 시문詩文과 설說이 그 띳집 초사에서 나왔을 것이라고 쉽게 짐작할 수 있다. 그러면서 당나라 시인 두보의 초당이 천 년 동안 전한 것처럼, 정도전 자신이 역성혁명과 조선 창업기획의 밑그림을 그린 '초사'도 길이 전해지기를 바란 듯하다.

그런 '초사'에서 정도전은 가난한 농민들과 부대끼며 겪은 체험을 수많은 시문과 설에 담았다. 유배된 첫해인 1375년 12월, 정도전은 《심문천답心問天答》이라는 책을 저술하였다. 마음[心]이 질문하고 하늘[天]이 답한다는 뜻의 제목이다. 여기서 마음은 불교를, 하늘은 성리학을 말한다. 불교의 도는 인과응보因果應報이며 유교의 도는 천인감응天人感應이다. 정도전은 이 두 가지 원리를 비교하면서 언젠가는 하늘의 이치가 회복되어 자신의 불행도 끝막음될 것이라고 확신한다. 《심문천답》은 나중에 나올 본격적인 불교 비판서 《불씨잡변佛氏雜辨》의 예고편인 셈이다.

이 밖에도 소재동에서 귀양살이하는 동안 정도전이 지은 수많은 시와 산문은 나중에 《금남잡영錦南雜詠》과 《금남잡제》라는 문집으로 엮였다.

기획가는 자신의 체험을 한 조각도 버리지 않고 정갈하게 다듬은 글로 남겼다. 그 글 조각들은 마치 꼼꼼하게 작성한 현장 체험 보고서 같았다. 이렇게 농민들의 실정을 이해하고 그들과 마음을 나누면서 새롭게 눈을 뜬 기획가는 선비 된 자의 진정한 도리를 찾기 위하여 유학의 이론을 연마하면서 자신이 해야 할 일의 정당성을 재삼 확인하였다. 이처럼 오랜 귀양살이 기간에 정도전은 역성혁명과 조선 창업에 대한 기획서의 밑그림을 잡아 나간다.

6년간의
유랑을 통해
실천적 기획가로
거듭나다 傳鄭印道

정도전이 나주 회진현 소재동에 유배되어 있는 동안에도 전국적으로
왜구의 침략이 끊이지 않았다. 1376년에는 왜구가 부여와 공주를 침
입하였다. 왜구의 거센 공격에 공주 지방관 김사혁은 성을 내주고 쫓
겨났다. 고려 조정은 군사를 총동원하여 왜구 소탕작전에 나선다. 그
런 정세에서 떠오르는 이름이 몇 있었으니, 최영과 이성계 그리고 정
몽주였다. 이 세 사람이야말로 기울어 가는 고려 말 정세를 정도전과
더불어 이끌어 갈 주역들이었다.

  최영과 이성계는 무장武將으로서 직접 군대를 지휘하여 왜구 소탕
에 혁혁한 전과를 올렸다. 최영은 1376년 여름에 홍산鴻山(지금의 논산)
에서 왜구를 크게 무찔러 이름을 떨쳤다. 그런데도 왜구의 노략질은
수그러들지 않았다. 그해 가을에는 왜구 등쌀에 조세 운반이 중단될
정도였다. 이때 떠오르는 샛별 이성계가 이듬해인 1377년 5월에 지리

산까지 침입한 왜구를 격파하였고, 왜구가 개경을 위협하자 서강부원수西江副元帥[5]로서 이를 격퇴하였다. 나중에 요동정벌을 둘러싸고 맞서게 되는 최영과 이성계는 이처럼 앞을 다투어 왜구를 소탕하면서 점점 정세의 주도권을 잡아 나갔다.

한편, 1375년에 정도전과 함께 유배를 당하여 언양에서 귀양살이하던 정몽주는 이듬해인 1376년에 유배에서 풀려난다. 그리고 왜구가 설치던 1377년 9월에는 우왕의 사신으로 일본에 건너가 큐슈(九州)의 장관에게 왜구의 단속을 청하고, 그곳에 붙잡혀 있던 고려인 수백 명을 구하여 귀국하였다. 뛰어난 외교력을 발휘한 정몽주의 인기는 치솟았다. 고려 말 정세를 뒤흔든, 역사의 주역 네 사람 가운데 세 사람은 이처럼 승승장구하고 있었지만 오직 정도전만은 여전히 유배에 묶여 변방에서 하늘만 바라보고 있었다.

그러던 우왕 3년(1377년), 정도전의 나이 어느덧 서른여섯이었다. 왜구의 침입으로 나주 회진현 백성들도 고통이 이만저만이 아니었다. 그해 7월에 정도전은 향리인 영주로 이배된다. 하지만 내륙지방인 영주까지도 왜구가 쳐들어왔다. 정도전은 허둥지둥 짐을 꾸려 피난길에 오른다. 유랑이 이어졌다. 3년간 묘막살이하던 부모의 산소 곁을 지날 때는 무척 서러운 감회가 들기도 하였을 터다.

이처럼 왜구의 습격을 피하여, 가족을 이끌고 거처를 옮기다 보니 단양, 제천, 안동, 원주 등으로 피난길이 이어졌다. 정도전은 난리를 피하여 우왕좌왕하는 백성들 틈에 섞여 유랑을 시작하였다. 어디를 가든 가난과 핍박에 지친 백성이 지천에 널려 있었다. 피와 땀에 전 백성들은 기획가 정도전에게 여러 모로 스승이 되고 친구가 되었다. 기획가는 그들과 닥치는 대로 부대끼며, 두서없이 톡톡 튀는 대화를 나누었다. 그것은 새로운 나라의 창업기획서를 작성하기 위한 '브레인스토밍brainstorming'이었다.

브레인스토밍이란 여러 구성원이 모여서 어떤 주제에 대하여 자유발언 형식으로 아이디어를 내놓는 발상법을 말한다. 아무런 제재가 없는 '원탁회의'를 떠올리면 될 것이다. 사실 당시 백성들의 아이디어란 대개 현실에 대한 불만이었을 터다. 기획가는 귀에 따갑도록 쏟아지는 고객의 불만에 어떠한 비판이나 제재도 가하지 않고, 그대로 받아들인다. 그러는 동안 정도전은 국가 창업에 대한 독창적인 아이디어를 제공받을 수 있었다.

그렇게 3년이 지났다. 1380년 가을. 정도전은 좀 더 편한 곳으로 유배지를 옮겨 주는 종편從便 조치를 받았다. 그래서 삼각산 옛집으로 돌아온 그는 오막살이 한 채를 지어 '삼봉제三峯齋'라 이름 짓고 공부하였다. 사방에서 문생門生이 그에게 배우려고 찾아왔다. 삼봉제 좁은 글방은 늘 사람들로 북적거렸다. 일종의 '그룹 과외'를 하면서 정도전은 가까스로 생계를 유지하였다.

그렇게 1년 남짓 세월이 흘렀을 때였다. 이 지역 출신으로 재상이 된 자가 정도전을 미워하여 삼봉제를 강제로 헐어 버렸다. 그 '재상'이 누구인지는 정확치 않지만, 이인임이나 염흥방, 임견미 등 현상 분석의 오류를 범한 친원파 권문세족 가운데 한 사람이었을 것이다.

이 낡은 회사의 주인공들은 이미 정치적 사망선고를 받은 정도전을 여전히 '눈엣가시'로 여기며 철저히 이중 보복을 감행하였다. 부도 위기를 맞은 폐업 직전 회사의 중역들은 오로지 자신들의 이익을 빼돌려

감추는 데만 혈안이 되어 있었다. 따라서 정도전과 같은 신진사대부들이 자신들의 치부를 들추어내는 것을 매우 두렵게 여긴 것이다.

1382년, 수구 기득권 세력의 탄압에 호구지책까지 빼앗긴 정도전은 문생들을 거느리고 부평부사 정의를 찾아간다. 그리고 성균시 동문 정의의 도움으로 부평부 남촌에 거처를 정하게 된다. 하지만 시련은 계속되었다. 재상 왕 아무개가 또 그곳에 별장을 짓겠다며 남촌 서재를 헐어 버린 것이다. 정도전은 할 수 없이 또 김포로 거처를 옮겼다. 참으로 지긋지긋한 유랑이었다. 잦은 이사에 이골이 난 기획가는 〈이가移家〉라는 시에 그 울적하고 참담한 심정을 읊는다.

오 년간 세 번이나 이사를 했는데,
올해에 또 다시 집을 옮기네.
탁 트인 들에 초가는 작기도 하네.
기다란 산에는 고목이 드문드문,
농부들이 찾아와 성姓을 묻는데,
옛 친구들은 편지를 끊었네.
하늘과 땅이 나를 용납할 수 있을까.
바람 부는 대로 가는 곳을 맡길 수밖에.

두 번씩이나 거처를 빼앗기는 탄압과 핍박을 받은 정도전. 그는 당시 권문세족에게 '요주의 인물' 1호였다. 자신의 신념과 원칙에서 한 발짝도 빗나가지 않은 강직한 성품 때문이었다. 게다가 옛 친구들의 편지도 끊길 만큼 정도전은 적막한 처지였다. 마지막 고려인 정몽주가 유배에서 곧 풀려 중용된 것에 비하면, 조선의 창업자 정도전은 참으로 눈물겨운 정치 역정을 걸었다. 그는 쓰러져 가는 초가에서 스스로 밭을 갈아 양식을 조달하였다. 흉작이어서 수확을 못해도 지주는 세금을 꼬박꼬박 거두어 갔다. 그래서 농부들 집을 전전하며 얻어먹을 때가 더 많았다.

하지만 위대한 기획가는 그 역경 속에서도 결코 절망하거나, 자신의 영토에 안주하지 않았다. 그는 제로베이스 사고를 통하여 성리학의 이론 틀을 뛰어넘었다. 가난한 백성의 삶을 직접 체험한 그는 최후의 고객과 함께한 브레인스토밍을 통하여 고객의 요구에 충실한 현실적인 기획가로 거듭난다. 그처럼 정도전은 고객의 입장에서 위대한 역사 기획의 목표를 점점 구체화해 나간다.

또한 그는 어려운 여건에서도 사색과 저술활동을 놓지 않았다. 지금은 전하지 않지만, 유랑 시절에 문생들을 가르치면서 정도전이 지은 것으로 알려진《학자지남도學者指南圖》는 유학 입문서로 유명한 권근의 저서《입학도설入學圖說》에 큰 영향을 주었다.

정도전의 저서 대부분은 조선 창업 이후에 출판되었다. 하지만 건국 사업에 눈코 뜰 새 없이 바쁜 시기에 그토록 방대한 저술을 남기기는 어려웠을 것이다. 그러므로 개국 이후에 출간된 저서도 대부분 9년간의 유배와 유랑 시기에 구상되고, 그 밑그림이 그려졌다고 볼 수 있다.

이처럼 위대한 기획가의 정신세계는 성균관의 강당이나 따뜻한 서재에서 이루어진 것이 아니다. 물론 젊은 시절에 섭렵한 성리학의 기초는 성균관에서 이루어졌지만, 국가 창업기획을 위한 그의 지식체계는 거친 들판에서 가난한 백성들과 눈물 젖은 밥을 나누어 먹으며 여

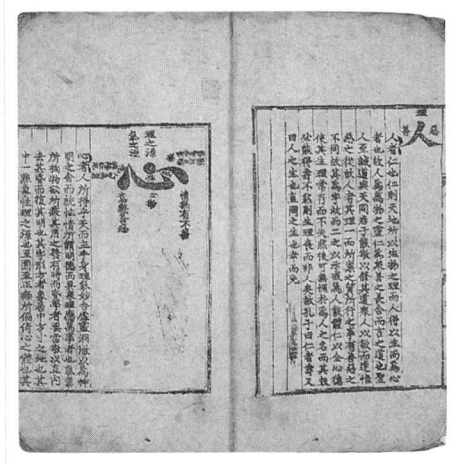

입학도설
정도전의 《학자지남도》는 양촌 권근의 《입학도설》에 큰 영향을 미쳤다. 《입학도설》은 공양왕 2년(1390)에 권근이 성리학의 기본 원리를 그림과 함께 풀이한 책이다. 한국학중앙연구원 소장.

물었다.

중년기의 정치적 유랑과 시련은 그가 단순한 이론가나 학자로 남지 않고 실천적 기획가로 거듭날 수 있는 기회가 되었다. 유랑 기간에 그는 다른 성리학자들과 다르게 보고, 남들이 보지 못하는 것을 보는 '눈'을 갖게 되었다. 기획가는 '다르게' 보고 '새롭게' 보면서 역사적인 창업기획의 목표를 가슴속에 새긴다. 그것은 바로 브레인스토밍을 통한 야성적野性的 지식과 기층 백성에 대한 뜨거운 사랑에서 비롯된 것이었다.

4

목표를 향한
한발 전진

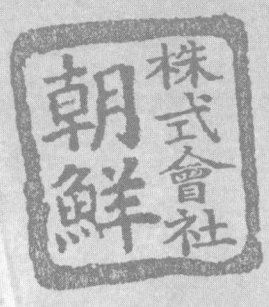

'힘 있는 동업자' 이성계를 만나다
중개인 이방원의 역할
정치적 재기와 위험한 외유外遊
기획이념서 《삼봉집》을 발간하다
정세 분석을 통한 '한발 물러서기'

고려 조정은 대대적인 정계개편을 앞
둔 태풍전야 같았다. 고도의 트렌드트
래킹(경향 파악 또는 정세 분석)을 통하
여 기획가 정도전은 무인들의 칼날이
번득이는 상황을 예견하였다. 그리고
동업자 이성계의 승리를 응원하며 은
인자중해야 할 필요성을 느꼈다. 종3
품 고위직으로 조정의 중책을 맡아
봉직하던 정도전은 갑자기 외직인 남
양 부사 자리를 자청하고 나섰다.

'힘 있는 동업자'
이성계를
만나다 傳鄭印道

정도전의 나이는 어느덧 마흔을 훌쩍 넘어가고 있었다. 하지만 조정에서는 여전히 그를 불러 줄 기미가 보이지 않았다. 정몽주를 비롯하여, 성균관에서 동문수학하던 벗들과도 소식이 끊긴 지 오래였다. 그는 정치적으로 미아迷兒 신세가 되고 말았다. 하지만 그대로 주저앉을 수는 없었다. 더 물러날 수도 없었다. 그렇다고 개경으로 가서 벼슬자리를 구걸할 수도 없었다. 고려 조정은 그를 버린 지 오래였다. 따라서 그가 뜻을 펼칠 곳은 새로운 나라의 새로운 조정이었다. 자신의 출세가 문제가 아니라 낡은 왕조를 그대로 버려 둘 수 없다는, 불타는 사명감이 그를 초조하게 하였다.

정도전은 마침내 '민본주의의 꿈'을 향한 발걸음을 내딛기로 한다. 정치의 근본이 백성에게 있다는 민본사상은 오늘날에야 지극히 당연한 것이지만, 왕조의 흥망을 곧 나라의 흥망으로 여기던 당시 사회에서는 가히 혁명적이었다. 그랬다. 그것을 실현시킬 방법은 낡은 왕조를 폐업하고 새로운 국가를 창업하는 것뿐이었다.

하지만 거대한 회사를 창업하는 데 막대한 자금이 드는 것처럼, 새로운 국가를 창업하려면 엄청난 힘이 필요한 법이다. 그것을 가진 사람은, 당시 홍건적과 왜구 소탕에 혁혁한 전과를 올려 백성의 신망을 받고 있는 최영과 이성계 두 사람이었다. 그런데 이 두 실권자는 출신과 정치성향, 군사기반 등 여러 면에서 성격이 상당히 달랐다.

연륜이나 당장의 군사적 실권으로 따지면 단연 최영이 한 수 위였다. 하지만 최영은 중앙 귀족 출신으로 고려 왕실에 발목이 잡혀 있는 처지였다. 칠순을 눈앞에 둔 나이도 걸렸다. 또한 최영은 신돈의 몰락 이후 이인임에 이은 권력자로서 친원 노선을 따르고 있었다. 게다가 그가 거느리는 군대는 왕실의 정예군이었다. 최영 개인에게 충성하는 사병이 아니라 정부군인 것이다. 그런 최영이 역성혁명에 나설 리 없었다.

반면 이성계는 5대에 걸친 변방의 호족 출신으로, 고려 왕실과 그다지 인연이 없었다. 그가 거느린 군대는 '가별초家別抄'라 하여 가문에서 대대로 거느려 온 5백 호 가량의 농민집단이었다. 이 가별초는 평시에는 농사를 짓다가 전시에는 무기를 들고 전장에 나서는 병농일치兵農一致 군사집단이었다. 한마디로 이성계 가문의 사병인 것이다.

이처럼 독립된 부족공동체를 거느린 지도자 이성계는 홍건적을 여러 번 격파하였고, 쌍성을 탈환하기 위해 침공해 온 원나라 대군을 함흥평야에서 크게 쳐부수었다. 그 공로로 동북면 도원수가 되어 원나라에 빼앗긴 자비령(황해도 북부 황주 부근 고개) 이북의 땅을 탈환하기도 하였다. 특히 그는 중남부 지방에서 왜구 소탕에 결정적인 전과를 올렸다. 지리산까지 침입하여 온갖 만행을 자행하던 왜구들을 소탕하는 혁혁한 전과도 올렸다. 이처럼 백척간두의 위기에 몰려 있던 고려 말에 연전연승을 거둔 이성계는 당연히 나라의 영웅으로 떠오르고 있었다.

난세를 구해 줄 영웅을 고대하던 백성들 사이에서도 '목자득국木子得國'이라는 말이 나돌고 있었다. '목자木子', 즉 이李씨 성을 가진 이가 새 왕조를 열 것이라는 뜻으로, 《도선비기道詵秘記》[1] 내용에서 비롯된 것이었다. 그러므로 정도전이 찾는 열쇠는 개경의 왕씨들 틈바구니가 아닌, 변방에 있었다. 정도전은 당연히 동북면의 이성계를 동업자로 선택하였다.

1383년 가을, 정도전은 미래의 동업자를 만나러 길을 떠난다. 그리고 동주(지금의 철원)를 지날 무렵에는 감회가 벅차올랐다. 시적 감수성이 꿈틀거린 기획가는 "장군기 멀리 따라 동주를 지나가니, 피리 소리 높고, 가을도 저물어 가네."라고 읊었다. 칼끝처럼 높은 산봉우리가 끝없이 이어졌다.

휘몰아치는 북풍한설을 뚫고 갖은 고생 끝에 기획가는 함주 병영兵營에 이르렀다. 그런데 군막에서 정도전을 처음으로 반긴 사람은 이성계가 아니라 뜻밖에도 정몽주였다. 정몽주는 놀라며 도전을 반갑게 맞았다. 정몽주는 감격스럽게 입을 열었다.

"삼봉, 그간 어떻게 지냈는가? 소식 한 장 없이."

"여기와 달리 남쪽은 마음 놓고 편지 한 장 전할 수 없을 만큼 어지럽소이다."

두 벗은 손을 마주잡고 정감 어린 눈길을 주고받았다. 정도전이 유배와 유랑의 시련을 겪고 있는 동안에 정몽주는 벼슬을 되찾아 승승장구했다. 특히 정몽주는 전장의 문관 참모 격인 조전원수助戰元帥로 참전하여 이성계와 함께 함주 병영을 경영하고 있었던 것이다. 이처럼 명암이 엇갈리는 세월 속에서도 정몽주와 정도전의 우정은 여전했다.

정몽주와 정도전. 두 사람은 비록 멀리 떨어져 지냈지만 서로를 잊지 않고 지냈다. 다만 두 사람의 관계가 소원해진 것은 정도전이 소재동을 떠나 긴 유랑에 들어선 이후였다. 왜구에 쫓기고, 현실 권력의 질시에 또 쫓기며, 안정된 거처 한 군데 정하지 못하고 떠돌아다니던 정도전의 막장 처지가 그들 사이의 간격을 넓혀 놓은 것이었다.

어쨌든 함주 막사에서 정몽주를 만난 것은 뜻밖에 얻은 기쁨이었다. 그 무렵까지만 해도 정도전은 정몽주와의 우정이 영원하리라고 생각했을 터다. 그렇게 정몽주와 회포를 나누고 있을 때 이성계가 막사 안으로 들어선다.

"먼 길에 노고가 많으셨소. 선생 같은 분이 변방의 군졸을 다 찾아 주시다니 영광이로소이다."

이성계의 권유에 따라 자리를 잡은 정도전은 매우 진지한 표정으로 입을 열었다.

"오면서 보니 장군께서 다스리는 이곳 동북 백성은 요순시대처럼 태평성대를 누리고 있더이다."

"무슨 말씀이신지?"

정도전은 껄껄 웃으며 말을 이었다.

"든든한 군대가 있으니 외적의 침략을 막아 주어 마음 놓고 농사를 지을 수 있고, 또한 지은 농사 마구 빼앗는 탐관오리가 없으니, 백성들이야 이보다 더한 태평성대가 어디 있겠습니까? 이 모두가 장군의 은덕입니다."

"허허, 과찬이외다."

이성계가 쑥스럽게 웃으며 겸손한 기색을 드러내자 정도전은 정색을 하고 입을 열었다.

"장군의 이 은덕이 온 나라 백성에게 골고루 미칠 수 있다면 얼마나 좋겠습니까?"

여기서 이성계는 잠시 주춤한다. 그런 이성계를 정도전이 빤히 바라보았다. 그 순간 정몽주의 얼굴에는 언뜻 불안한 그림자가 스쳐 지나갔다. 정도전의 말 속에는 역모의 씨앗이 움트고 있었다. 하지만 당시 정몽주는 그 씨앗이 자라나 실제로 고려의 운명에 마침표를 찍으리라고는 미처 짐작하지 못했을 것이다.

중개인
이방원의
역할 傳鄭道印

역성혁명과 새 국가 창업의 웅지雄志를 가슴에 품은 채 천년 고목처럼 엎드려 있던 정도전. 그에게 이성계는, 옛적에 쓴 시 〈고의〉에서 말한 '푸른 소나무를 최고봉에 옮겨 심어 줄 위인'이었고, 백아의 거문고 소리를 알아준 지음이었다. 하지만 정도전을 만나기 전까지 이성계는 역성혁명 계획이 없었다고 전한다.

《태조실록》 등 여러 가지 역사 기록은 변방의 힘 있는 장수이자 유능한 지도자인 이성계를 역성혁명의 길로 안내한 사람이 정도전임을 분명히 밝히고 있다. 조선왕조 건국 과정을 노래한 〈용비어천가〉에도 그 일면이 이렇게 기록되어 있다.

정도전은 태조를 좇아 함주의 군막으로 갔다. 이때 태조는 동북면 도병마사로 있었다. 태조의 호령이 엄숙하고 대오가 질서정연함을 보고 정도전은 은근하게 말하였다. "참 훌륭합니다. 이런 군대라면 무슨 일인들 못하겠습니까." 태조가 무슨 뜻이냐고 묻자, 정도전은 "동남방의 근심인 왜적을 칠 수 있다는 뜻입니다."라고 짐짓 거짓말을 했다.

그해 겨울, 역사 기획가는 당대의 실력가 이성계를 동업자로 삼기 위해 애를 썼다. 그러나 이성계의 마음을 사는 일은 결코 쉽지 않았다. 난공불락의 산처럼 버티고 앉은 당대 최고의 실력가 이성계 앞에서 천재 기획가는 자신의 사상과 이념을 은근히 펼쳐 보인다. 비유와 상징 그리고 시적 감수성을 활용한 입체적 프레젠테이션으로 이성계의 마음을 사로잡으려 한 것이다.

"나라가 오늘과 같이 혼란하면 이를 수습할 강직하고 신망이 두터운 명신이 있어야 합니다. 장군! 과연 그게 누구라고 생각하십니까?"

그러나 이성계는 묵묵부답으로 술잔만 들이킨다. 여전히 난공불락이다. 정도전의 간곡한 제안이 이어진다.

"왕실이 쇠진하여 백성을 바로 다스리지 못하니, 백성의 원성이 하늘에 닿고 있소이다. 장군! 구왕조가 쇠진하면 새 왕조가 창업되는 것이 순리가 아닙니까?"

결국 정도전은 직설화법을 구사하며 본심을 드러내고 만다. 그러자 이성계는 지극히 신중하고 차분한 목소리로 한 마디 내뱉는다.

"나는 다만 칼이나 쓰고 활 좀 쏘는 일개 무장일 뿐이외다."

겸손한 듯, 그러나 간결하면서도 위엄을 잃지 않는 이성계의 태도에 정도전은 한없는 매력을 느꼈다. 정도전은 자신의 선택이 틀리지 않았음에 안도하며, 가히 이성계를 새로운 왕조를 끌어갈 제왕의 재목으로 확신한다.

하지만 이성계는 정도전에게 쉽게 마음을 열지 않았다. 그런 이성계를 보면서 정도전은 안타까운 눈길을 보낸다. 이처럼 천재 기획가와 최고의 지도자가 천지를 뒤엎느냐 마느냐, 하는 대화를 나누고 있을 때, 막사 밖에서 이를 엿들은 인물이 있었다. 이성계의 아들 이방원이었다.

이성계는 전처인 한씨 소생의 여섯 아들과 후처 강씨 소생의 두 아들을 두었는데, 이들 중 가장 큰 야심과 경륜을 겸비하여 이성계를 보위한 인물이 신의왕후 한씨 소생의 다섯 번째 아들 방원이었다. 그는 형제 중 유일하게 문과에 급제했을 만큼 문무를 겸비한 인물로 이성계에게는 오른팔과 같은 존재였다.

한창 피가 끓는 이십대의 젊은 이방원은 정도전의 제안에 가슴이 두근거렸다. 이방원의 마음속에는 원대한 포부가 움터 올랐다. 그로부터 며칠 뒤, 이방원은 홀로 정도전을 찾아와 정중하게 인사를 올리고 시국토론을 청하였다. 정도전은 기다렸다는 듯 말한다.

"이 장군은 용장이요, 호걸로서 백성들의 추앙을 받고 있네. 작금의 혼돈을 수습할 만한 신망과 또 그만 한 힘을 갖추고 있어. 지금 이 시대엔 이 장군 같은 인물이 필요해. 아니 이 장군밖에 사람이 없네."

그러자 젊은 장수 이방원이 눈을 빛내며 말한다.

"하지만 정치라는 것이 힘만으로 되는 건 아니옵니다. 학식도 있어야 하고, 덕망도 있어야 하고, 또 경륜도 있어야 하는 것 아니겠습니까? 그래서 말씀이온데……."

방원은 잠시 쉬었다가 말을 잇는다.

"아버님 곁엔 사람이 필요합니다. 바로 삼봉 선생님 같은 분께서 아버님 곁에 계셔 주셔야 합니다. 부탁입니다."

방원의 어조는 간곡했다. 상황의 반전이었다. 역성혁명의 꿈이 이 성계가 아니라 그의 오른팔 이방원의 가슴속에서 먼저 피어난 것이다. 자식 이기는 부모가 없다고 하던가. 그로부터 방원은 아버지 이성계를 적극 설득하여 묵언의 승낙을 얻어 내는 한편, 정도전과 손을 잡고 혁명 실행 계획을 차근차근 세워 나갔다. 그리고 그 과정에서 이방원은 온갖 궂은일을 도맡아 한다.

이처럼 방원은 천재 기획가와 유능한 실력가를 연결한 중개인이었다. 그리고 역성혁명 과정에서 두 사람은 이성계의 오른팔, 왼팔이 되어 새 왕조 창업의 길을 함께 걸었다. 적어도 이성계의 후계자 문제가 불거지기 전까지는 그랬다.

정치적 재기와
위험한
외유外遊 [傳鄭印道]

함주에서 돌아온 정도전은 동업자를 얻은 감격으로 마음이 들떴다. 마치 큰 전쟁에서 승리를 거두고 돌아온 개선장군의 심정이었다.

아버지 이자춘과 함께 어려서부터 전쟁터를 내 집 삼아 살아온 전형적인 무장 이성계. 그는 공민왕 시절 중국 홍건적 10만이 개경을 점령했을 때 약관 27세의 나이로 2천 병사를 거느리고 가장 먼저 개경을 탈환하고 입성하였다. 또한 1380년에 대규모로 출몰한 왜구를 맞아 남원 운봉에서 격파하는 등 백전백승의 전과戰果를 거둔 싸움꾼이었다. 이성계에게는 유능한 부하 장수가 많았고, 충성스러운 사병이 있었다. 그런 기반 위에서 이성계는 동북면 병마사가 되어 북쪽의 반란군을 제압하고, 여진족을 수차에 걸쳐서 궤멸시킴으로써 동북 변경에 카리스마를 떨치고 있었다.

그런데 그의 가장 빛나는 전공은 공민왕 19년(1370년) 11월의 요동

공략이었다. 기황후의 오빠 기철의 아들이 고려의 변경을 엿보고 있을 때, 이성계는 기병 5천과 보병 1만으로 압록강을 넘어 만주의 우라성을 공략하였다. 그리고 이듬해에는 동녕부를 함락하고 다시 요동을 공격하여 광활한 만주 일대를 잠시나마 손에 넣었다. 결국 혹한의 겨울에 군량미가 떨어져 안타깝게도 눈물로 귀환하고 말았지만, 역사 속에 이성계라는 인물의 존재를 확실하게 각인시킨 사건이었다.

그런 이성계를 함주에서 만나고 돌아온 정도전은 몸과 마음이 바빠졌다. 그는 정靜적인 상태에서 이념과 사상을 다지던 그간의 생활을 청산하였다. 급물살을 타듯, 동動적인 정치 역정에 발을 들여야 할 때가 온 것이다. 지난 9년 세월을 자신의 내면에 있는 적과 싸워 왔다면, 이제는 외부의 적들과 싸울 준비를 할 때였다. 기획가의 발걸음은 빨라졌다.

1384년 여름, 정도전은 다시 함주에 가서 동업자를 만나 서로의 의지를 확인하였다. 더불어 자신의 거취 문제와, 구체적인 정치적 재기 방법을 의논하였다. 그리고 곧 재기의 기회가 왔다. 정도전이 이성계를 만나고 함주에서 돌아온 7월 초였다. 정당문학政堂文學[2] 정몽주가 정도전을 급히 찾은 것이다. 오랜 벗이 기획가를 급하게 찾은 연유는 이러하였다.

당시 고려 조정은 명나라와 외교적인 갈등을 빚고 있었다. 주원장은 우왕의 친원정책을 문제 삼으며 지난 5년간의 조공을 한꺼번에 보내라고 강요하였다. 거기에 선전포고나 다름없는 군사적 위협을 곁들였다. 이에 고려 조정은 주원장에게 생일축하 선물과 함께 사절을 보내어 성의를 표함으로써 일단 긴장을 늦추자고 뜻을 모았다.

그렇지만 섣불리 사신으로 나서는 자가 없었다. 명나라에 갔다가 주원장의 노여움을 사 유배된 경우를 익히 보아 온 조정의 권신들은 서로 눈치만 살필 뿐이었다. 심지어 사신으로 발탁되지 않기 위해 뇌물을 바치는 자도 있었다. 조정의 꼴이 그 지경인데, 권신 임견미는 정몽주를 사신의 우두머리인 성절사聖節使로 천거하였다. 충의지사로 알려진 정몽주인 만큼 거부하지 못할 것이라는 계산에서였다. 어쩌면 그들은 정적政敵 정몽주가 명나라에서 아예 돌아오지 않기를 바랐을 것이다.

위험을 모르는 바 아니었지만, 정몽주는 두말없이 왕명을 받들었다. 그러나 속으로는 걱정이 태산이었다. 주원장의 생일은 두 달 뒤였다. 그런데 명나라 수도 금릉(지금의 난징〔南京〕)까지 8천 리를 가려면 석달은 잡아야 했다. 바람이라도 불어 배를 타지 못한다면 그 날짜는 더늘어날 터였다. 그렇다면 생일이 훨씬 지난 뒤에 도착하여 외교상의 큰 결례를 범하게 될 것이 뻔했다. 그것은 가뜩이나 불편한 주원장의 심기를 더욱 거스르는 일이었고, 그 결과는 두려움 자체였다.

정몽주의 벼슬길은 이처럼 늘 험난하였다. 1372년에 기록을 담당하는 서장관書狀官으로 명나라에 갔을 때도 정몽주는 돌아오는 길에 바다에서 큰 풍랑을 만나 죽을 위기를 넘겼다. 일행 가운데 열두 명이 물에 빠져 죽는 위기상황에서 정몽주는 13일간이나 물 위에 표류하다가 명나라 수군에 극적으로 구조된 적이 있었다. 또 1377년에는 조정 권신들의 음모로 사지死地나 마찬가지인 일본에 사신으로 갔다가 큐슈의 옥에 갇히는 등 죽을 고비를 넘기고, 가까스로 고려인 수백 명을 이끌고 귀환한 적도 있었다.

이처럼 위험한 임무를 완수한 덕에 정몽주는 고려조에서 으뜸가는 도덕군자이며 충의지사로 칭송을 받아 왔다. 고려의 실권자들은 그런 정몽주를 다시 외교력과 정치력의 시험무대에 올린 것이다. 어쩌면 그때까지 맡은 임무 중에서 가장 위험한 고비가 될지도 모를 일이었다.

더구나 정몽주는 그 위험한 임무를 함께 수행할 업무파트너를 구하기도 어려웠다. 당시 명나라에 파송되던 사절단은 정사正使와 부사副使, 서장관으로 구성되었다. 이들을 3사使라 하는데, 외교 실무에 큰 역할을 하였다. 그런데 정몽주가 이끌게 될 사절단에는 누구도 선뜻 동행하려는 사람이 없었다. 그렇다고 출발을 늦추면서 사람을 구할 수도 없는 형편이었다. 하루라도 지체할수록 위험은 그만큼 커지는 상황이었다. 그때 정몽주의 뇌리에 정도전이 떠올랐다. 그리하여 급히 정도전을 찾은 정몽주는 다짜고짜 속내를 털어놓으며 동행을 부탁한다.

"여보게 삼봉, 자네가 이 위험한 길을 함께해 주어야겠네. 서장관을 맡아 주게."

정몽주의 청에 정도전은 기꺼이 응하였다.

"달가 형과 함께 가는 길이라면 호랑이 굴이라도 함께하겠소이다."

여러 말이 필요 없었다. 단 하루 만에 정도전은 전의부령을 제수 받았다. 무려 10년 만에 되찾은 관직이었다. 그나마 10년 전 그 관직 그대로였다.

관직을 받은 그날로 정도전은 정몽주와 함께 그 위험한 외유外遊 길에 오른다. 고려 조정에서 가장 실천적인 두 지식인 정몽주와 정도전은 밤낮을 가리지 않고 죽음의 사행使行 길을 재촉하였다. 한 사람은 성절사로, 또 한 사람은 서장관으로 위험한 외유에 나선 두 사람은 지혜를 모았다. 그들은 유능한 사공을 4개조로 편성하여 밤낮없이 교대로 노를 젓게 함으로써 소요 시간을 획기적으로 단축시켰다.

험한 물결과 싸우며, 고려 사신 일행이 금릉에 도착한 것은, 주원장의 생일 이틀 전이었다. 참으로 기적 같은 일이었다. 마침내 정몽주와 정도전은 친화력과 설득력을 발휘하여 주원장의 심기를 누그러뜨리고, 우왕의 왕위계승과 죽은 공민왕의 시호를 청하였다.

그처럼 우여곡절 끝에 정도전과 정몽주가 명나라에서 무사히 임무를 마치고 돌아온 것은 우왕 11년, 즉 1385년 4월경이었다. 고려에 도착하기도 전에 정도전은 그 공을 인정받아 종3품 성균관 제주, 지제교 知製敎[3]의 벼슬을 정식으로 제수 받았다. 그의 나이 어느덧 마흔넷이었다. 이로써 기획가 정도전은 현실 정치 속에 재기하였다. 정몽주를 따라 나선 위험한 외유가 기획가 정도전에게는 오히려 천재일우의 기회였던 것이다.

기획 이념서
《삼봉집》을
발간하다 傳鄭印道

정몽주의 정치 역정을 디딤돌 삼아 정치적 재기에 성공한 정도전은 한동안 조정의 제례祭禮나 임금의 교서 등을 작성하는 일을 한다. 명나라에서 온 사신을 접대하는 일도 정도전의 몫이었다. 업무 시작 직후인 1385년 5월에는 사신으로 떠나는 윤호와 조반趙胖에게 다시 우왕의 왕위계승과 선왕인 공민왕의 시호를 청하는 표문을 지어 주었다. 왕의 승습承襲을 청하는 표문의 내용은 이런 것이었다.

제후를 책봉해 주는 것은 먼 나라들을 안정시키는 것이요, 작위를 세습케 하는 것은 선대의 업을 계승시키는 것이니 이것은 제왕들의 상례로 되는 규범이요, 자식 된 사람의 지극한 염원입니다. 생각하건대 제가 어린 몸으로 갑자기 아버지를 여의고 그 후 세월이 덧없이 흘러 해가 바뀔 때마다 시름이 더욱 깊어 갑니다. 그런데 나라의 왕위를 오래 비울 수 없으므로 이에 더욱 간절히 호소합니다. 폐하께서는 그 넓은 도량이 천하를 포섭하고 있으며 모든 나라들을 일시동인—視同仁(친함에 관계없이 평등하게 대해 준다는 뜻)하시니, 이 미천한 몸에까지 명을 내려 주신다면 앞으로 삼가 이 나라의 백성들을 보존하면서 폐하의 만수무강을 축원하겠습니다.

이처럼 왕의 대필자로서 정도전은 다시 왕과 지근거리至近距離에서 근무하게 되었다. 일찍이 공민왕의 곁에서 신돈의 개혁을 벤치마킹하던 시절과 흡사한 상황이 이어졌다. 정도전의 눈에 비친 고려 왕실은 10년 전이나 별로 다를 바가 없었다. 아버지 공민왕에 이어, 그의 아들이라는 우왕 역시 음탕하기 이를 데 없는 행실로 하루하루를 채우고 있었다. 단지 나이 지긋한 중년 사내에서 젊은 청년으로 왕실 주인이 바뀌었을 뿐이었다.

나이 열 살에 즉위하여 사춘기 시절을 왕위에서 맞은 우왕은, 선왕들이 그러던 것처럼 무분별한 사냥과 음탕한 여색으로 일상을 보냈다. 사냥을 나가지 못할 때는 민가의 개나 닭을 화살로 쏘아 잡았다. 또한 신하의 아내든, 딸이든 조금이라도 미색을 갖춘 처자가 있으면 어김없이 몸을 범하였다. 그는 주변에 수십 명의 궁녀와 기녀들을 거느리고 다니면서 대낮에도 음탕한 행위를 서슴지 않았다. 희대의 패륜아 충혜왕이 그러던 것처럼, 지성은 빈약하고 혈기만 왕성한 이 젊은 왕은 수없이 민폐를 끼치고 다녔다.

《고려사》의 〈우왕실록〉은 온통 왕의 음탕한 간음행위에 관한 기록으로 얼룩져 있다. 왕들의 행적을 기록한 《고려사》를 역성혁명의 주역들이 편찬했다는 사실을 감안하더라도, 우왕의 행실은 대쪽 같은 사대부들의 눈살을 찌푸리게 하기에 충분했다.

하지만 10년 가까운 유랑 생활로 유연하게 다듬어진 정도전은 무례하고 새파랗게 젊은 왕에게 충분히 예의를 갖추었다. 명나라로 가는 표문 작성에 이어 정도전은 우왕의 스승이며 왕사와 국사를 지낸 태고보우太古普愚선사가 열반하자 그의 비문도 써 주었다. 그 비석이 지금까지 용문산 사라사舍那寺에 남아 있다.

불교를 배척하는 데 누구보다 앞장을 선 정도전이 승려의 비문을 쓴 사실은 모순처럼 보이기도 한다. 하지만 그는 여러 승려들과 사귀었다. 일찍이 나주 회진현의 유배지 소재동에서 서안길이라는 늙은 중과도 교류하였고, 유랑 시절에는 나중에 창왕의 왕사가 되는 승려 찬영粲英과도 교류하였다.

그러고 보면 정도전이 불교 자체를 맹목적으로 배척했다기보다는 권력화된 사원의 사회적, 경제적 폐단을 문제 삼은 것으로 보인다. 더불어 새로운 왕조 창업의 강력한 이념을 세우기 위해서 고려 불교의 폐단을 반면교사로 삼은 측면이 강했다. 어쨌든 정도전은 그가 그토록 배척해 마지 않던 '불씨佛氏 집안'의 승려일지라도 인간적인 측면에서는 편견 없이 대해 주었다. 그것은 정도전에 대한 편견과는 달리, 냉철한 기획가의 내면에 유연함이 흐르고 있었음을 보여 주는 것이다. 그럴 즈음 막내 동생 정도복이 과거에 합격하여 집안에 경사가 나기도 하였다. 도복은 나중에 벼슬이 한성판윤에 이른다.

이 무렵 정도전은 태어나서 모처럼 안정된 생활을 하였다. 오랜 세월, 유배와 유랑으로 절치부심하던 처지에서 점차 심리적 안정을 되찾은 정도전은 1385년(우왕 11년)을 전후하여, 그간의 저작물을 문집으로 정리한다. 《학자지남도學者指南圖》, 《팔진삼십육변도보八陣三十六變圖譜》, 《태을칠십이국도太乙七十二局圖》 등 지금은 전하지 않은 저작들과 여러 시문을 묶어 《삼봉집》을 처음으로 발간한 것이다.

한편 양촌 권근은 《삼봉집》의 서문을 작성하였는데, 그 서문에는 당시 실천적 지식인으로 살던 정도전의 삶이 잘 정리되어 있다.

> 삼봉은 포은, 목은과 더불어 서로 친하여 강론하고 갈고닦아 더욱 얻은 바가 있었고, 항상 후학을 가르치고 이단을 물리치는 것을 자기 책임으로 삼아 왔다. 시서詩書를 강의할 때는 능히 알기 쉬운 말로써 지극한 이치를 형용하여 배우는 자가 한번 들으면 바로 의義를 깨달았으며, 이단을 물리칠 때는 능히 그 글에 정통하여 먼저 연유를 자세히 설명하고 나서 그른 점을 지적하므로 듣는 자가 다 굴복하였다. 이 때문에 경서를 들고 삼봉을 따르는 자가 골목을 메웠으며, 일찍이 따라 배워서 현관顯官의 자리에 오른 자도 어깨를 견주어 서게 되었고, 비록 무부武夫와 속사俗士라도 그 강설을 들으면 재미를 붙여 싫증을 내지 않았으며, 부도浮屠(불교)의 무리들까지도 따라서 향화向化(귀화)한 자가 있었다.

권근의 표현에 따르면 기획가 정도전은 탁월한 지식인이며 치밀한 논객이었다. 동시에 정도전은 뛰어난 선동가이기도 하였다.

지금 전하는 《삼봉집》은 기획가 정도전의 조선 창업기획 이념이 망라되어 있는 문집이다. 정도전은 일찍이 이색의 문하에서 눈을 뜬 성

삼봉집
《삼봉집》에는 조선 창업기획 이념이 망라되어 있다. 사진의 《삼봉집》은 1465년 정도전의 증손자 정문형이 펴낸 중간본이다. 국립중앙박물관 소장.

삼봉집 판각고
정조 15년(1791년)에 제작된 삼봉집 목판이 경기도 평택시 진위면 은산리의 문헌사에 소장되어 있다.

리학, 여묘살이 기간에 《맹자》를 통하여 싹튼 '민본주의' 사상, 9년간의 유배와 유랑 생활을 하는 동안 가난한 백성들과 브레인스토밍을 통하여 터득한 실천 이념을 《삼봉집》에 담았다. 따라서 《삼봉집》은 조선 창업기획의 '기본 이념서'라고 할 만한 것이다.

조선 건국 이후인 태조 6년(1397년)에 《삼봉집》은 정도전의 아들 정진鄭津의 손에서 다시 태어났다. 진은 아버지가 쓴 시문 가운데서 〈금남잡영〉과 〈금남잡제〉, 〈봉사록奉使錄〉 등을 합하여 두 권의 《삼봉집》으로 개간하였다. 역사가들은 이때 개간한 《삼봉집》을 '홍무초본'이라 부른다.

정진의 발문에 따르면, 창업 일정에 바쁜 정도전은 입으로 시문을 읊으며, 그것을 다른 사람에게 받아 적게 하였다. 하지만 적어 놓고 봐서 스스로 마음에 들지 않으면 그 원고를 받아 가지 않고 버리는 경우가 많았다고 한다. 기획가의 천재성과 완벽주의적인 성격이 엿보이는 대목이다. 그렇게 버린 시문이 많았는데, 아들 진은 그렇게 사람들이 소장하고 있던 원고를 모아서 《삼봉집》을 다시 낸 것이었다. 그런데 아쉽게도 이 초간본은 지금 전하지 않는다.

그 후 세조 11년(1465년)에, 경상도 관찰사로 있던 정도전의 증손 정문형이 《삼봉집》에 다시 손을 댔다. 정문형은 홍무초본에 《경제문감》, 《조선경국전朝鮮經國典》, 《불씨잡변》, 《심기리편心氣理篇》, 《심문천답》을 합하여 6책으로 편성하고 안동부에서 간행하였다. 흩어져 있는 것을 모으고 누락된 부분을 보완한 이 중간본 《삼봉집》에는 신숙주의 후서後序가 들어 있다. 정문형은 그 뒤 지방 주군과 동료들에게서 누락된 시문과 서책을 다시 수집하였다. 그리고 강원감사로 있던 1486년(성종

17년)부터 2년여에 걸쳐 그것들을 모아 120여 장에 이르는 속간본을 간행하였다.

그로부터 300여 년이 지난 뒤인 1791년에 정조는 《삼봉집》을 재간 토록 명을 내렸다. 이때 규장각에 소장되어 있던 정문형의 중판본 초 본을 토대로 구본에 누락된 진법陳法과 시문들을 수록하고, 정도전의 사실事實에 대한 기록이 보완되어, 모두 14권 7책으로 《삼봉집》 '대구 본'이 출간되었다. 그렇게 해서 위대한 역사 기획가의 사상적 보고寶庫 인 《삼봉집》은 오늘날까지 전해 오게 되었다.

정세 분석을
통한
'한발 물러서기' 傳鄭印道

나이 스물이 훨씬 넘어서도 철들지 않은 왕과, 여전히 부패의 온상인 권문세족들의 추태를 보면서 고려 조정에 봉직하던 정도전은 갑자기 외직을 자청하고 나섰다. 그가 원한 것은 남양(지금의 경기도 화성) 부사 자리였다. 우왕 13년(1387년), 그의 나이 마흔여섯이었다.

종3품 고위직으로 조정의 중책을 맡아 봉직하던 중신이 누구나 나가기를 꺼리는 외직을 자청한 것은 뜬금없는 일이었다. 오늘날로 치면 중앙부처에 근무하던 고위 관료가 시골 군수로 옮겨 간 격이다. 물론 당시에는 외직을 거쳐야 중앙의 요직에 오르는 관례가 있긴 하였다. 그러나 정도전 정도의 실력자가 중앙의 요직을 차지하기 위하여 외직을 자청하는 경우는 드물었다. 당시 정도전 자신은 그 이유를 임금에게 이렇게 고하였다.

"신은 생활을 영위하는 지혜가 졸렬하여 먹을 것은 적은데 식구는

많습니다. 그래서 외직을 구하여 남은 세월이나 보내고자 합니다."

남양부사에 제수된 정도전이 우왕에게 올린 편지에는 온통 왕의 과분한 은혜에 감사하다며 머리를 조아리는 내용이다. 또한 '남양부사로 도임到任하여 밀직사密直司[4]에 올리는 계啓(관청에서 임금에게 올리는 말)'에서도 정도전은 낯간지러울 만큼 겸손한 태도로 일관하고 있다.

도전은 아룁니다. 은혜를 입어 남양부사로 차견差遣되어 이미 금월 17일에 홀로 휘정麾旌(지휘하는 깃발) 하나를 잡고서 백 리를 다스리려고 부임은 했습니다만, 녹봉만 허비할 뿐이며 승선承宣[5]에는 아무런 도움이 되지 못하고 있습니다. 돌아보건대 이 고을은 큰 바다를 접하고 있어 왜구가 때 없이 출몰합니다. 그리하여 거주민들이 여러 번 소란을 떨었으니, 진실로 통민通敏한 재주를 가진 사람이 아니라면 그를 무마하고 방어할 방법을 얻지 못할 것입니다.

도전과 같은 자는 쓸에 알맞은 학문도 없으며 남을 따라갈 지혜도 없으므로, 집값이나 물어보고 밭이나 가는 것이 합당하거늘, 이에 부절符節[6]을 나누어 가지게 되었사오니, 이것은 대개 내상內相(승선과 지신사)께서 왕명을 잘 출납하시고, 치적을 도와 올리는 시기를 만나서입니다. 그래서 사람은 지혜로우나 어리석거나를 막론하고 모두 쓸만한 데가 있으면 장점만을 취하고 단점을 버려 채택하고 거두어 용렬한 자까지도 살펴서 등용하시는 은혜를 입게 된 것입니다. 도전은 이에 감사하는 전箋(간단하게 견해를 밝힌 서간문 따위)을 삼가 써서 계啓에 붙여 올리오니, 바라옵건대 합하閤下[7]께서는 전하를 한가한 시간에 모시게 되오면 조용히 말씀을 드려 주소서. 그리하오면 매우 다행하겠기에 삼가 계를 올립니다.

지난 시절 권세가들을 향하여 몸을 내던지며 들이대던 것과는 사뭇 다른 태도였다. 하지만 치밀한 역사 기획가가 철부지 왕에게 둘러댄 변명을 그대로 믿기는 어려울 것이다. 역성혁명의 웅지를 가슴에 품고 있던 그가 단지 촌에 내려가 먹을거리나 구하려고 하지는 않았을 것이다. 그에게는 분명 깊은 속이 숨어 있었다. 어쩌면 당시 정도전에게는 몸을 낮추어야 할 이유가 있었을 것이다. 그것은 치밀한 기획가와 그의 동업자 이성계가 구사한 고도의 전략이었을 가능성이 크다.

1388년에 벌어진 정치적 지각변동과 관련지어 볼 때 당시 정도전의 선택은 이후 전개될 역사적 상황과 절묘하게 맞아떨어지는 점이 있다. 역사에 기록되지는 않았지만, 기획가 정도전과 그의 동업자 이성계 사이에는 그 무렵 무언가 은밀한 합의가 있었던 것으로 보인다. 두 동업자는 당시의 국내외 정세에 대한 치밀한 환경 분석을 통하여 자신들에게 다가오는 어떤 '위협요인Threat'을 감지했을 것이다. 그렇다면 그 위협요인은 무엇이었을까?

늙고 병든 이인임이 권좌에서 한 걸음 물러나자 우왕은 은근히 두려움을 느끼게 되었다. 그는 툭하면 아버지 공민왕이 측근들에게 시해당한 일을 되뇌며 심리적 불안 증세를 보였다. 임견미, 염흥방 등 이인임 일파가 여전히 고려 조정에서 지배권을 행사하고 있었으나, 우왕은 불안에서 벗어날 수 없었다. 그래서 우왕은 늙고 병들어 쓸모없어진 '헌 아버지' 이인임을 버리고, 막강한 군권을 쥐고 있는 최영을 '새아버지'로 선택한다.

"황금 보기를 돌같이 하라."는 아버지의 유언을 일생의 좌우명으로 삼은 최영. 그는 35세에 양광도(지금의 충청도)에서 왜구를 물리치고 공민왕의 왕실근위대가 되었다가 조일신의 역모를 진압하면서 대장군이 된다. 원나라 지원군으로 파병되어 그곳 반란군과 스물일곱 차례의 전투를 모두 승리로 이끌기도 하였다. 충남 부여에 왜구가 침입했을 때에는, 젊은 장수들도 모두 뒤로 물러서는데 이미 예순한 살의 백발노장 최영은 앞서 돌격하다가 입술에 화살을 맞았다. 최영은 입술에서 뽑아낸 화살로 적을 쏘아 죽이며 돌격하여 대승을 거두었다. 그 후 왜구들은 '우리가 두려워하는 자는 백발의 최영뿐'이라고 하였다.

최영은 전형적인 군인이었고 청렴 강직한 관료였다. 그가 왜구를 무찌르고 돌아왔을 때 왕은 철전鐵錢(요즘의 훈장에 해당하는 쇠붙이)을 하사하면서 "경이 혹 잘못을 범하여 아홉 번에 이를지라도 처벌하지 않을 것이요. 열 번에 이를지라도 그 은전을 깎지 않으리라."고 말할 정도였다. 그런 최영이 고려 조정의 실권자로 부상하고 있었다.

더불어 정도전의 동업자 이성계 또한 함주, 홍원, 북청 방면으로 침입한 왜구를 줄줄이 소탕하여 연전연승을 거두며 이름을 드높이다가 1385년 9월에는 동북면 도원수로 임명되어 막강한 영향력을 행사하고 있었다. 고려 말의 최영과 이성계, 이 두 사람은 결코 패하지 않는 전형적인 군인으로, 왕과 백성의 절대적 신임을 받았다. 더불어 고려의 권력구도는 최영과 이성계의 양립구도로 자리를 잡아 가고 있었다.

그렇다면 당시 최영과 이성계의 관계는 어떠하였을까?

최영과 이성계는 1362년(공민왕 11년) 10만 홍건적에게 점령당한 개경을 탈환하는 전투에서 만났다. 그 전투에서 이성계가 이끄는 부대는 가장 먼저 개경을 탈환하는 공을 세웠다. 이때 이성계의 용맹성을 직접 확인한 최영은 19년이나 손아래인 후배 장군을 매우 신임하고 적극 지원했다. 그리하여 두 사람은 나이 차를 뛰어넘어 서로 막역한 사이로 지내고 있었다. 하지만 두 명장은 신흥대국 명나라를 바라보는 관점이 근본적으로 달랐다.

그 무렵 명 황제는 비로소 고려 우왕의 승습과 공민왕의 시호를 내려준 터였다. 당분간 명과의 긴장관계가 완화되고 사대관계가 정식으로 맺어지게 되었다. 하지만 그 일로 고려에 온 명나라 사신들은 마치 지방 지사에 내려온 본사 임원처럼 이것저것 트집을 잡으며 거드름을 피워 댔다. 이후에도 명은 조공이나 예법 문제로 사사건건 트집을 잡으며 고려 조정을 괴롭혔다.

이와 같은 명과의 외교관계가 최영에게 곱게 보일 리 없었다. 친원파의 무리에 섞여 평생을 고려 조정에 봉직해 온 최영의 눈에 명나라는 새로운 도적 떼에 지나지 않던 것이다. 따라서 강직한 성품을 가진 진정한 보수주의자 최영은, 잃어버린 고토故土 요동지역을 군사적으로 점령함으로써 명나라와 전선戰線을 형성하려고 하였다. 반면, 이성계는 고려 조정의 체질을 개선하는 것이 우선이라고 보았다. 요동을 공략하더라도 힘을 기른 뒤에 해야 한다는 것이 이성계의 생각이었다. 최영과 이성계는 이처럼 동상이몽을 꾸고 있었다.

하지만 국내 정세에서 두 명장이 공감하는 부분도 있었다. 그것은 이인임 일파를 비롯한 조정의 부패 세력을 제거하고, 그들의 재산을 몰수해야 한다는 것이었다. 최영은 요동정벌의 꿈을 마음속에 간직한 채, 이성계의 동의하에 대대적인 정치적 숙청을 은밀히 준비하고 있었다.

정도전은 동업자 이성계를 통하여 그러한 정보를 제공받았을 것으로 보인다. 기획가의 눈에 비친 고려 조정은 태풍전야 같았다. 피바람을 몰고 올 대대적인 정계개편이 이뤄질 터였다. 그리고 공동의 적이 사라진 다음에는 최영과 이성계 간의 역사적인 한판 승부도 피할 수 없는 숙명이었다.

고도의 트렌드트래킹trend-tracking(경향 파악 또는 정세분석)을 통하여 기획가 정도전은 무인들의 칼날이 번득이는 상황을 예견하였다. 그리고 동업자의 승리를 응원하며 은인자중해야 할 필요성을 느꼈다. 외직으로 내려오며 우왕과 조정의 중신들을 대하는 그의 태도가 과장된 것도 바로 그런 연유에서였을 것이다.

그처럼 기획가 정도전이 남양부사로 내려와 수령의 치세에 여념이 없던 1387년 말, 명나라는 마침내 고려 조정에 단교를 선언하였다. 마지막 고려인 정몽주는 요동까지 가서 명나라와 접촉을 시도하였으나 거절당하였다. 명나라와 고려 사이에는 점점 긴장감이 돌았다.

바로 그 무렵인 1388년 정월, 최영과 이성계는 마침내 국면 전환을 위한 칼을 빼들었다. 최영은 부패 관료의 명단을 작성하여 대대적인 숙청작업에 들어갔다. 임견미, 염흥방, 도길부, 이성림, 반복해, 염정수, 김영진, 임치 등 쟁쟁한 고위 관료들이 순식간에 체포되어 옥에 갇혔다. 그들의 추종자와 인척들까지 포함하여 1천여 명 가량이 처형되었다. 흩어진 민심과 나라의 기강을 위한다는 명분으로 대대적인 피의 숙청이 이뤄졌다.

숙청이 마무리되면서 전면적인 내각 개편이 있었다. 최영은 문하시중에, 이성계는 부총리에 해당하는 수문하시중守門下侍中에 임명되었

다. 더불어 판삼사사에 이색, 삼사사[8]에는 우현보, 문하찬성사[9]에 윤진
과 안종원이 이름을 올렸다. 그리고 성석린, 왕흥, 인원보, 문달한, 송
광미, 안소 등이 요직을 차지하였다.

10년 넘도록 이어진 이인임 일파의 부패한 권력을 깨끗이 청소하
고, 새로운 내각의 수반이 된 두 무장 최영과 이성계. 그들은 두 영웅으
로 떠올랐다. 이제 고려에 두 사람을 위협할 만한 요소는 없었다. 있으
나마나한 허수아비 왕을 제외하면 사실상 고려 천하는 최영과 이성계,
두 사람의 것이었다. 잘만 운영된다면 오늘날의 양당제兩黨制 같은 정
치체제가 구축될 가능성도 있어 보였다. 그렇다면 이제 고려는 공동경
영체제로 나아갈 것인가.

하지만 최영과 이성계, 이 두 사람은 서로 알고 있었다. 그들이 결코
오래 양립할 수 없는 관계임을. 그리고 진짜 싸움은 아직 시작되지도
않았음을. 그래서 개경에는 여전히 긴장이 흐르고 있었고, 기획가 정도
전은 여전히 남양부사로 재직하고 있었다. 역사 기획가는 특유의 통찰
력으로 정세를 판단하였다. 그리고 질문을 던진다. 무엇을 할 것인가?
그의 마음속에서 답변이 들려왔다. '아직은 은인자중해야 할 때'라고.

한편, 역사 기획가의 외직 근무는 정세판단에 따른 처세에만 머무
르지 않았다. 남양부사로 재직하는 동안 정도전은 선정을 베풀어 부민
들에게 칭송을 받았다. 유배를 당한 '죄인'의 몸으로 곳곳을 유랑하며
수많은 기층민중과 부대껴 온 정도전이었다. 그런 시련을 뛰어넘어,
이제는 어엿한 수령의 몸으로 하층 백성들과 직접 만나 현실 속에 민
본주의 이념을 나름대로 실현해 본 것이다. 기획가 정도전에게 남양부
사 시절은 완벽한 창업기획을 위한 마지막 시험무대인 셈이었다.

5

기획 실행을 위한
네 가지 프로젝트

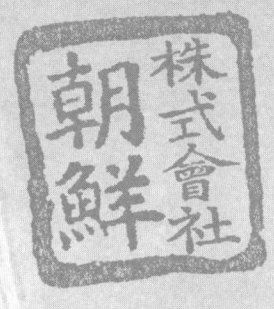

株式會社 朝鮮

무작정 '글로벌 경영'을 꿈꾼 최영
프로젝트 하나, 위화도에서 군사를 돌리다
프로젝트 둘, 전제를 개혁하다
프로젝트 셋, 가짜를 폐하고 진짜를 세우다
프로젝트 넷, 군권을 장악하다

조선 창업의 가장 큰 원동력은 새로운 세력에 대한 백성의 지지였다. 정도전은 국가가 모든 토지를 몰수한 다음 인구수대로 다시 경작권을 재분배하는 토지개혁을 시도하였고, 농민들의 적극적인 지지를 받았다.

무작정
'글로벌 경영'을
꿈꾼 최영 傳鄭印道

1388년 벽두. 부패한 세력이 흘린 피비린내가 진동하는 가운데, 최영과 이성계는 이인임 일파 숙청에 대한 뒷수습을 하였다. 그 사이에 정도전은 변방 고을 수령으로 재직하고 있었다. 피 튀는 정쟁을 절묘하게 비껴 나간 것이다. 이것을 두고 역사가들은 냉철한 정세분석에 따른 선택이었다고도 하고, 피치 못할 사정이 있었을 것이라고도 한다. 당시 정도전이 동업자 이성계의 힘으로도 막아 낼 수 없는 중대한 위험에 몰려 있었을 것이라고 보는 것이다.

어떤 이유에서든 정도전이 변방 수령으로 밀려나 있던 1388년 2월 어느 날, 개경에서는 백발노장 최영과 떠오르는 영웅 이성계가 은밀히 회동을 하였다. 그 자리에서 최영은 뱃속에 꿈틀거리던 욕망을 드러냈다.

"이인임 일파에게서 몰수한 재산을 나는 군을 위해 쓰고 싶소."

군사를 일으키겠다는 말이었다. 당연히 그 대상은 요동지역일 터였다. 그것은 신흥대국 명나라에 대한 도전이었다. 이성계는 잠시 생각에 잠겼다가 입을 열었다.

"천하가 바뀌었습니다. 이미 대륙은 수십만 대군을 갖춘 명나라가 주인으로 섰습니다. 승산이 있다고 보십니까?"

그러자 최영은 확신에 차서 목소리를 높였다.

"장군과 내가 힘을 합치면 해낼 수 있는 일이오. 국운을 위해 명나라와 승부를 걸자는 것이오. 명은 소와 말 등 공물은 물론이고 처녀와 환관까지 요구하며 우리를 핍박하고 있소. 차제에 우리도 결단이 필요하오. 저들이 원과 싸우느라 요동 쪽을 비워 놓은 지금이 기회요."

최영이 완강하게 주장을 하자 난처한 이성계는 입을 다물었다.

그로부터 얼마 뒤 국경지역에서 보고가 올라왔다. 명나라에서 파견한 요동도사가 압록강까지 와서 '철령(함경남도와 강원도의 경계에 있는 고개) 이북의 땅을 우리가 접수하겠다.'는 내용으로 방을 붙였다는 것이다. 그 보고를 받은 우왕은 쩔쩔맸다. 그 대책 방안을 놓고 조정에서 논쟁이 붙었다. 최영이 말했다.

"신이 생각하기에는 싸우는 것 외에 방안이 없을 듯싶사옵니다."

그러자 공산부원군 이자송李子松이 나섰다.

"천부당한 말씀이외다. 원나라는 쇠락하여 쫓겨난 나라고 명나라는 일어서는 나라이니 결과는 불을 보듯 뻔합니다. 장차 그들이 대병大兵을 몰아 내려오면 어떻게 감당하오리까? 우리 힘이 그에 미치지 못하는데 어찌 함부로 싸울 수 있으오리까?"

이자송의 반대에 최영이 발끈하였다.

"지금 요동지역은 텅텅 비어 있소이다. 곧장 진격해야 합니다. 한번 기회를 놓치면 다시는 일어설 수 없는 법. 대륙을 도모하여 국토를 넓히고 병사를 새로 뽑아 훈련하고 방비한다면 아무도 우리를 업신여기지 못할 것이오."

최영과 이자송이 설전을 벌이는 동안 다른 대신들은 그저 멍하게 두 사람을 지켜볼 뿐이었다. 다들 속으로는 요동정벌을 탐탁찮게 생각하고 있었으나, 최영에게 기세가 눌려 입을 다물고 있는 듯하였다. 그때 조용히 앉아 있던 이성계가 나섰다.

"전하! 발단은 저들이 우리 땅을 내놓으라는 데서 비롯되었으니, 우선 명에 사자를 보내어 그 부당함을 논하시는 것이 어떠하오리까?"

그러자 여러 대신들이 고개를 끄덕였다. 최영은 분위기에 밀려 어쩔 수 없이 한발 물러났다. 그리하여 화친과 전쟁의 갈림길에서 고려는 명나라에 사신을 보냈다. 그러나 사신 일행은 국경조차 넘지 못하였다. 명나라가 입국을 거부한 것이다. 조정에서는 다시 밀직제학密直提學[1] 박의중을 주청사[2]로 보냈다. 그런데 박의중이 명에 간 사이에 또다시 동북면에서 최원지가 급보를 보내왔다.

"명나라 요동도사가 1천여 병력으로 철령위鐵嶺衛[3]를 세우고 그 관원들을 요동성에 집결시키고 있으며, 요동에서 철령 사이에 역참을 70개나 설치하고 있사옵니다."

그 소식에 우왕은 울먹이다가, 신료들에게 명하였다.

"군신이 모두 요동공격에 반대하더니 결국 사태가 이 지경에 이르렀구려. 즉시 전군全軍에 거병을 하달하고 팔도에서 군사를 모아 대란을 대비하시오. 이제 누구도 이 일을 반대하지 마오. 반대하는 신료는 내 역적으로 다스려 크게 죄를 물을 것이오."

우왕은 단호했다. 하지만 이자송이 다시 반대하고 나섰다. 그러자 문하시중 최영이 호위병들에게 명하여 이자송을 끌어내게 하였다. 당시 유일하게 요동정벌을 공개적으로 반대한 공산부원군 이자송. 그는 소신을 굽히지 않다가 결국 유배를 당하였고, 얼마 뒤에는 사약을 받았다. 최영이 그를 죽인 이유는 단지 그가 임견미 일파였기 때문이다.

그 후 조정에서는 어느 누구도 요동정벌을 반대하지 않았다. 우왕은 드디어 병력 동원령을 내렸다. 그런데 명나라 역사 기록에 따르면, 당시 명군은 평안북도 강계 건너편 황성에 와서 잠시 백성들을 살핀 일이 있을 뿐 구체적으로 병력을 이동한 적은 없었다. 또한 동북면 책임자 최원지가 마지막 보고를 하였을 때, 명나라는 요양성遼陽城 동북 방에서 80리나 떨어진 곳에 철령위를 설치하였다. 그처럼 먼 곳에서 고려를 다스리려 했다는 건 납득이 가지 않는 일이다.

미심쩍은 일은 또 있다. 요동공략으로 시끄러운 터에, 조정에 보고서를 올려 긴장감을 조성한 최원지가 최영의 심복이었다는 점이다. 게다가 두 번째로 명나라에 간 주청사 박의중이 명나라 측과 타협하여 철령위 설치 계획을 모두 철회시키고 돌아왔다. 최영의 요동정벌론에 고개를 갸웃거릴 만한 일이다. 명나라 사신이 철령위 이북을 접수하겠다고 통고한 것은 사실이지만, 그것은 어디까지나 외교적 협박이었을 것으로 보는 까닭이다.

여러 사실로 미루어 볼 때, 최영은 사실 오래전부터 글로벌 경영을 꿈꾸고 있던 듯하다. 최영은 그 일을 진행하기 위하여 이인임 일당을 숙청해 정권을 잡았다. 그리고 부패한 권문세족에게서 엄청난 재산을 압류하여 비용을 마련한 뒤, 불과 3개월 만에 전쟁을 선포하였다. 정치 군인 최영은 가족의 생계비를 털어 주식에 투자하는, 무모한 가장의 우愚를 범하고 있었던 것이다.

부도 직전의 낡은 회사를 글로벌 경영으로 살릴 수 있을 것인가? 요행히도 대륙을 도모하여 국가적인 명분도 취하고 실리도 얻었다 한들, 그 이익은 또 누구에게 돌아갈 것인가? 정도전이나 이성계는 그 점이 내키지 않았다. 그리하여 전쟁 준비로 온 나라가 시끄럽던 1388년 4월, 이성계는 본거지 함흥으로 돌아가 버렸다. 그러나 곧 우왕과 최영은 사냥을 핑계 삼아 함경도로 찾아와서 이성계를 다시 설득하였다. 이때 이성계는 우왕과 최영에게 저 유명한 4대 불가론을 역설한다.

"신의 좁은 소견으로 볼 때, 이 일은 불가하오이다. 소국으로 대국에 거역함이 첫째 불가요, 농사철인 여름철에 출진함이 둘째 불가요, 원정군이 출동하면 왜구가 그 허를 노릴 것이니 셋째 불가요, 지금 장마가 들어 활 아교가 녹아 못 쓰게 되며 아울러 전염병이 걱정되니 넷째로 불가하오이다."

이에 대해 최영은 이렇게 반문한다.

"전쟁엔 언제나 어려움이 있고, 만사는 때가 있는 법이요. 지금 도모하지 못하면 우리는 영영 그 기회를 찾지 못할 것이요. 우리 군사가 적다고 하지만 성만 함락시키면, 그쪽에서 활약한 장군의 명성과 덕망으로 10만 대병에 맞먹는 힘을 갖출 수 있을 것이오."

이번에는 우왕이 나섰다.

"이는 어명이요. 고려는 고구려를 계승한 나라이니 잃어버린 옛 땅을 회복하는 것은 후대의 책임이요."

결국 우왕과 최영은 이성계를 설득하는 데 실패하였다. 다만 어명으로 출정을 강요할 수밖에 없었다. 이성계에게 동의를 얻지 못한 채 개경으로 돌아온 우왕은 그 불안감을 종종 드러냈다. 그런 우왕을 최영은 아버지처럼 달랬다. 실제로 달포 전에 우왕은 최영을 졸라 그 딸을 영비로 맞이한 터였다. 따라서 최영과 우왕은 장인과 사위 관계였다. 당시 우왕에게는 최영이 아버지나 다름없던 것이다.

전전긍긍하던 우왕은 이성계를 다시 개경으로 불러 애원하였다. 그러자 이성계는 이렇게 답한다.

"하오나 전하, 뜻이 정녕 그러하오시면 시기를 좀 더 늦추시옵소서. 가을을 기다려 출사케 하시오면 장마를 걱정할 이유도 없고 식량 걱정 또한 아니할 것이옵니다."

그러나 우왕과 최영은 고집을 꺾지 않았다.

"이미 팔도에 영을 내려 군사를 일으켰으니 중지할 수가 없소."

최영과 우왕의 요동정벌 주장에 이성계는 4대 불가론을 내세워 반대하였고, 또다시 그 불가론이 받아들여지지 않자 가을에 공격하자고 수정 제의를 하였지만, 최영과 우왕은 끝내 이를 묵살하고 말았다. 물론 고려를 폐업하고 조선을 창업한 세력이 나중에 남긴 기록에 따른 것이다. 하지만 이성계와 정도전, 두 동업자는 새 나라를 창업하는 데 언젠가 위협이 되고 말 최영에게 휘둘리지 않기 위해 애를 쓴 것으로 보인다.

프로젝트 하나,
위화도에서
군사를 돌리다 傳鄭印道

1388년 4월 18일, 팔도도통사⁴ 최영, 좌군도통사 조민수, 우군도통사 이성계가 이끄는 대군이 우중충한 날씨 속에 서경(지금의 평양)을 출발하였다. 명색은 10만 대군이지만 실제로는 좌·우군을 합하여 5만여 명이었다. 그나마 전투병력은 3만 8천여 명에 기마는 2만여 필에 지나지 않았다.

5월 7일, 국경에 도착한 대군은 압록강 하류 위화도에 진을 쳤다. 위화도는 고려와 명나라 사이에 낀 절묘한 중립지대였다. 그리고 이성계가 예상한 대로 군대는 그곳에서 장마를 만났다. 연일 장대비가 쏟아져 더는 진군할 수가 없었다. 군량미 수송마저 끊겨 병사들은 끼니를 굶기 시작하였다. 그 사이에 도망치는 병사가 늘어났다. 병사들은 사기가 떨어졌다.

최악으로 치닫는 상황에, 좌군도통사 조민수가 이성계에게 넌지시 말했다.

"장군, 우리 군사는 겉으론 10만이라고 말을 하지만 쓸 만한 병력은 3만밖에 안 됩니다. 처음부터 병력으로 따져도 비교가 되질 않아요. 원나라 북방에 가 있는 명나라 군이 15만입니다."

사실상 회군을 하자는 말이었다. 이성계 또한 착잡한 심정이었다. 설령 악전고투하여 요동을 정벌한다손 치더라도 다음이 문제였다. 물론 요동 주민 대부분이 고려인과 여진족이었으므로, 민심을 잘 수습하면 요동을 확보할 자신은 있었다. 하지만 그것은 어디까지나 이성계 자신이 직접 주둔한다는 전제에서만 가능한 이야기였다. 한마디로 그는 계속 변방에 남아야 했다. 백발노장 최영이 궁극적으로 바라는 바도 그것일 터였다. 결국 이성계는 회군을 결심하고 조민수에게 말한다.

"어차피 우리 두 사람이 결정할 일이외다. 폐하께 회군을 청하십시다."

결국 이성계와 조민수는 회군을 청하는 장계를 써서 급히 전령에게 보냈다.

한편, 그 무렵 최영은 서경에 머무르고 있었다. 굵은 빗줄기가 쏟아지는 시커먼 하늘을 보며 최영은 한숨을 지었다. 팔도도통사로서 전군 지휘권을 쥐고서도 서경에 남은 것은 뼈저린 실수였다. 그것은 군대 지휘권을 이성계와 조민수에게 완전히 넘겨준 것이나 다름없었다. 사병을 2천이나 거느린 이성계에게 또다시 대군을 붙여 준 꼴이 된 것이다. 그런데 그토록 전쟁을 촉구하며, 명색이 팔도도통사로서 총사령관을 맡은 최영은 어째서 후방에 머물러 있는 것이었을까.

그것은 어처구니없게도 우왕 때문이었다. 출정을 눈앞에 둔 어느 날, 우왕이 갑자기 최영에게 전선에 나가지 말라며 떼를 썼다. 그때 최영은 정중하게 왕을 달랬다. 하지만 우왕은 세상 어디라도 따라가겠다며 최영의 허리끈을 놓지 않은 것이다.

"경이 떠나고 나면 나는 불안해 어쩌란 말이오? 선왕께서도 경이 외지에 나가 있을 때 흉적들에게 해를 당하셨소."

최영은 결국 출정식만 치른 뒤, 우왕과 함께 서경에 머물렀다. 그리고 지금 최영은 발등을 찍고 싶은 심정으로 장대 같은 빗줄기를 바라보고 있었다. 그럴 때 위화도에서 보낸 전령이 도착하였다. 전령은 회군을 청하는 장계를 내밀었다. 우왕과 더불어 장계를 읽어 내려가던 최영은 부르르 떨며 외쳤다.

"회군을 청한다니? 이게 무슨 해괴한 소리인고? 10만 대병이 아직도 위화도에 머물러 있다는 말인가. 하나도 둘도 오직 진군이니라, 어서 강을 넘으라고 이르라!"

우왕은 별도로 환관 김완에게 왕명을 주어 위화도로 보냈다.

"좌우군도통사 조민수와 이성계는 들으라. 그대들은 속히 진군치 않고 무얼 기다리는고? 때만 기다리다가 실기失機할까 두렵도다. 군신일체가 바라는 것은 오직 진군뿐이다. 경들 마음을 위로코자 금과 말을 하사하노니 속히 요동으로 나아가라."

위화도에서 왕명을 받은 이성계는 심복 이지란李之蘭[5]을 조용히 불렀다. 이지란은 환관 김완을 군막에 가두어 버렸다. 그리고 한 번 더 회군을 청하는 전령을 최영에게 보냈다. 그러나 최영이 보낸 답은 '오직 진군'이었다. 그러자 이성계는 조민수와 제장諸將들을 불러 말한다.

"청이 받아들여지지 않았으니, 우리 우군은 회군을 할 것입니다."

그러자 조민수는 불안한 기색으로 되물었다.

"그럼 우리 좌군 혼자서 강을 넘으라는 말씀이오?"

"지휘권이 반으로 나뉘었으니 어쩌겠습니까? 나는 내 병력을 인솔해 가겠소."

조민수는 잠시 고민에 잠겼다. 그러다가 한참 뒤에 입을 열었다.

"그럼, 나도 동참하리다. 반쪽으로 싸울 수는 없는 일이 아니오?"

그리하여 그해 5월 22일, 이성계와 조민수는 위화도에서 병력을 되돌렸다. 왕명을 정면으로 거역한 회군. 그것은 반역이었다. 왕명을 받들고 북진하던 요동정벌군은 순식간에 반군이 되어 남하하였다. 당시 성주 온천에 가 있던 왕은 급보를 받고 허둥지둥 서경으로 돌아와서 회군을 저지하라 명을 내렸다.

"병력을 모아라, 문신들도 모두 칼과 활을 잡아라!"

문신들은 마지못해 허둥거리며 달려 나갔다. 하지만 이성계와 조민수의 군대를 막아내기는 역부족이었다. 노장군 최영의 눈에서는 마침내 물기가 흘러내렸다.

1388년 6월 3일. 이성계와 조민수가 지휘하는 대군이 밀물처럼 대궐로 밀려들었다. 황룡기를 앞세운 이성계의 군대는 숭인문, 선인문 등을 차례로 돌파하였다. 이때 최영은 우왕을 데리고 화원花園으로 피신하였다.

마침내 이성계의 군대는 텅 비어 있는 만월대 궁궐을 점령한 뒤 최영을 찾아 나섰다. 우왕 일행은 팔각전에서 발견되었다. 최영은 여전히 장군다운 풍모를 잃지 않은 모습이었다. 곽충보 등이 최영을 데리고 나왔다. 이성계가 다가가 정중히 군례를 올렸다.

"대감, 이와 같은 일은 소인의 본의가 아니었사옵니다. 어찌 회군의 청을 끝내 물리치셨사옵니까?"

최영은 가득히 물기가 괴어 있는 눈으로 허공을 우러러볼 뿐이었다. 《고려사》열전 〈최영〉편에는 이날의 광경이 이렇게 묘사되어 있다.

> 왕은 최영의 손을 잡고 울면서 작별하였으며, 최영은 재배하고 곽충보를 따라 나왔다. 우리 태조(이성계)는 최영에게 말하기를 이와 같은 사변은 내 본의가 아니다, 그러나 요동공략은 대의에 거슬릴 뿐만 아니라 나라를 위태롭게 하고 백성을 괴롭혀 원성이 하늘에 잇대었으므로 부득이한 일이었다. 부디 잘 가라, 하고 둘이 마주 서서 울었다.

글로벌 경영의 꿈이 무너진 최영은 자신의 고향인 고봉현(지금의 경기도 고양시)으로 유배되고, 우왕은 폐위되어 강화도로 떠난다. 이로써 조선 창업기획을 실행하는 데 가장 큰 위협요인은 제거되었다. 더불어 이성계와 조민수는 각각 우시중, 좌시중이 되어 정권을 잡게 되었다.

크고 작은 모든 기획에는 위협요인이 있다. 더구나 국가 창업이라는 거대한 기획에는 수많은 이들의 목숨이 달린 위협요인이 도사리고 있게 마련이다. 국가경영이든 기업경영이든 마찬가지다. 위협은 외부에도 있고 내부에도 있다. 그중에서 더욱 위험한 것은 바로 내부에 잠재된 위협일 것이다. 기획가 정도전이 써 가는 창업기획서에서는 백발노장 최영이 가장 막강한 위협요인이었다. 그런 최영을 동업자 이성계가 말끔하게 제거해 준 것이다.

프로젝트 둘,
전제를
개혁하다 傳鄭道印

위화도 회군. 그것은 실로 엄청난 역사의 변화를 예고하는 사건이었다. 또한 그것은 창업기획 실행을 위한 전제조건이었다. 당시 정도전은 동업자 이성계를 따라 출전하지는 않았지만, 회군 전략은 기획가가 뜻하는 바가 반영된 것이었다. 다만 그때까지 두 동업자 간의 관계가 비밀리에 이루어졌을 터이므로, 그에 대한 역사 기록이 남아 있지 않을 뿐이다.

최영이 제거되고, 우왕이 폐위되자 고려 조정은 다음 왕을 세우는 문제로 잔뜩 긴장하였다. 이때 정도전은 폐가입진弊假入眞(가짜임금을 폐하고 진짜 임금을 세움)을 주장하였다. 우왕은 신돈의 핏줄이므로 우왕의 아들이 아닌 왕씨 후손 중에서 새 왕을 뽑아 세우자는 것이었다. 그러나 조민수 측은 우왕의 아들 창昌을 고집하였다. 회군 세력의 두 축은 결국 왕위계승 문제를 놓고 서로 패권을 다투었다. 그때 조민수는 이색을 찾아가 도움을 청하였다. 그러자 이색은 공민왕의 셋째 왕비인 익비 한씨를 사주하여 창왕을 임명하는 교지를 내리게 한다. 익비 한씨는 재위 말년에 미친 공민왕이 자제위를 시켜 왕비들을 강간하게 할 때, 유일하게 굴복하여 임신까지 한 불운한 왕비였다.

이로써 폐가입진론은 보류되고, 고려 33대 창왕이 탄생한다. 당시 왕의 나이 아홉 살이었다. 왕위계승을 놓고 조민수와 이색에게 주도권을 빼앗긴 이성계는 병을 핑계로 국정에서 물러날 것을 청한다. 그러나 이성계가 물러난다고 해서 조민수나 이색이 그들 세력만으로 정권을 장악할 형편이 못 되었다. 결국 이성계의 사직서는 받아들여지지 않았다. 폐가입진은 이뤄지지 않았지만, 자의 반 타의 반으로 이성계는 권력 중심에 서게 된다.

이때 중앙 정계에 복귀한 정도전은 정3품 성균관 대사성을 제수 받았다. 이성계가 천거한 것이었다. 이어 정도전은 왕의 비서에 해당하는 밀직사 부사에 발탁된다. 말이 비서지 당시 정치 상황을 고려하면, 왕을 밀착 감시하는 자리였다. 새로운 국가 창업을 꿈꾸던 기획가 정도전이 드디어 날개를 펼치게 된 것이다.

그로부터 국가 창업 일정은 숨 가쁘게 펼쳐졌다. 정도전은 성균관을 사실상 '기획실' 체제로 운영하며 국가 창업을 위한 준비를 해 나간다. 마치 미리 짜인 각본에 따른 듯, 이때부터 이성계와 정도전은 동업자로서 손발을 척척 맞추었다. 그리고 대대적인 정치개혁이 시작된다. 관제·신분·국방 등 국정 전반에 대한 개혁안을 정도전이 기획하면, 이성계가 이를 후원하고, 경제관료 조준趙浚과 윤소종 등이 그것을 일선에서 추진하였다. 조준은 창업 기획가 정도전과 지도자 이성계의 중간 지점에서 실무적 개혁을 힘 있게 추진해 나갔다. 어쩌면 그것은 개혁이라기보다는 고려왕조를 최종 부도처리하기 위한 사전 정지 작업 성격이 강했다.

해가 바뀌어 정도전은 정3품 예문관藝文館 제학提學에 올랐다. 임금의 명을 관리하는 직책이었다. 이때부터 정도전은 기획 실행을 위한 최대 프로젝트를 가동한다. 그것은 1389년 7월에 조준, 윤소종, 조인옥 등이 올린 전제개혁田制改革 상소였다. 정도전이 기획한 이 전제개혁안은 구 귀족들이 소유한 대토지를 몰수하여 인구수에 따라 골고루 분배하자는 것이었다. 이를 '계민수전計民授田'이라 하였다. 모든 백성이 자작농이 되고, 수확량의 1할만 나라에 바치는 제도였다. 그것은 당시 사회체제를 뒤집는 것이었다. 수확량 절반 이상을 지주에게 빼앗기던 백성들에게는 천국 복음과도 같은, 엄청난 사건이었다. 따라서 수혜자인 농민들에게는 전폭적인 지지를 받을 터지만, 개혁이 성공하는 날에는 고려왕조의 기득권층 대부분이 몰락할 것은 불을 보듯 뻔했다.

철퇴를 맞은 기득권층은 경악하였다. 수구파 대신들은 필사적으로 전제개혁안을 반대하였다. 이색, 조민수, 우현보로 대표되는 보수파와 이성계, 정도전, 조준이 이끄는 개혁파는 두 패로 나뉘어 격렬한 설전을 벌였다. 조민수 진영은 '그까짓 논밭뙈기 문제가 그리 시급한 일이냐'며 전제개혁안 자체에 불만을 보였다. 그러자 정도전은 정색을 하였다.

"그 논밭뙈기가 이 나라 경제의 전부올시다. 그 경제가 부실하고 문란함이 극도에 이르러, 가진 자들은 강줄기와 산맥으로 그 경계를 삼을 정도로 광활한 땅을 차지한 데 반해, 정작 농민들은 고작 그들 농장에서 소나 돼지처럼 일하며 겨우 목숨을 이어 가는 처지입니다."

조민수가 격앙된 목소리로 말하였다.

"지금 제법 전답을 소유한 사람들은 모두 이 나라에서 내로라하는 권문세가들이오. 만일 그 일을 강행하다가는 그들과 불구대천 원수지 간이 되고 말 거요. 그들을 포용하지 아니하고서는 장차 이 조정을 이끌어 갈 수가 없는 법!"

마침내 정도전은 참을 수 없다는 듯이 강경한 어조로 말했다.

"땅 도적들과 계속 손을 잡을 수는 없소이다!"

조민수는 탁자를 치며 외쳤다.

"그게 도적의 무리라 할지라도 때로는 그들과 손을 잡는 것이 현실 정치요!"

정도전도 물러나지 않았다.

"바로 대감 같은 그런 생각 때문에 나라가 이토록 썩은 것이외다."

조민수의 눈가에 경련이 일었다. 잠자코 있던 우현보가 입을 열었다.

"수백 년간 지켜 온 나라의 토지정책을 하루아침에 바꿀 수는 없는 노릇이오."

정도전의 오랜 스승 이색이 말을 이었다.

"더구나 위화도 회군 후에 민심도 안정되어 있지 않은 때에……."

그러자 개혁안을 발의한 조준이 나섰다.

"민심이 안정되어 있지 않다는 것은 회군한 우리가 장차 이 나라 백성들을 위해 무엇을 하려는지 그것이 궁금하고 불안해서겠지요. 그렇다면 누대에 걸쳐 폐단이던 전제를 개혁하여 우리가 세상을 새롭게 할 사람들임을 보여 주어야 합니다.”

그래도 조민수는 기세를 꺾지 않았다.

“세상인심을 빙자하지 마라. 그들이 어째 가만 앉아서 당하기만 하겠는가. 일대 피바람이 불 것이야.”

그러자 정도전은 보자기에서 문서를 꺼내어 조민수 앞에 들이대며 말한다.

“권세를 등에 업고 백성의 땅을 빼앗아 착복한 인물들 명단이 여기 있소. 불행히도 이 자리에 있는 분의 성함도 보입니다!”

이색의 얼굴이 하얗게 변하였다. 동시에 조민수는 부들부들 떨면서 자리에서 일어나 문을 박차고 나가 버렸다. 그 뒷모습에 기획가의 부릅뜬 눈길이 꽂혔다.

전제개혁안에 대하여 지나치게 거부반응을 보이던 조민수. 그는 이인임과 친척관계로, 한때 부정한 일을 저지른 바 있었다. 정도전과 조준은 그 점을 강력히 탄핵하였다. 결국 다음 달인 8월, 조민수는 창녕으로 유배되었다.

회군 세력의 한쪽으로, 우측의 대표 주자던 조민수가 퇴장하고, 조정은 문하시중 이색, 수시중[6] 이성계 체제로 재편된다. 이색 계열인 이림, 우현보, 변안렬, 권근 등은 한때 눈치를 살피며 조용히 정권을 유지해 나간다. 그러나 오래가지 않았다. 1389년 10월에 대대적인 정계개편이 이뤄져서 권력의 저울추가 완전히 이성계 쪽으로 기운 것이다. 그러자 이색은 명나라와의 관계를 선점하려고 창왕을 명에 입조시키려 하였으나, 개혁세력에 저지당하였다. 그 후유증을 견디지 못한 이색은 스스로 사직하고 향리로 돌아가 버렸다.

보수 진영을 대표하는 이색이 정계에서 후퇴하자, 모든 권력은 이
성계 진영으로 집중되었다. 기획가 정도전 또한 정치적 입지를 굳혔
다. 개혁 작업은 더욱 탄력을 받았다. 정도전은 조준, 윤소종 등과 함께
전제개혁에 박차를 가하였다.

프로젝트 셋,
가짜를 폐하고
진짜를 세우다 傳鄭印道

권력 중심은 개혁을 꿈꾸는 신진사대부 진영으로 넘어왔다. 하지만 보수 기득권세력은 어린 창왕 뒤에서 끊임없이 권력 탈환 음모를 꾸몄다. 그런 가운데 김저와 정득후를 중심으로 우왕 복위운동마저 일어났다. 최영의 조카인 김저는 최영이 몰락하자 벼슬을 버리고 예천에 은거하였다. 그러던 1389년, 김저는 정득후와 함께 우왕과 은밀히 접촉하여 팔관회八關會[7] 날에 이성계를 죽이기로 결의하였다. 그리고 무장 곽충보를 만나 거사를 제의한다.

드디어 고려 왕실의 최대 축제인 팔관회가 열렸다. 그러나 이성계는 팔관회에 불참하여 화를 면했다. 대세를 감지한 곽충보가 미리 이성계에게 그 사실을 일러바친 것이다. 거사에 실패한 김저와 정득후는 이성계의 집으로 잠입을 시도하였으나, 문객門客에게 붙잡히고 말았다. 그러자 정득후는 스스로 목을 찔러 죽었다. 김저는 순군옥巡軍獄

에 갇혀 혹독한 심문을 받다 변안열, 이림, 우현보, 우인열, 왕안덕, 우홍수 등 당대 보수적인 인사 30여 명을 배후인물로 자백한 뒤 옥사하였다.

수구세력이 벌인 우왕 복위운동은 스스로 숙청당할 빌미를 제공하고 말았다. 이 사건으로 반개혁세력은 대거 축출되었다. 나아가 폐가입진론이 명분을 얻게 되었다. 우왕은 강릉으로 이배移配되었다. 일부 역사가들은 우왕 복위운동과 '김저 옥사 사건'이 폐가입진을 위한 정도전 측의 계략이었다고 보기도 한다. 물론 그런 주장을 뒷받침하는 뚜렷한 증거는 없다. 당시 수구 기득권세력을 중심으로 우왕 복위운동이 전개된 것은 사실이었다. 다만 정도전이 이끄는 창업 팀이 사건을 의도적으로 확대시켰을 가능성은 부인할 수 없을 것이다.

한편, 사건이 수습된 직후인 1389년 11월, 이성계를 중심으로 정도전, 조준, 심덕부, 지용기, 정몽주, 설장수, 성석린, 박위 등 아홉 명이 흥덕사에 모여 '비상시국회의'를 열었다. 이들은 '신우(우왕)와 신창(창왕)은 본래 왕씨가 아니므로 가짜를 폐하고 진짜를 세워야 한다.'며 폐가입진을 결의하였다. 그리고 후임으로 신종 7대손인 정창군 왕요王瑤가 거론되었다. 그러자 지문하부사[8] 조준 등은 이성계에게 후왕 선정을 일임하자고 하였다. 이때 정몽주가 단호한 어조로 나선다.

"이런 일에는 각자의 꾸밈없는 의견이 필요합니다. 반드시 의논을 해야 합니다. 어차피 이 장군께 결정권이 있는 것도 아니고 우리는 신우, 신창을 대신해서 고려왕조를 이끌어 갈 부끄럽지 않은 분을 몇 분 천거만 하면 되는 일인데……."

그때 정도전이 매우 조심스러운 태도로, 그러나 조금은 비꼬는 투

도담삼봉
단양팔경 중 하나인 도담삼봉. 가운데 있는 정자는 정도전이 지은 것이라 전해진다. 정도전의 호 삼봉 역시 도담삼봉에서 유래했다고 한다. ⓒ 김혜경

로 입을 열었다.

"여기 임금 후보로 많은 이름이 적혀 있습니다만, 이분들이 왕씨라는 것만 빼고는 이 나라를 이끌어 나갈 경륜과 자질이 있는지 의심스럽소이다. 그래서 나는……."

그 대목에서 정도전은 오랜 벗이며 개혁 동지였던 정몽주를 바라보다가 말을 끊었다. 기획가가 위험한 경계를 넘나드는 발언을 하려 하자 정몽주의 낯빛이 창백해진 것이다. 잠시 무거운 침묵이 흐르던 중에 정몽주는 떨리는 음성으로 말한다.

"고려가 살길은 오직 왕씨를 내세워야 함이거늘……."

마지막 고려인 정몽주는 곤혹스러움으로 표정이 일그러졌다.

《고려사》에 따르면, 이날 비상시국회의에서는 새로운 왕 후보를 쉽

게 의결하지 못하였다. 그래서 결국 후보로 거론된 종실 몇 명의 이름을 들고 심덕부, 성석린, 조준 등이 고려 태조 왕건의 영전으로 가서 제비를 뽑았다. 그리하여 정창군이 뽑혔다. 결국 표결로 새로운 왕이 선출되었다. 이날 비상시국회의에서 곧바로 이성계를 왕으로 추대하자는 의견이 제기되어, 창업 팀 대표 정도전 등과 마지막 고려인 정몽주 사이에 치열한 설전이 벌어졌다는 설도 있다. 물론 그럴 가능성도 충분하다.

어쨌든 애초에 제기된 '폐가입진'이 실현된 셈이었다. 다음 날 이성계 등은 정비 안씨에게서 교서를 받았다. 정비는 손수 옥새를 정창군에게 건네주었다. 정창군은 별로 내키지도 않은 왕위를 울며 겨자 먹기로 받아들일 수밖에 없었다. 이어 창왕은 폐위되어 강화도로 유배되고, 고려 마지막 임금 공양왕이 즉위한다.

이로써 핏줄 시비에 휘말렸던 우왕과 창왕은 평민으로 강등되었다. 우왕 측근들도 모두 먼 곳으로 귀양을 떠났다. 동시에 이성계를 비롯한 창업세력이 공양왕을 앞세워 실질적인 권력을 장악하게 된다. 정도전은 폐가입진을 주도한 공로로 1389년 12월 29일, '수충논도좌명공신輸忠論道佐命功臣 봉화현충의군奉化縣忠義君 삼사우사三司右使'라는 호를 받게 된다. 더불어 공신전 100결과 노비 열 명을 받았다. 이어 나라 재정을 담당하는 삼사좌사三司左使로 승진하였다.

한편, 자신이 허수아비 임금임을 뻔히 아는 공양왕은 즉위 초기에 밤잠을 이루지 못하고 전전긍긍했다고 한다. 그가 눈물을 흘리면서 측근들에게 털어놓았다는 말이 《고려사》에 전한다.

나는 일생에 입을 것과 먹을 것과 시중할 사람이 모두 풍족하였다. 그런데 지금 와서 이렇게 중대한 책임을 지게 되니 어찌할 바를 모르겠다.

염려하던 대로 공양왕은 다음 달인 12월에 우왕과 창왕 부자를 살해하는 일에 결재를 내려야 했다. 얼떨결에 부도 위기 회사를 떠안은 공양왕. 그는 폐위된 우왕과 창왕에게 사형선고를 내리면서 자신의 미래도 그리 밝지 않음을 예감하였을 것이다.

그처럼 공양왕은 무늬만 왕이었다. 고려 조정은 공양왕을 추대한 공신 아홉 명이 장악하였다. 잠시 이색이 판문하부사에 임명되었지만, 한 달 만에 파직을 당하여 아들 이종학과 함께 유배 길에 오른다. 창왕 즉위를 도운 사실을 대간臺諫[9]에서 탄핵한 것이다. 더불어 이색과 함께 탄핵을 당한 조민수는 죄가 추가되어 삼척으로 이배移排되었다. 이숭인, 하륜, 권근 등 이색 문하생들도 대부분 유배를 당하여 정계에서 밀려났다.

프로젝트 넷,
군권을
장악하다 傳鄭印道

기획가 정도전과 힘 있는 동업자 이성계와 신진 유생들이 장악한 고려에는 확실히 변화가 일어났다. 1390년 정월, 공양왕은 첫 경연經筵[10]을 열었다. 드디어 유교적 이념에 기반을 둔 관료제가 가동된 것이다. 왕이 신하들과 경전을 읽으며 학문을 토론하고 정사를 논하는, 경연제도를 시행한 것 자체가 상당한 정치 발전이었다. 정도전은 '지경연사知經筵事'가 되었다. 영경연사領經筵事 아래 있는, 경연의 두 번째 벼슬이었지만, 실질적으로 경연청을 주관하였다. 비로소 정도전은 국정운영에 상당한 영향력을 행사할 수 있는 자리에 선 것이다. 그리하여 기획가 정도전은 유교적 이상국가에 대한 자신의 꿈을 조금씩 펼쳐 보인다.

우선 그는 첨설직添設職을 혁파하고 인사정책에 변화를 일으켰다. 첨설직이란, 우왕 때 왜구토벌에 공을 세운 무인에게 나누어 준 명예 관직을 말한다. 일도 하지 않고 보수만 받는 유령 관직은 기획가가 꿈꾸던 유교적 관료 제도를 문란하게 하는 것이었다. 따라서 정도전은 '궁성숙위부宮城宿衛府'를 설치하여 이들이 실제 근무하게 하는 방안을 제시하였고, 왕은 기꺼이 동의하였다.

또한 정도전은 뇌물과 청탁으로 문란해진 인사정책에 대한 개선안도 내놓았다. 인재교육·관료선발·관직임명·성적평가·승진과 면직 등 다섯 가지 분야에 대한 구체적인 대안을 제시한 것이다. 이처럼 정도전은 기획가로서 타고난 능력을 마음껏 발휘하며 탄탄대로를 달렸다. 그리고 1390년 4월에는 마침내 종2품 정당문학에 제수된다. 나라 행정 업무를 총괄하던 관직이었다. 기획가는 비로소 행정가로서 그 능력을 인정받은 것이다.

하지만 그 사이에도 한쪽에서는 역사의 수레바퀴를 거꾸로 돌리고 있었다. 그 무렵, 조정에 소용돌이를 몰고 온 사건이 일어난다. 이른바 '윤이·이초' 사건이었다. 이는 그해 5월, 명나라에 사신으로 간 파평 군坡平君 윤이尹彛와 중랑장中郞將 이초李初가 명 황제에게 이성계를 무고하는 글을 올린 사건을 말한다. 이들은 "공양왕은 왕씨가 아니라 이성계의 친척이며, 이성계와 공양왕이 공모하여 장차 명나라를 침범하려 한다."는 보고를 올린 것이다.

명나라를 든든한 배경으로 삼고 있던 창업 준비 팀은 위기감을 느꼈다. 그리하여 정도전, 조준, 남은南誾 등 창업세력 핵심인물들이 한자리에 모여 대책을 논하였다. 조준과 남은은 보수파 중심인물인 이색과 우현보 등을 배후로 꼽았다. 그들이 명나라를 부추겨 개혁세력을 누르려 한다는 것이었다. 게다가 조준은 정몽주까지도 배후세력에 포함시키려 하였다. 당시 전제개혁에 미온적이던 정몽주는 스승 이색을 극구 감싸는 태도를 보인 것이다.

그때 정도전이 나섰다.

"우선 내가 명나라로 건너가야겠네. 만에 하나 명에서 윤이, 이초의 말을 곧이듣고 군대라도 일으킨다면 이는 다 된 밥에 재 뿌리는 격이 아닌가? 우선 명나라부터 달래 놓은 뒤에 우리 일을 도모하세."

그리하여 1390년 6월, 정도전은 성절사가 되어 직접 명나라로 건너간다. 그리고 윤이·이초의 무고에 대하여 적극 변명을 하고 돌아온다. 역사가에 따라서는 '윤이·이초 사건'이 조작되었다는 설도 내놓는다. 아직 조정에 영향력이 남아 있는 이색, 우현보 등을 일거에 제거할 구실을 마련하기 위해 창업 팀에서 조작했다는 것이다. 하지만 정도전이 당시 바짝 긴장하여 명나라에까지 다녀온 데다 그 무렵에 실제로 김종연 일파가 이성계를 살해하려고 시도하다가 발각되는 사건이 일어난 것을 보면 조작이라고 보기는 어려울 것이다.

그런데 윤이·이초 사건은 조작 여부를 떠나, 평생 벗이자 개혁 동지였던 정도전과 정몽주가 대립하는 계기가 되었다. 정도전 측은 이색을 사건의 배후조종자로 지목하여 탄핵하려고 하였다. 그러자 정몽주는 펄쩍 뛰었다.

"감히 스승을 모략하다니!"

정몽주는 삿대질까지 해 가며 정도전을 비난하였다. 그러자 정도전은 냉정하게 답변한다.

"말씀을 삼가시오. 나는 스승 이색을 반대하는 게 아니오. 수구파 우두머리 이색을 탄핵하려는 거요. 역사는 아무도 거스를 수 없소이다."

정도전은 사뭇 기세가 당당하였다. 정몽주는 더욱 분노하였다. 그리고 다음 날 두 사람은 편전便殿에 나아가 각기 상반되는 주장을 공양왕에게 고하였다. 정도전이 먼저 읍소하였다.

"전하! 사건에 연루된 자를 모조리 잡아다가 벌을 내리소서. 역적의 무리를 응징하지 않고서야 어찌 왕의 권위가 설 것이며 왕조 또한 튼튼할 수 있겠사옵니까? 이미 증거가 드러난 사건을 유야무야하는 것은 왕의 권위를 스스로 차 버리는 것입니다. 다시는 이런 일이 재발하지 않도록 이색, 우현보 등을 국문하게 하소서!"

그러자 정몽주도 간곡하게 아뢴다.

"윤이·이초의 행위는 오해의 여지가 있으나, 연관된 사람들이 누군지 밝혀지지 않았습니다. 확실치 않은 일로 처벌을 주장하는 바를 따르지 마시고, 오히려 그 정체를 파악하여 누가 진짜 역적인지 가려서야 하옵니다. 정도전 등이 이 사건에 대해 왈가왈부하지 못하도록 엄한 영을 내려 주소서!"

팽팽한 공방을 지켜보던 왕은 결국 정몽주의 손을 들어 주었다. 사실 살얼음 같은 정국에서 공양왕에게 정몽주만큼 미더운 신하는 없었다. 이로써 겉으로는 정몽주가 다시 명실상부한 정계의 실력자가 된다.

한판 승부에서 밀린 정도전 측은 1391년 벽두에 급히 군제를 개편하였다. 기존 5군 제도를 폐지하고 삼군도총제부를 신설하여 이성계가 삼군도총제사, 조준이 좌군총제사 그리고 정도전은 우군총제사를 맡은 것이다. 그럼으로써 기획가는 붓과 더불어 칼자루를 쥐게 되었다. 정치적으로는 정몽주가 이겼지만, 기획가 정도전은 군사력으로 실리를 취한 것이었다.

한편, 1389년에 '전제개혁소田制改革疏'로 시작된 토지개혁은 정도전, 조준, 윤소종 등의 필사적인 노력으로 상당한 결실을 맺게 되었다. 그리하여 1390년에는 이전의 공사전적公私田籍을 모두 불살라 버렸다. 땅문서를 태우는 불길이 며칠 동안이나 꺼지지 않았다고 한다. 그리고 1391년 5월에는 그 잿더미 위에 과전법科田法이 드디어 꽃을 피웠다.

조선 창업의 가장 큰 원동력은 무엇이었을까? 그것은 새로운 세력에 대한 백성의 지지였다. 그러면 백성들은 왜 창업세력을 지지했을까? 한마디로 토지 재분배 때문이었다. 농경사회에서 땅은 오늘날 기업사회에서 주식과 같은 것이다. 땅을 가지지 못한 농민은 평생 등골이 빠지도록 일을 해 봐야 땅 주인 좋은 일만 시킬 뿐이었다. 정작 자신에게 남는 것은 늙고 병든 몸뿐이었다. 정도전은 《조선경국전》에서 "전제田制가 무너지면서 호강자豪强者(힘있는 권세가)가 남의 토지를 겸병하여 부자는 밭두둑이 잇닿을 만큼 토지가 늘어난 반면, 가난한 사람은 송곳 꽂을 땅도 없게 되었다."고 하였다. 그래서 위대한 역사 기획가는, 국가가 모든 토지를 몰수한 다음에 인구수대로 다시 경작권을 재분배하는 '계구수전計口授田' 방식으로 토지개혁을 시도하였다.

물론, 인류역사상 한 번도 시행된 적이 없는 이 기획안에 대하여 수구세력이 가만히 있을 리 없었다. 수구세력이 워낙에 극심하게 저항하는 바람에 '계구수전'은 과전법으로 후퇴하고 말았다. 과전법은 전국의 토지를 국가가 몰수한 뒤 수조권收租權을 정부 각 기관과 현직 양반 관료들에게 나누어 준 것이다. 따라서 그것은 경자유전耕者有田에 따른 토지소유를 말하는 것은 아니었다. 하지만 당시 문란하던 토지제도에 비하면 혁명적인 변화요, 발전이었다. 이론적으로만 보면, 예전에는 수확의 절반을 땅 주인에게 내던 농민들이 이제는 수확의 10분의 1만

내면 되었다. 한마디로 세금이 5분의 1로 줄어든 것이다. 따라서 농민들은 당연히 그러한 변화를 적극 지지하였다.

이와 같은 전제개혁은 장차 개창될, 관료제 사회에 경제적 기반이 될 터였다. 하지만 권문세족과 대토지를 거느린 사원에는 날벼락이었다. 그리하여 대지주 출신 관료들뿐만 아니라 그동안 개혁파를 자처하던 정몽주마저도 불만을 감추지 않았다. 이를 계기로 기획가의 인맥에도 큰 변화가 일어난다. 토지개혁을 계기로 고상한 성리학자들은 기획가 곁을 떠났다. 그 빈자리에는 혁명에 대한 열정이 넘치는 조준, 남은, 심효생, 황거정, 이근 등이 들어왔다.

이들 중에서 정도전보다 네 살 아래인 조준은 평양의 가난한 집안 출신으로, 집안에서 유일하게 과거에 합격한 인물이었다. 중국어 등 뛰어난 어학 실력이 출세가도에 한몫했다는 설이 있다. 한편, 창업을 전후하여 정도전과 가장 절친하게 지낸 것으로 알려진 남은은 정도전보다 열두 살 아래로, 이른바 '띠동갑'이었다. 경상도 의령 산골 출신인 남은 역시 끼니를 걱정할 정도로 몹시 가난한 집안 태생이었다. 하지만 성격이 호방하고 모험을 좋아하는 무장으로, 일찍이 왜구 격퇴에 큰 공을 세웠고, 위화도에 출전했을 때는 앞장서서 이성계에게 회군을 건의할 정도로 혁명가 기질이 다분한 인물이었다.

이처럼 전제개혁을 거치면서 기획가의 인맥은 재편되었다. 국가 창업이라는 역사적 과업을 앞둔 기획가에게는 옛 추억을 더듬을 다정한 벗이 아니라, 야전野戰에서 생사를 함께할 동지들이 필요하였다. 위대한 기획을 현실에 옮기기 위해서, 그것은 피할 수 없는 길이었다.

조선 창업 그리고
새로운 시작

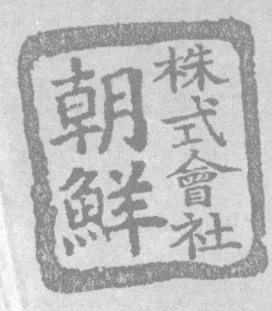

수구세력의 반격과 두 번째 유배
최대 위기와 최후의 반전反轉
기획가의 길과 충신의 길
이성계, 드디어 왕위에 오르다
국가경영 기본 계획, '즉위교서'를 작성하다

정도전이 설정한 기획의 목적은 《맹자》의 '민본주의'를 실현하는 데 있었다. 자신을 포함한 소수 권세가가 권력을 독차지하여 영화를 누리자는 것이 아니었다. 새로운 문명에 기반을 둔 이상국가를 건설하는 것이 그가 추구하는 목적이었다. …… 그렇기에 역사 기획가는 기획의 목적을 분명히 세우고, 그 목적을 향하여 똑바로 걸어가야 했다. 단 한 번의 허튼 발걸음도 스스로 용납해서는 안 되는 것이다.

수구세력의
반격과
두 번째 유배 傳鄭印道

1391년, 창업 분위기는 무르익고 있었다. 수구세력은 더욱 완강하게 저항하였다. 정도전은 구체제를 대표하는 세력과 마지막 싸움을 벌여야 했다. 그런데 이들 수구세력보다 정작 정도전에게 부담이 되는 것은 오랜 벗이던 정몽주와 이숭인 등 온건 개혁파들이었다. 특히 정몽주는 백성과 왕실로부터 신임을 한 몸에 받고 있었다. 그런 정몽주가 수구세력과 손을 잡는다면 큰일이었다. 반대로 정몽주를 창업세력에 끌어들인다면, 경쾌한 창업 드라마를 연출할 수 있을 터였다. 그리하여 정도전은 굳은 결심을 하고 정몽주와 만나 새 왕조 창업에 동참할 것을 간곡하게 제안한다.

"대감, 대세는 기울었습니다. 새 술은 새 부대에 담아야 하오이다. 우리가 무엇을 위해 지금까지 살아 왔소이까? 고려왕입니까? 아니면 이 나라 백성입니까? 저는 이 강토 구석구석에 사는 백성들을 수없이 만나 보았소이다. 그들에게는 새 세상이 필요합니다. 그들을 질곡과 가난과 외적에서 구해 낼 힘이 필요합니다."

이성계를 중심으로 새 왕조를 열자는 뜻이었다. 그러나 정몽주는 단호했다.

"어째서 4백 년을 지켜 온 왕씨는 안 되고 이씨여야 하는가? 그렇게 새 왕 만드는 데 쏟는 힘을 백성 구하는 데로 돌리게. 그것이 바른길이야. 진정 고려와 그 백성을 위한다면 고려왕을 바로 보필해야 하네. 고려왕만 튼튼해지면 이 나라는 절로 튼튼해지는 걸세."

정도전은 마지막 고려인 정몽주를 주시하며 의미심장한 목소리로 말한다.

"후회하십니다. 목숨에 대한 후회가 아니라 진정 이 나라 백성을 위해 일하지 못하는 것에 대한 후회일 겁니다. 하지만 달가 형, 믿고 의지한 지난 세월은 아름다웠습니다."

그러자 정몽주는 안타까운 눈길을 던지다가 역시 조용하게, 그러나 감정이 넘치는 목소리로 말했다.

"삼봉은 모를 것이네. 내가 정도전이라는 사람을 얼마나 믿고 좋아했는지……."

이로써 두 사람은 동지 관계를 청산하고 정적 관계로 돌아섰다. 마침내 서로 다른 역사의 갈림길을 선택한 것이다. 한 사람은 새로운 이상국가를, 또 한 사람은 부도 위기에 처한 고려를.

한편, 1391년 봄에는 때마침 기상이변이 심하여 공양왕은 재이災異를 극복하고자 신료들에게 의견을 구하였다. 이때도 정도전은 보수파 거두 이색과 우현보 등을 처벌해야 한다는 상소를 올린다. 이들이 일찍이 왕씨를 저버리고 우왕과 창왕을 세워, 용서할 수 없는 반역행위를 저지르는 바람에 하늘이 노하였다는 것이다. 현대적 사고로는 엉뚱해 보이는 논리지만, 당시 성리학적 세계관으로 보면 사람과 하늘이 서로 통한다는 '천인감응天人感應'의 논리에 부합하는 주장이었다. 정도전이 올린 기세등등한 상소문에 공양왕은 이색을 다시 귀양 보내는 것으로 답하였다. 하지만 우현보는 용서하였다. 공양왕의 사위 우성범이 바로 우현보의 손자인 까닭이었다.

그럴 즈음 수구세력의 반격이 점점 거세어지고 있었다. 꺼져 가던 촛불이 마지막 순간에 빛을 발하듯, 과전법 시행으로 땅도 잃고 권력도 잃은 그들은 이성계 세력을 싸잡아 맹렬히 비난하였다. 날마다 수구세력의 참소가 끊이지 않자 이성계는 곤혹스러워하다가 정도전과 남은 등에게 말한다.

"그대들과 함께 왕실에 힘껏 협력하였는데도 참소하는 말이 잦아서 걱정이오. 내가 차라리 동쪽(함주)으로 돌아가는 것이 좋을 듯하오."

정계 은퇴선언이나 다름없었다. 그러면서 이성계는 가솔들에게 당장 짐을 꾸리도록 명하였다. 그러자 정도전과 남은 등은 기겁을 하면서 만류한다.

"이미 장군께서는 종사宗社(종묘와 사직)와 백성에 매여 있는 몸이오니, 어찌 그 거취를 경솔히 할 수가 있겠습니까? 지금 떠나는 것보다는 왕실에 남아 어진 인재를 중용하고, 불초한 자를 물리쳐 기강을 진작시키면 참소하는 말이 저절로 그칠 것입니다. 하오나 지금 만약 한 모퉁이로 물러가신다면 참소하는 말이 더욱 불처럼 일어나서 오히려 재앙이 헤아릴 수 없는 지경에 이를 것입니다."

엉거주춤하게 일어나려던 이성계는 정도전의 만류로 다시 주저앉았다. 정도전은 겨우 놀란 가슴을 쓸어내렸다. 하지만 그해 9월, 화살이 정도전을 향하여 곧장 날아왔다. 저격수는 수구세력에 속한 대사헌[1] 김주金湊와 형조 관원들이었다. 이들은 국가기밀을 누설했다는 이유로 정도전을 맹렬하게 탄핵하였다. 도대체 정도전은 어떤 국가기밀을 누설한 것이었을까?

발단은 우현보의 아들 우홍득에게서 비롯되었다. 우홍득이 사헌부 소속의 정3품 사헌집의司憲執義가 되어 첫 출근을 하는데, 종6품 사헌규정司憲糾正 박자량이 뜰에 나가 예를 갖추지 않은 것이다. 사헌부의 중하위직 관료 박자량은 당연히 상부로부터 추궁을 당하였다. 그러자 박자량은 "정도전이 탄핵을 했는데도 왕이 이색만 귀양을 보내고 우현보를 처벌하지 않은 것은 부당하다."고 주장하였다. 더불어 우홍득이 아비의 죄를 알면서 간하지 않은 것은 임금을 인정하지 않은 것이고, 따라서 '우홍득은 아비도 없고 임금도 없는 자'라며 물불 안 가리고 입바른 소리를 하였다.

이 과정에서 정작 엉뚱한 문제가 불거졌다. 상소문은 본디 밀봉되어 왕에게 전달되는데, 박자량이 그 내용을 알고 있는 것이 문제였다. 사헌부에서 그 과정을 추적한 결과, 박자량은 안승경에게서 들었고, 안승경은 또 정도전에게서 직접 들었다는 사실이 밝혀졌다. 결국 정도전이 안승경에게 밀봉된 상소 내용을 말해 준 것은 국가기밀누설에 해당한다는 것이었다.

대사헌 김주는 '한 건 잡았다'는 듯 정도전을 탄핵하였다. 그러면서 "도전은 가풍이 바르지 못하고, 파계派系가 분명하지 않은데도 큰 벼슬에 올라 조정을 혼란케 하고 있다."는 내용으로 '핏줄' 문제를 은근슬쩍 상소문에 끼워 넣었다. 이와 같은 비겁한 인신공격에 기획가 정도전은 마음속으로 칼을 갈았을지도 모른다. 나중에 자신들을 다치게 할 그 칼날을 수구세력은 미처 예측하지 못한 것이다.

1391년 9월 13일, 결국 정도전은 박자량 사건에 연루되어 종2품 평양부윤으로 좌천되었다. 수구세력과 창업세력 사이에 끼어 있는 공양왕으로서는 어정쩡한 결정을 내릴 수밖에 없었다. 하지만 수구세력은 그 정도로 만족하지 못하였다. 그들은 거듭 상소를 올려 정도전을 극형에 처하라고 압박하였다. 사헌부와 형조는 정도전을 거세게 탄압하였다. 결국 정도전은 열흘 뒤에 관직을 삭탈당하고 봉화현으로 유배되었다. 두 번째 유배였다. 그리고 유배 한 달 만인 10월 23일에 나주로 이배되었다. 두 아들 또한 관직을 내놓고 서인庶人으로 강등되었다. 하지만 이해 12월에는 다시 죄가 감해져서 봉화현으로 유배지를 옮기게 된다.

당시 '기밀누설'이라는 게 사실은 고무줄 같은 죄목이어서 그리 대단한 게 아니었다. 정도전의 두 번째 유배는 유랑과 고난으로 점철된 첫 유배와는 달랐다. 그것은 창업세력과 수구세력이 밀고 당기는 정세에서 징검다리 밟듯 지나가는 한 과정이었다. 더구나 그 무렵엔 이미 동업자 이성계와 동지들이 실권을 쥐고 있었다. 그런 까닭에 정도전은 이듬해인 1392년 봄에 유배에서 풀려나 본향 영주에서 휴식을 취하게 된다.

최대 위기와
최후의
반전反轉

기획가 정도전이 두 번째 유배를 떠나는 데에 정몽주가 어떤 역할을 했는지는 분명하지 않다. 하지만 당시 수시중 정몽주는 고려 조정 핵심에서 막강한 정치력을 발휘하고 있었다. 그는 비록 붓 한 자루로 무장하였지만, 고려왕조를 지키는 마지막 수호자였다. 그런 정몽주가 혁명세력의 리더인 정도전을 가만히 두었을 리 없다. 마지막 고려인 정몽주는 사실 정도전을 제거할 구실을 엿보고 있었을 터다. 그런 점에서 정몽주가 정도전을 유배 길로 내몰았을 가능성은 충분하다.

실제로 정몽주는 창업세력을 제거할 때를 기다리고 있었다. 그때는 의외로 일찍 왔다. 고려의 마지막 봄인 1392년 3월, 명나라에서 돌아오는 세자 석奭을 마중 나간 이성계가 해주에서 사냥을 하다가, 진창에 빠진 말이 넘어지는 바람에 크게 다쳤다. 그래서 이성계가 교자轎子를 타고 벽란도로 돌아오고 있다는 소식이 들려왔다. 그 소식을 들은 정몽주는 하늘에 감사했다. 그리고 은밀하게 김진양, 강회백, 정희, 서견 등에게 지시하였다.

"하늘이 고려를 버리지 않았음이야! 지금 당장 정도전, 조준, 남은, 윤소종, 남재, 조박 등 이성계 무리들에 대한 탄핵소를 올리세."

번갈아 상소가 올라갔다. 김진양은 정도전에 대한 상소에서 또 "정도전이 천한 곳에서 몸을 일으켜 벼슬을 훔치고, 천한 뿌리를 감추기 위하여 본주本主를 모함하였다."며 외가 쪽 핏줄을 걸고 넘어졌다. '본주'란 우현보 일족을 말하는 것이었다. 그럴 때마다 기획가의 뜨겁던 가슴은 차가운 얼음장으로 변해 갔다.

정몽주는 먼저 이성계를 측근에게서 고립시키는 전략을 구사하였다. 그런 다음에 이성계를 칠 생각이었다. 그리하여 1392년 4월 초하루, 정도전과 창업 동지들에게 유배령이 떨어졌다. 고향 영주에서 휴식을 취하고 있던 정도전은 불시에 체포되어 예천 감옥에 갇힌다. 정몽주는 정도전·조준·남은 등 세 사람을 이른바 '악의 축'으로 지목하였다. 그리고 대간들이 번갈아 글을 올려 목 베기를 청하도록 사주하였다. 하지만 왕은 섣불리 허락하지 못하였다. 공양왕은 자신을 옹립한 공신들을 극형에 처할 만큼 대담한 인물이 아니었다.

공양왕이 미적거리는 사이에 정몽주는 일단의 특공대를 조직하여, 이성계가 치료를 받고 있는 벽란도로 보냈다. 정몽주의 반격 타이밍은 정확했다. 부상을 치료하느라고 고립되어 있는 이성계만 제거해 버린다면, 당장은 고려의 부도를 막을 수 있을 터였다. 바야흐로 정몽주는 승리를 거두기 일보 직전이었다.

그러나 여기에 역사의 물줄기를 바꾼 인물이 있었다. 바로 이성계의 다섯째 아들 방원이었다. 작은 보스 방원은 정도전을 비롯한 창업 팀 인사들이 줄줄이 구속당하는 상황을 주시하며 무언가 커다란 위험을 느끼고 있었다. 불길한 예감에 서성이던 이방원은 정몽주의 특공대가 벽란도를 향하여 출발한 직후에 수하 병사들을 향하여 외친다.

"가자!"

방원과 그의 무리는 벽란도를 향하여 빠른 속도로 말을 달려갔다. 그는 군사작전에서만큼은 타고난 귀재였다. 이방원은 속도에 승부를 걸었다. 지칠 줄 모르고 말을 달린 이방원은 정몽주 군사보다 조금 먼저 벽란도에 도착하였다. 그리고 아버지 이성계를 은밀히 개경으로 옮겨 왔다. 4월 2일 밤이었다.

그로써 정몽주가 시도한 마지막 반전反轉은 실현되지 않았다. '하늘이 준 때'라는 것은 결국 마지막 고려인 정몽주의 변죽만 울리고 말았다. 상황은 다시 반전되었다. 아버지를 구해 낸 젊은 보스 이방원이 정몽주에게 칼끝을 겨누었다. 그리고 아버지 이성계에게 가서 알렸다.

"지금 정몽주 등이 사람을 보내어 정도전 등을 국문하면서 그 공사供辭2를 우리 집안에 관련시키고자 합니다. 사세가 급하니 정몽주를 죽여야 합니다."

그러나 이성계는 병석에 누워 태연한 목소리로 답하였다.

"죽고 사는 것은 천명이니 다만 순리대로 받아들일 뿐이다."

방원은 재차 허락을 구하였으나 이성계는 끝내 고개를 저었다. 그러자 이방원은 밖으로 나온 뒤 방과, 이화, 이제 등 인척들과 의논을 하고, 이지란을 불러 정몽주를 치자고 하였다. 그러나 이지란은 이성계 몰래 일을 만들 수는 없다며 한발 물러섰다. 이때 이방원은 단호히 말하였다.

"아버님께서 허락지 않으시지만, 정몽주는 죽이지 않을 수 없으니 제가 마땅히 그 허물을 책임지겠습니다."

냉철한 승부사 이방원은 마침내 조영규와 조영무 등을 시켜 도평의 사사에서 정몽주를 주살하게 하였다.

그 무렵, 이성계 제거에 실패한 정몽주는 아득한 절망감에 사로잡혀 있었다. 그렇게 깊은 시름에 빠져 있는 정몽주에게 기회주의자 변중량卞仲良이 몰래 찾아와서 이방원 측이 세운 계획을 고자질하였다. 변중량은 조정 핵심인 정몽주가 권력투쟁에서 마지막 승자가 될 것으로 예측한 모양이다.

사형선고나 다름없는 제보를 받은 정몽주는 밤새 속이 타들어 갔다. 하지만 정치 9단인 그는 가만히 앉아서 형 집행을 기다리지만은 않았다. 정몽주는 마침내 자리를 털고 일어나 문밖으로 나선다. 놀랍게도 정몽주는 이성계 집으로 발길을 향하였다. 그리고 태연한 표정으로 이성계 앞에 앉았다. 그런 정몽주를 이성계는 여느 때처럼 깍듯이 대접하였다. 하지만 정몽주가 이성계를 만난 시간은 그리 길지 않은 듯하다. 두 사람 사이에 어떤 이야기가 오고 갔는지도 알 수가 없다. 추측컨대 정몽주는 짐짓 의연한 척하며 고려 왕실 안위를 걱정하였을 터고, 정치 9단 이성계 역시 그런 정몽주를 애써 안심시켰을 것이다.

한편, 정몽주가 이성계 집에 불쑥 나타나자 정작 놀란 사람은 방원이었다. 주살을 하기로 마음먹은 대상이 제 발로 걸어온 것이다. 그것은 이방원에게 '하늘이 준 때'였다. 젊은 승부사는 때를 놓치지 않았다. 하지만 그냥 죽일 수는 없었다. 절차상 명분이 필요했다. 그래서 방원은 문병을 마치고 나오는 정몽주에게 따로 주안 자리를 마련하여 최후통첩 절차에 들어갔다. 방원은 거기서 자신의 시적詩的 자질을 과시하듯, 〈하여가何如歌〉라는 시 한 수를 엎드려 바친다.

이런들 어떠하며 저런들 어떠하리
만수산 드렁칡이 얽혀진들 어떠하리
우리도 이같이 얽혀서 백 년까지 누리리라

하지만 정몽주는 하여가를 들은 뒤에 거의 육두문자로 답하였다.

"만수산 드렁칡이 얽혀서 어쩌자고? 우리도 이처럼 얽혀서 어쩌자고! 이런 대역무도한 놈, 한갓 역적 무리의 발호가 어째서 나라와 백성을 살리는 길이라더냐!"

그러자 이방원은 다시 애원하였다.

"대감, 왕조는 가도 백성은 영원히 남는 것이 아닙니까? 대감의 재주를 이 나라 만백성을 위해 마음껏 발휘해 주소서, 새 나라의 주춧돌이 되어 주소서."

그러나 정몽주는 단호하였다.

"나는 내가 옳다고 믿는 길로 가고, 자네는 자네가 옳다고 믿는 길로 가는 것일 뿐!"

그리고 정몽주는 발길을 돌렸다. 혁명적 변화보다는 사적인 의리만을 중시하는 보수주의자 정몽주. 그의 등 뒤로 결의에 찬 방원의 눈길이 꽂혔다.

흔히 이방원의 〈하여가〉가 정몽주를 '떠보기 위한' 시조였다고 한다. 하지만 그것은 당시 이십대 중반의 펄펄 끓는 혁명가를 마치 노회한 정치가로 착각한 데서 나온 표현일 것이다. 상대의 의중을 '떠본 사람'은 이방원이 아니라 오히려 정몽주였다. 살얼음 같은 정국에서 제 발로 이성계를 찾아간 정몽주야말로 이성계의 심중을 떠보려고 한 것이 아니겠는가.

한편, 당시 이방원의 〈하여가〉에 대하여 정몽주는 저 유명한 시조 〈단심가丹心歌〉로 답하였다.

> 이 몸이 죽고 죽어 일백 번 고쳐 죽어
> 백골이 진토 되어 넋이라도 있고 없고
> 임 향한 일편단심이야 가실 줄이 있으랴!

그런데 이방원의 〈하여가〉가 먼저인지, 정몽주의 〈단심가〉가 먼저인지는 알 수 없는 일이다. 또한 정몽주가 과연 〈하여가〉에 답하기 위해서 〈단심가〉를 지었는지도 명확하지 않다. 당시 고려 조정의 수장인 수시중 정몽주가 이성계나 정도전도 아닌 새파랗게 젊은 이방원을 필담의 상대로 여기기나 했을지 의문이다. 더구나 죽음을 앞둔 상황에서 과연 답시를 쓸 경황이나 있었을까. 혹시 정몽주가 그전에 〈단심가〉를 먼저 쓰고, 이방원이 훨씬 나중에 〈하여가〉로 답한 것은 아닐까?

기획가의 길과 충신의 길 傳鄭印道

1392년 4월 4일. 냉철한 행동가 이방원은 문병을 마치고 돌아가는 정몽주를 길 위에서 죽이기로 하였다. 이방원은 조영규를 미리 정몽주의 집 근처에 가서 기다리게 하고, 고여·이부 등은 정몽주 뒤를 따라가게 하였다. 정몽주는 돌아가는 길에, 상가에 들러 문상을 하느라고 잠시 지체하였다. 그 사이에 조영규 등은 무기를 준비하고 길목에서 기다렸다.

드디어 정몽주가 말을 타고 나타났다. 조영규가 곧장 달려 나가 철퇴를 휘둘렀지만 빗나가고 말았다. 정몽주는 조영규를 향하여 "웬 놈이냐!" 하고 고함을 쳤다. 조영규가 다시 철퇴를 들고 달려들자 정몽주는 말에 채찍을 가하며 달아났다. 조영규는 다시 쫓아가서 말의 머리를 내리쳤다. 말이 울부짖으며 넘어졌다. 그 바람에 정몽주도 땅에 뒹굴었다. 그러나 곧 일어나서 선죽교 쪽으로 달아났다. 그때 반대편

선죽교
선죽교의 원래 이름은 선지교善地橋였는데, 정몽주가 피살당한 날 밤 다리 옆에서 대나무가 솟았다고 하여 선죽교가 되었다. 정조 대에 정몽주의 후손들이 난간을 설치하였고, 현재는 통행이 금지되어 있다.

선죽교 비석
선죽교 옆의 비석. 글씨는 조선시대 명필 한석봉이 썼다고 전해진다.

에서 기다리던 고여 등이 정몽주에게 달려들어 철퇴를 휘둘렀다. 붉은 꽃잎 같은 핏방울이 허공으로 흩어졌다. 정몽주는 피투성이가 되어 쓰러졌다. 마지막 고려인이 흘린 피가 선죽교를 벌겋게 물들였다. 역사 속에 영원히 지워지지 않을 붉은 핏자국을 남기고 정몽주는 그렇게 생을 마감하였다.

결국 정몽주의 목은 저자에 내걸렸다. 그는 하늘이 준 '때'를 잡으려다가 오히려 그 자신이 하늘로 가고 말았다. 나이 쉰여섯으로 조정 최고 실력가이던 정몽주가 스물다섯 살짜리 젊은 보스 이방원에게 제거된 것이다. 어떤 역사가는 당시 정몽주가 고려왕조에 대한 절개를 꺾지 않으려고 스스로 사지死地로 걸어 들어갔다고 한다. 정치투쟁의 패배자로서 자신의 죽음을 각오하고 이성계의 병문안을 갔다는 것이다. 하지만 아무도 알 수 없는 일이다. 정몽주가 철퇴를 맞을 줄 알고도 간 건지, 아니면 이성계와 타협하여 살아날 길을 모색하러 간 건지는.

한편, 젊은 보스 이방원이 저지른 대담한 살인 사건을 보고 받은 이성계는 짐짓 노기를 띠었다.

"우리 집안은 본디 충효忠孝로 세상에 알려졌는데, 너희가 마음대로 대신을 죽였으니, 사람들이 내가 이 일을 몰랐다고 여기겠는가? 부모가 자식에게 경서經書를 가르친 것은 그 자식이 충성하고 효도하기를 원한 것인데, 네가 감히 불효한 짓을 이렇게 하니, 내가 사약을 마시고 죽고 싶은 심정이다."

이성계의 이 발언을 '명분축적용'으로 보는 이들이 많다. 그러나 비록 정적政敵이지만, 옛 동지에 대한 미안함과 죄스러운 마음이 그대로 묻어나는 발언이었다. 실제로 조선 창업 전후의 이성계가 살생을 꺼려했음을 보여 주는 증거들은 곳곳에서 발견된다. 힘 있는 자가 베푼 아량이었는지, 불심佛心을 간직한 지도자 이성계의 진정한 내면이었는지는 모를 일이지만.

어쨌든, 이성계의 힐난을 받으면서도 이방원은 휘하 군사들을 동원하여 이성계 집 주변을 철통같이 지켰다. 이어 정몽주와 공모한 일당에 대한 뒤처리가 이뤄졌다. 대간들과 좌상시左常侍[3] 김진양 등을 국문한 결과 이숭인·이종학·조호 등이 관련자로 지목되었다. 그들은 순군옥에 갇혔다가, 이성계의 배려로 참형만은 면하고 멀리 귀양을 떠났다.

한편, 정몽주가 죽은 다음 날인 4월 5일, 조준은 귀양에서 풀려났다. 이튿날인 4월 6일에는 배극렴을 수문하시중으로, 조준과 유만수를 문하찬성사로 하는 대대적인 인사개편이 있었다. 또 4월 22일에도 큰 인사개편이 있었다. 하지만 정도전과 남은은 복권되지 않았다. 정도전은 오히려 정몽주 사후에 광주光州로 이배되었다. 천재 기획가를 꺼려하는 정적들이 그만큼 많았다는 증거일 것이다. 정도전은 결국 두 달여 뒤인 6월이 되어서야 개경으로 돌아온다.

마지막 고려인 정몽주의 죽음을 두고, 혹자는 당시 정도전이 이방원의 배후였다고도 한다. 하지만 이를 입증할 만한 근거는 없다. 정몽주의 탄핵으로 당시 예천 감옥에 갇혀 있던 정도전이 공간을 초월하는 힘을 발휘했는지는 의문이다. 하긴 누가 음모를 꾸몄느냐는 사실이 중요한 것은 아니다. 주목해야 할 것은 정도전과 정몽주, 두 사람이 어느 순간 정적이 되어 각기 정반대의 길을 가게 되었다는 점이다.

일찍이 동문수학한 선후배로, 또 둘도 없는 벗으로 개혁정치의 일선에 서 온 정도전과 정몽주. 그들이 갈림길에 선 것은 정도전과 조준 등이 정치생명을 걸고 전제개혁을 단행할 무렵이었다. 사회개혁의 정점인 전제개혁 앞에서 미적거리던 정몽주는 스승 이색 등이 정도전에 의하여 궁지에 몰리는 것을 보면서 급격히 보수화된다. 주살을 당하기 두달 전인 1392년 2월에 정몽주가 공양왕에게 올린 신정률新定律⁴에도 그는 보수적 성향을 드러낸다. 그 내용 가운데는 이런 규정이 있었다.

> 악인樂人과 창기娼妓로 정실正室을 삼은 자는 형장 80대를 쳐서 이혼시키고, 정부기관에 채용하지 말 것.
>
> 《고려사》 공양왕 4년 2월 갑인일)

정몽주가 지닌 인권의식 수준을 나타내 주는 조항이었다. 아무리 중세시대라고는 하지만, 신분과 핏줄에 대한 편견이 그대로 드러나는 대목이다. 만약 《춘향전》의 주인공 이몽룡이 당시에 살았다면 곤장을 80대나 맞고 강제로 이혼을 당했을 터였다. 한편, 새로 사헌부 대사헌이 된 민개閔開는 5월에 정국 수습을 위한 장문의 상소를 공양왕에게 올린다. 그 내용 가운데 죽은 정몽주에 대한 서술이 사뭇 흥미롭다.

> 정몽주는 부귀를 탐내어 거리낌 없이 뇌물을 받고 일을 처리하였으며, 자기 비위를 거슬린 자는 모두 물리치고, 간사하게 아첨하는 자를 조정에 늘어놓았습니다. 그리하여 그가 원하는 것은 달성되지 않은 것이 없었으나 그래도 제 마음대로 할 수가 없어, 이성계와 함께 힘을 모아 왕실을 보좌하고 있는 조준, 남은 등을 꺼려 탄핵하였습니다. 또 대간臺諫에서 조준에게 죄를 씌워 극형에 처하게 배후에서 조

종하고, 장차 권력을 독점하려는 야망에서 거리낌 없이 자기 무리들을 부식扶植(세력을 뿌리박게 함)하여 반란을 도모하였습니다. 만일에 그 계획이 성사되어 국가권력을 독차지하게 되었더라면 조정을 혼란하게 만들었을 뿐만 아니라 반드시 사직에 위해를 주었을 것이며, 그 화禍는 헤아릴 수 없었을 것입니다.

《고려사》 공양왕 4년 5월 정유일)

대사헌 민개가 악의적으로 서술한 상소문임을 금방 알 수 있다. 하지만 민개는 정도전 편에 선 창업 팀 일원은 아니었다. 단적으로 민개는 나중에 이성계가 왕위에 오를 때 유일하게 불만을 드러내다가 하마터면 남은의 칼에 목이 달아날 뻔한 '고려인'이다. 그 점을 감안하면, 민개가 정몽주를 바라보는 시각이 그리 터무니없는 것만은 아닐 터다. 충절의 표상 정몽주도 죽은 직후에 이처럼 부정적인 평가를 받은 것이다.

물론 역사 기록이란 게 변덕이 죽 끓듯 하고, 허망하기 그지없는 것이다. 나중에 조선 창업 과정에서 공신 정도전은 역적이 되고, 역적 정몽주는 오히려 충신의 모델로 추앙받는 것도 그런 까닭이다. 그것이 역사의 속살이다. 더불어 그러한 이미지 조작은 새로이 창업된 조선이 나중에 구태의연한 왕조로 회귀하려고 발버둥을 친 것과 무관하지 않을 것이다. 인간이 만들어 가는 역사란 게 이렇듯 모순투성이다. 힘 있는 몇몇 주인공이 자기들 이해관계에 따라서 장난스럽게 주물러 대는 것이 역사이기 때문이다. 그런 점에서, 나중에 정도전을 역적으로, 정몽주를 충신으로 만든 이방원의 장난은 지나쳤다.

이성계,
드디어
왕위에 오르다 傳鄭道印

정몽주가 사라진 고려 왕실은 공황상태였다. 이제 창업의 걸림돌은 완전히 사라지고 없었다. 정몽주의 죽음으로 고립무원의 처지에 놓인 공양왕은 이성계의 눈 밖에 나지 않으려고 몸부림치고 있었다. 더는 피를 흘리지 않고도 정권을 인수받을 수 있는 여건이 무르익고 있었다. 그럴 무렵인 1392년 6월, 죽음의 위기를 넘긴 정도전은 비로소 유배에서 풀려나 개경으로 돌아왔다. 그의 나이 어느덧 51세였다. 그는 충의군忠義君에 봉해졌다. 그의 아들도 직첩을 돌려받았다.

정도전과 조준을 중심으로 창업세력은 빠르게 결집하였다. 그리고 폭풍 같은 기세로 정국 주도권을 거머쥐었다. 기획가 정도전은 그 폭풍의 고요한 눈이었고, 47세의 조준과 39세의 남은 등은 태풍의 거센 날개였다. 이들은 민첩한 움직임으로 도평의사사 중신들을 설득하였다. 그런 다음, 50여 명의 창업 팀 인사들이 모여서 이성계를 왕으로 추대하기로 결의하였다.

역사적인 대업에 참여한 인사들의 면면을 보면 정도전·배극렴·조준·김사형·이제·이화·정희계·이지란·남은·장사길·정총·김인찬·조인옥·남재·조박·오몽을·정탁·윤호·이민도·조견·박포·조영규·조반·조온·조기·홍길민·유경·정용수·정담·안경공·김균·유원정·이직·이근·오사충·이서·조영무·이백유·이부·김노·손홍종·심효생·고여·장지화·함부림·한상경·황거정·임언충·장사정·민여익 등이었다. 여기에 재야인사와 일선에서 은퇴한 원로들도 가세하였다.

이 중에서 시중 배극렴은 당시 68세로, 창업공신 가운데 가장 나이가 많았다. 그는 창업 과정에서 특별히 한 일도 없었지만, 공신 명단 첫머리에 이름을 올림으로써 한순간에 좌장으로 행세하였다. 아마도 '배씨 성을 가진 자가 이씨를 돕는다.'는 도참설 내용을 의식한 창업팀의 의도였을 듯하다.

이제 무혈혁명을 달성하기 위하여 남은 일은 한 가지였다. 현직 왕을 끌어내리는 동시에 이성계에게 왕관을 씌우면 그만이었다. 기획가 정도전과 창업 주인공들은 7월 12일을 거사일로 잡았다. 그날 공양왕은 이성계 집으로 직접 가서 술자리를 베풀고, 서로 배신하지 않는다는 뜻으로 '군신동맹'을 맺자고 청하였다. 하지만 그 시각 창업 팀원들은 시중 배극렴을 앞세우고 왕대비인 정비 안씨에게 가서 역사적 결단을 요구하였다.

"지금 왕이 임금의 도리를 잃고 인심도 이미 떠나, 사직과 백성의 주재자가 될 수 없으니 이를 폐하기를 청합니다."

죽성군 안극인의 딸로 공민왕의 네 번째 왕후인 정비 안씨는 그야 말로 고려 왕실의 온갖 추악한 꼴은 다 겪은 여인이었다. 말년의 공민 왕이 귀족의 자제들을 시켜 능욕하려 하자 목을 매어 죽는 시늉을 함 으로써 미친 왕의 기세를 꺾은, 바로 그 여인이었다. 또 공민왕의 대를 이은 우왕이 하루에도 몇 번씩 찾아와 "나의 후궁 중에는 왜 어머니 같 은 미인이 없는지 모르겠다."며 치근덕거리자 조카딸을 소개해 주고 가까스로 위기를 모면하였다. 하지만 그 때문에 정비는 고약한 구설수 에 시달려야 했다. 그런 지긋지긋한 기억을 간직한 정비 안씨 앞에 고 려왕조의 폐업 신고서가 놓여 있었다. 정비는 지나간 고려왕조에 미련 이 없다는 듯, 교지敎旨에 순순히 서명하였다. 그 교지를 받든 남은과 정희계 등은 북천동 시좌궁時坐宮[5]에 가서 공양왕에게 선포하였다. 그 러자 공양왕은 엎드려 울면서 말했다.

"내가 본디 임금이 되고 싶지 않았는데 여러 신하들이 나를 강제로 왕으로 세운 것이오. 내가 성품이 불민하여 사리에 밝지 못하니 어찌 신하의 심정을 거슬린 일이 없겠소?"

그러면서 공양왕은 마침내 왕위를 물려주고 원주로 떠났다. 이로써 고려왕조는 34대 공양왕을 끝으로 문을 닫았다.

이제 이성계가 머리에 왕관을 쓰면 권력이양 작업은 일단락되는 것 이다. 하지만 이성계는 권력을 보고 허겁지겁 달려드는 삼류 정치꾼이 아니었다. 그는 곤혹스러운 표정을 지으며 왕위를 극구 사양하였다. 이전에도 틈만 나면 벼슬을 내놓고 동북면으로 돌아가겠다고 하다가, 측근들이 극구 만류하면 못이긴 척 제자리에 주저앉던 그였다. 그런 이성계였으므로, 자칫 역성혁명의 주모자로 민심의 반발을 사지나 않을까 매우 조심스러워한 것이다.

국새를 둘러싼 실랑이가 벌어지는 바람에 나흘 넘게 왕의 자리가 비어 있는 기이한 사태가 벌어졌다. 창업공신들은 매번 엎드려 국새를 받으라고 요청하였고, 이성계는 그럴 때마다 "받을 수 없다."며 손을 내저었다. 그런 실랑이가 절반은 연출이었다 할지라도, 그 과정에서 이성계는 겸양의 미덕을 충분히 보여 주었다. 그쯤 되면 이성계가 게걸스럽게 왕위를 찬탈한 것은 아니라는 인상을 백성들에게 충분히 심어 줄 수 있을 터였다.

7월 16일, 창업 팀 신료들이 다시 국새를 받들고 이성계의 집 앞으로 갔다. 사람들이 골목을 가득 메우고 있었다. 이성계는 여전히 문을 열어 주지 않았다. 그러자 해질 무렵에 이르러 배극렴 등이 문을 밀치고 집 안으로 들어가서 국새를 대청 위에 놓았다. 이성계는 몸 둘 바를 몰랐다. 그때 신료들이 늘어서서 절을 하고, 북소리와 함께 만세를 불렀다. 하지만 여전히 이성계는 두려워하는 기색으로 몸을 사렸다. 그러자 배극렴이 재차 권고하였다.

"나라에 임금이 있는 것은 위로는 사직을 받들고 아래로는 백성을 편안하게 할 뿐입니다. 고려는 건국한 지 거의 5백 년이 되었는데, 공민왕이 아들이 없이 갑자기 세상을 떠나셨습니다. 그때에 권신이 권세를 마음대로 부려, 거짓으로 요망스런 중 신돈의 아들 우를 공민왕의 후사라 일컬어 왕위를 도둑질한 지가 15년이 되었으니……. 정창군은 스스로 임금의 도리를 이미 잃었고, 백성들 마음이 이미 떠나가서 사직과 백성의 주재자主宰者가 될 수 없음을 알고 물러나와 사제私第로 갔습니다. 다만 군정軍政과 국정國政 사무는 지극히 번거롭고 중대하므로, 하루라도 통솔이 없어서는 안 될 것이니, 마땅히 왕위에 올라 신神과 사람들 기대에 부응하소서."(《태조실록》 1392년 7월 17일)

이성계는 이번에도 굳이 거절하며 이렇게 말한다.

"예로부터 제왕의 일어남은 천명天命이 있지 않으면 되지 않는다. 나는 실로 덕이 없는 사람인데 어찌 감히 이를 감당하겠는가?"

하지만 몰려든 신료들은 물러가지 않고 엎드려서 왕위에 오르기를 간절하게 청하였다. 그리하여 1392년 7월 17일, 드디어 이성계는 못 이긴 척하며 수창궁⁶으로 갔다. 백관百官이 궁문의 서쪽에 줄을 지어 영접하는 가운데, 이성계는 말에서 내려 걸어서 대전으로 들어가는 예의를 지켰다. 또한 곧바로 옥좌에 오르지 않고 기둥 안에 서서 여러 신하들의 축하를 받았다. 그리고 육조의 판서 이상 관원들을 위로 오르게 하고는 왕위에 오른 소감을 이렇게 밝힌다.

"내가 수상首相이 되었을 때도 항상 직책을 다하지 못할까 두려워하였는데, 어찌 오늘날 이 일을 볼 것이라 생각했겠는가? 내가 만약 몸만 건강하다면, 말을 타고 어딘가로 피할 수도 있지만, 마침 지금은 병에 걸려 손발을 제대로 쓸 수 없어 이 지경에 이르렀으니, 경들은 마땅히 각자가 마음과 힘을 합하여 덕이 없는 이 사람을 보좌하라."

그리고 이성계는 중앙과 지방의 대소신료들에게 예전대로 정무를 보라고 지시하고는 집으로 돌아갔다.

공양왕의 자진 사퇴와, 최고 국정기구인 도평의사사 의결을 거쳐 선양禪讓의 형식으로 왕조교체가 이뤄짐으로써 위화도 회군 이후 소용돌이치던 정국은 일단락되었다. 이른바 '역성혁명'이라고 하는 왕조교체를 피 한 방울 흘리지 않고 성공한 것이다. 영국의 명예혁명보

이성계 호적

고려 공양왕 2년(1390)년에 작성된 이성계의 호적. 호적에는 이성계의 자녀·형제 등 가족과 노비, 관직, 토지 등이 기록되어 있다. 국립중앙박물관 소장(중박 200804-94).

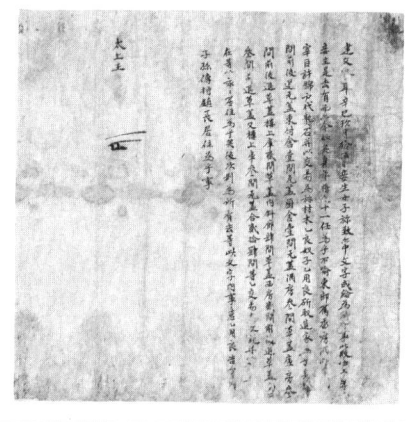

이성계 문서

태종 1년(1401년) 왕위에서 물러난 태조가 딸 숙신옹주에게 재산을 내려주는 문서. 가옥과 토지를 내려주면서 구체적인 사항을 제시하였고, 맨끝에 태상왕이라 쓴 후 직접 서명하였다. 국립중앙박물관 소장(중박 200804-94).

다 3백 년이나 앞서, 평화적이고 세련된 왕조교체를 대륙 동쪽 끄트머리 나라에서 이루었다. 그것은 단순한 힘의 논리가 아닌, 10여 년에 걸친 치밀한 기획과 실행 과정이 만들어 낸 작품이었다.

이날 이성계 머리에 왕관이 씌워지는 광경을 바라보는 기획가의 심정은 어떠하였을까. 말단 관료로서 〈고의〉라는 시를 써, 자신이 감히 역사의 대들보가 될 재목이라고 천명한 지 30년 만이었다. 더불어, 오랜 귀양살이와 유랑 생활로 지친 몸을 이끌고 스스로 함주 막사로 이성계를 찾아가 역성혁명 논의의 물꼬를 튼 지 10년 만이었다. 참으로 긴 세월을 견딘 끝에 부도난 국가를 폐업시키고, 그 자리에 새로운 국가 창업의 기틀을 마련한 것이었다.

어떤 이는 말하기를 '역사란 때로 집념 어린 소수의 것'이라고 하였다. 집념이란 무엇일까? 그것은 오랜 세월, 외로움을 견뎌 내는 인내심이 아닐까. 아마도 그날 기획가는 끼니 걱정을 하며 정치 낭인으로 떠돌아야 한, 길고 고독한 시절을 파노라마처럼 떠올렸을 것이다.

국가경영
기본 계획,
'즉위교서'를
작성하다 傳鄭印道

1392년 7월, 고려를 지배해 온 왕씨가 역사의 뒤편으로 물러나고, 이씨가 왕관을 썼다. 역성혁명은 이뤄졌다. 하지만 피 흘리지 않고 이뤄진 정권교체가 당장 커다란 변화를 일으킨 것은 아니었다. 애초에 궁궐 주인을 이씨로 바꾸는 것이 기획가의 목적은 아니었다. 그것은 기획 과정에서 거쳐야 할 한 가지 목표일 뿐이었다.

일반적으로 기획에서 '목적'과 '목표'는 다르다. 목적은 궁극적으로 도달해야 하는 지점이고, 목표는 그 목적을 달성하는 과정에서 일정 기간 안에 도달해야 하는 바람직한 수준을 말한다. 목적을 달성하기 위해서는 장기적인 전략과 함께 단계적인 목표를 세워야 한다. 그런 점에서 역사 기획가는 이제 겨우 중간 목표를 이루었을 뿐이다.

정도전이 설정한 기획의 목적은《맹자》의 '민본주의'를 실현하는 데 있었다. 자신을 포함한 소수 권세가가 권력을 독차지하여 영화를 누리자는 것이 아니었다. 새로운 문명에 기반을 둔 이상국가를 건설하는 것이 그가 추구하는 목적이었다. 물론 혁명 동지 중에는 부귀영화를 꿈꾸며 권력의 '떡고물'을 나누어 먹으려고 몰려든 이들도 있었다. 언제든지 목적에서 빗나갈 수 있는 사람들이었다. 그렇기에 역사 기획가는 기획의 목적을 분명히 세우고, 그 목적을 향하여 똑바로 걸어가야 했다. 단 한 번의 허튼 발걸음도 스스로 용납해서는 안 되는 것이다.

'궁극적인 목적'을 달성하기 위한 기획가의 발걸음은 무척 바빠졌다. 즉위 다음 날인 1392년 7월 18일, 정도전은 이성계의 등극을 알리기 위해 명나라에 사신을 보낼 것을 청하였다. 그 이틀 뒤, 태조 이성계는 정도전에게 '문하시랑찬성사門下侍郞贊成事 겸 판상서사사判尙瑞司事'를 제수하였다. 이미 정당문학에 올라 백관을 통솔하던 정도전은 최고 의결기구인 '도평의사사'와, 인사관리기구인 '상서사'의 업무까지 겸하게 되었다. 태조 이성계는 동업자 정도전에게 정부의 의결권과 인사권을 동시에 안겨 줌으로써 정도전이 새 정부 실세임을 만방에 공인해 준 것이다.

태조 이성계에게 정도전은 차가운 머리가 되었고, 때로는 뜨거운 심장이 되었다. 두 사람은 역사적인 대업을 이루는 과정에서 한 몸이나 다름없었다. 그런 역사 기획가에게 주어진 첫 번째 실행과제는 오늘날 대통령 취임연설에 해당하는 '즉위교서'를 작성하는 것이었다. 당시 발표할 즉위교서는 한 왕조를 무너뜨리고 새 왕조를 여는 마당에 처음으로 발표하는 공식 교서인 만큼, 새 왕조의 기본적인 경영계획이 담겨야 했다. 더불어 그것이 문무백관과 백성에게 설득력을 지녀야 했다. 정도전이 심혈을 기울여 작성한 즉위교서는 7월 28일에 발표되었다.

기획가는 즉위교서의 서문에, 유교적 왕도정치 이념에 따라 '천명'과 '왕도'를 강조하였다. 그리고 공양왕이 평화적으로 선양을 하여 이성계가 즉위한 것이며, 그나마 여러 날 사양하다가 도평의사사에서 간곡하게 권유하는 바람에 어쩔 수 없이 새 왕조를 열게 되었음을 다시 한 번 분명하게 밝힌다. 더불어 나라 이름은 그전대로 고려라 하고, 의장과 법제 또한 고려의 격식에 따른다는 것을 명시하였다. 며칠 전에 강화도와 거제도에 나누어 집단 수용해 버린 왕씨 종친들과, 그들에게 아직 미련을 버리지 못한 일부 유생들의 심기를 배려한 처사였다.

한편 즉위교서 뒷면에는 시급한 현안에 대한 입장과, 자신이 구상한 국가경영 방향을 모두 열일곱 가지로 작성하였다. '백성을 편하게 하는 일의 목록'이라는 뜻으로 흔히 '편민사목便民事目'이라고 하는 그 주요 내용을 분야별로 간추리면 다음과 같다.

첫째, 종묘사직과 관혼상제 등에 유교 이념을 강화한다. 고려시대의 종묘와 사직은 법도에 맞지 않으니 새 제도를 마련한다. 또 일반 백성의 관혼상제도 나라에서 일정한 법령으로 정하고, 충신과 효자, 의리 있는 남자와 절개 지킨 여자를 표창하고, 이들을 발탁 등용하여 인륜이 넘치도록 풍속을 바로잡는다.

둘째, 병역과 부역, 조세를 감하여 민생고를 덜어 준다. 근무가 위험한 수군水軍은 다른 부역을 면제해 준다. 호포와 잡공雜貢을 이중으로 징수하는 폐단을 없앤다. 또 국둔전7은 음죽(경기도에 있던 5현縣 가운데 하나)의 둔전을 제외하고는 모두 폐지하며, 환과고독鰥寡孤獨(홀아비, 과부, 고아, 자식 없는 노인)은 관할 관청에서 구휼하고 부역을 면제해 준다.

셋째, 과거제도를 엄격히 정비하고 인사제도를 개편한다. 국학과 지방 향교 생도를 늘려 유교적 소양을 갖춘 인재를 양성하고, 좌주·문생, 즉 사제관계를 이용한 천거를 금한다. 또 지방 수령은 도평의사사·대간·육조의 공평한 천거로 임명하며, 임기 동안 그 치적에 대하여 추천인이 연대책임을 지게 한다. 또 지방 이속[8]이 서울에 올라와서 부역하지 못하게 한다.

넷째, 형벌에 관한 규정은 대명률(명나라의 기본 형법)을 따른다. 고려 말기에는 형률刑律이 일정한 제도가 없어서, 형벌이 적당하지 못했으니, 지금부터는 형조와 순군은 각기 구별되는 일을 관장하며, 형刑을 판결하는 관원은 공사公私의 범죄를 반드시 '대명률'에 따라 다스린다.

다섯째, 토지제도는 과전법을 실시하되, 만약 증감할 것이 있으면 주장관主掌官[9] 재량으로 위에 보고하고 시행한다. 또 국가 경비를 효율적으로 관리하며, 역驛과 관館을 설치한 것은 명령을 전달하기 위한 것이므로 공적인 사행이 아닌 사적인 용무로 왕래하는 사람은 지위 고하를 막론하고 이용하지 못한다.

그리고 즉위교서는 반혁명 수구세력 56명에 대한 처리 방안으로 끝맺음된다. 이들에 대하여 일단 목숨은 보전해 주는 것을 기본 방향으로 하되, 죄가 무거운 정도에 따라 몇 가지 부류로 나누어 처벌케 하였다.

첫 번째 부류인 우현보·이색·설장수 등은 서인으로 강등하여 섬으로 보내되, 모두 나이가 많아서 매질은 하지 않게 하였다. 두 번째 부류인 우홍수·강회백·이숭인·조호·김진양·이확·이종학·우홍득 등은 직첩을 회수하고 장杖 1백 대씩을 때려 먼 곳에 귀양 보내었다. 다음으로 최을의·박흥택·우홍강·우홍명·우홍부·김이 등 25명은 직첩을 회수하고 장 70대를 때려 멀리 귀양 보내게 하였다. 네 번째 부류인 김남득·강시·이을진·유정현·정우·정과·정도·강인보·안준·이당·이실 등은 매질 없이 직첩을 회수하고 멀리 쫓아 보낸다. 그리고 마지막으로 성석린·이윤굉·유혜손·안원·강회중·신윤필·성석용·전오륜·정희 등은 각기 본향에 안치케 하였다. 나머지 죄인들에 대해서는 중죄가 새로 발견되지 않는 한 이전에 지은 모든 죄를 사면해 주었다.

그런데 이날 치죄를 당하고 귀양을 간 이종학·최을의·우홍수·이숭인·김진양·우홍명·이확·우홍득 등 여덟 명이 형 집행의 후유증으로 유배지에서 죽고 말았다. 8월 23일, 보고를 받은 태조 이성계는 "장杖 1백 대 이하를 맞은 사람이 모두 죽었으니 무슨 까닭인가?"라며 의아해 하였고, 훗날 태종 이방원의 측근들은 그 책임을 정도전에게 돌렸다. 더불어 정도전과 관련한 핏줄논쟁을 불러일으킨 '문제의 기사'를 《태조실록》에 끼워 넣게 된다.

한편, 즉위교서를 발표한 날 새 왕조는 더불어 문무백관의 관제도 새롭게 정비하여 발표하였다. 그리고 홍영통·안종원·배극렴·조준·이화·윤호·정도전 등 주요 공신들에게 관직을 제수하였다. 이날 정도전은 '좌명공신佐命功臣[10] 문하시랑찬성사門下侍郎贊成事[11] 의흥친군위절제사義興親軍衛節制使[12] 봉화군奉化君'에 제수되었다.

이성계는 왕이 되었고, 왕의 동업자인 정도전은 문하시랑찬성사가 되었다. 문하좌시중 배극렴, 우시중 조준에 이은 서열 3위 벼슬이었다. 창업 과정에서 국새 들고 몇 번 왔다 갔다 한 것밖에 없는 배극렴은 새 정부의 중도파 포용정책의 수혜자로 공신 서열 맨 앞자리에 서게 되었다. 그런데 나이나 공적을 따져 볼 때 조준이 정도전보다 앞자리에 선 것은 의아한 일이다. 왜 그랬을까?

답은 간단하다. 벼슬 서열과 실제 권력 서열이 일치하는 것은 아니었다. 조준이 벼슬에서 더 높은 자리에 있었다면, 정도전은 임금과 더 가까운 자리에 있었다. 형식상 서열에 의미를 둘 필요가 없었다. 그래서 현명한 기획가는 겉으로 몸을 살짝 낮춤으로써 내부 위협 세력에게 집중 표적이 되는 것을 막으려 한 것이다. 일찍이 창왕 때 전제개혁을 들고 나오면서도 유능한 창업 동지 조준을 앞장세웠듯이 말이다. 그런 점에서, 역성혁명 후에 정도전이 '엄청나게 뻐기고 다녔다'는 일부 야사野史 내용은 믿을 만한 게 못 된다.

벼슬의 높낮이와 상관없이 이성계와 정도전은 여전히 궁합이 잘 맞았다. 이성계는 변함없이 동업자 정도전을 절대적으로 신임하면서, 정도전의 꿈을 자신의 꿈과 동일시하였다. 두 동업자는 죽음도 갈라놓을 수 없을 만큼 의리가 강고하였다. 게다가 기획가는 서열에 그다지 관심도 없었다. 그는 권력 자체가 아니라, 정치적 이상 실현을 목적으로 삼았다. 이성계는 바로 그 점에 매료되어, 이 믿음직한 동업자에게 전권을 내준 것이다.

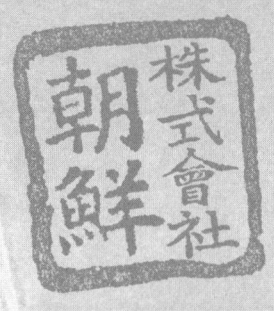

7

국가경영
시스템을 구축하다

내부의 위협요인, 행동가 이방원
외부의 위협요인, 명나라 주원장
'로고송'을 만들다
천도를 향한 태조의 집념

세자책봉에서 밀려난 젊은 행동가 이방원은 기획가 정도전과 역사적인 대척점에 서게 되었다. 그는 갓 창업한 회사의 실질적 경영자에게 새로운 위협요인이었다. 하지만 위협요인이 두려워서 할 일을 못한다면 진정한 기획가라고 할 수 없을 터. 이방원이 골방에 틀어박혀 이를 가는 동안에 기획가는 분주한 발걸음을 옮긴다.

내부의
위협요인,
행동가 이방원 傳鄭印道

새로운 임금의 즉위교서가 발표됨으로써 드디어 새로운 체제가 출범하였다. 토지도 빼앗기고, 친구도 빼앗긴 고려 유신들이 곳곳에서 무리를 지어 반발하고 있었지만, 나라는 대체로 평온하였다. 새로운 체제가 일으킨 역동성이 구체제의 관성을 충분히 덮어 버렸다. 그리하여 1392년 8월 11일, 태조 이성계는 처음으로 자리에 앉아서 조회를 받았다. 비로소 새 왕조 주인공으로서 자신감을 드러낸 것이다. 그러면서 태조는 개국공신에 대한 논공행상論功行賞과 더불어 후계자 선정 문제를 현안으로 꺼냈다.

태조 이성계와 배극렴·조준·정도전 등 새 정부 고위 관료들은 왕세자 문제를 심사숙고하게 된다. 이성계는 세 부인에게서 모두 8남 5녀를 두고 있었다. 살아생전에 남편이 왕이 되는 것을 보지 못하고 1391년에 눈을 감은 정비 한씨에게는 방우·방과·방의·방간·방원·

방연 등 여섯 아들과 딸 둘이 있었고, 계비 강씨에게는 방번과 방석 등 두 아들과 딸 하나가 있었다. 셋째 부인은 딸만 둘을 낳았다.

세자 후보는 모두 여덟 명이었다. 대신들은 나이와 공로를 따져서 왕세자를 세우자고 하였다. 그런데 한량 기질에다 술에 취하여 세상을 등지려 하는 맏아들 방우를 세자감으로 보는 사람은 거의 없었다. 대부분의 신료와 백성들은 당연히 방원을 세자감으로 꼽았다. 방원 자신도 그랬을 것이다. 하지만 이성계는 손을 내저었다.

"공으로 치면 방원이 으뜸이오. 영특하기로도 방원이가 제일입니다. 하나 방원이는 정몽주를 주살한 장본인이오. 성품이 너무 과격해요. 대장부다운 기개도 좋지만, 덕이 없으면 장차 어느 백성이 임금을 따르려 하겠소?"

그러면서 태조는 뜻밖에도 계비 강씨 소생인 열두 살의 무안군 방번을 들먹였다. 세 부인 중에서 실질적인 왕후 역할을 하며 남편 사랑을 가장 많이 받은 사람이 계비 강씨였다. 공민왕에게 노국공주가 있었다면 태조 이성계에게는 강씨 부인이 있었다. 그만큼 이성계는 강씨 부인을 총애하고 있었다. 역성혁명 과정에서 마음이 흔들려 도피하려는 이성계를 붙들고 과업에 매진하도록 용기를 준 사람이 바로 강씨였다. 어쩌면 강씨 부인이야말로 특급 개국공신인지도 모른다.

태조가 계비 소생 방번을 후계자로 내세우자 정도전·배극렴·조준은 난감해 하였다. 적실 소생이 여섯이나 되는 마당에 분란이 우려되었다. 잠시 '작전 타임'을 요청한 대신들은 따로 머리를 맞대고 의논하였다. 그리고 굳이 강씨 소생을 세자로 세워야 한다면, 어딘지 부실해 보이는 방번보다는 한 살 아래인 의안군 방석이 차라리 나을 것이라고 뜻을 모았다. 이들은 곧 막내 방석을 세자로 추천하였다. 태조 이성계나 부인 강씨는 굳이 반대할 이유가 없었다. 그리하여 조선 건국에 가장 공이 큰 이방원을 비롯한 일곱 아들을 제치고, 열한 살짜리 막내 방석이 세자로 책봉되었다.

어떤 역사가들은 정도전이 이성계를 사주하여 이방원을 제쳐 두고 방석을 왕자로 삼게 하였다고 말한다. 또한 당시 우시중 조준은 사직서를 내면서까지 방원을 왕세자로 삼을 것을 강력히 주장하였다고 한다. 하지만《태조실록》에는 특별히 정도전이 방석을 후계자로 세우는 데 기여했다는 내용이 보이지 않는다. 세자책봉 과정에서 배극렴·조준·정도전 등은 모두 비슷한 입장을 취한 것으로 기록되어 있다. 정도전을 살해한 세력들이 나중에 작성한 실록인데도 말이다.

마침내 1392년 8월 20일, 수창궁에서 세자 방석을 책봉하는 연회가 열렸다. 이성계는 즐거워서 벌린 입을 다물지 못하였다. 강씨 부인 얼굴에도 흐뭇한 미소가 떠날 줄을 몰랐다. 이성계는 왕자들에게 당부하였다.

"세자는 내 뒤를 이어 이 나라의 대통을 이어갈 막중한 몸, 너희가 세자를 지키고 보필하라. 나는 세자를 내 몸보다 소중히 하고 있으니 너희는 세자 대하기를 날 대하듯 해야 할 것이니라."

뭇 왕자들이 마지못하여 대답하는 동안, 행동가 이방원은 고개를 푹 숙이고 있었다. 방원의 그런 태도에 아랑곳하지 않고, 이성계는 또한 동업자 정도전에게 세자 보도輔導의 직을 맡아 달라고 하였다. 세자를 가르치는 스승이 되어 달라는 것이었다. 이성계는 자신이 죽은 뒤에도 정도전이 후왕과 밀접한 관계를 유지하면서 국가경영을 맡아 주기를 바란 것이다.

한편, 세자책봉에 이은 공신록 발표에서도 이방원은 소외되었다. 방원은 또 한 차례 좌절하였다. 물론 다른 왕자들도 같은 처지였다. 왕자들은 나랏일에 나서지 말고, 입 다물고 있으라는 것이었다. 발이 묶여 버린 행동가와 그 형제들은 좌절감에 빠지고 말았다.

행동가 이방원. 그는 역성혁명 과정에서 이성계가 지닌 물적 자본과 정도전의 지적 자산을 환상적으로 결합시킨 인물이었다. 그는 대담함과 민첩함, 용기와 속도를 동시에 갖춘 행동가였다. 그런 자질이 있었기에, 천재 기획가 정도전과 뛰어난 지도자 이성계를 견결한 혁명동지로 결속하게 하였다. 또한 절체절명 위기에서 정몽주를 주살함으로써 이성계와 창업세력을 살려 낸 것도 그였다. 언제나 그는 혁명 동력이 최고조로 발휘되게 하였다. 그런 이방원이 후계자 책봉에서 밀려난 근본적인 이유는 무엇일까?

흔히 계비 강씨와 정도전의 입김에 태조 이성계가 휘둘려서 이방원이 세자가 되지 못하였다고 한다. 하지만 그것은 짧은 생각이다. 태조 이성계는 그렇게 단순한 인물이 아니었다. 이성계가 입만 열면 "과인이 덕이 없어⋯⋯."라며 '덕 타령'을 한 것은 그냥 말버릇이 아니었다. 그는 실로 군주에게 필요한 덕목은 강력한 카리스마가 아니라 '인仁'과 '덕德'이라고 보았다. 이성계는 강한 자보다는 겸손하고 어진 자를 왕으로 세워야 한다는 믿음을 가지고 있던 것이다. 그 점에서 이성계와 정도전은 정치적 이상이 일치하였다.

하지만 스물다섯 살짜리 젊은 행동가 이방원은 아버지 세대가 품은 깊은 뜻을 헤아릴 길이 없었다. 그는 아버지와 서모庶母 강씨에 대한 원망을 가슴속에 키워 갈 뿐이었다. 더불어 피 끓는 행동가는 정도전을 세자책봉에 관여한 배후인물로 지목한다. 물론 그것은 심증에 따른 것이었다. 굳이 물증이 있다면, 세자 보도를 맡은 정도전이 승승장구하며 너무 잘나간다는 것이었다.

젊은 행동가는 아버지 이성계와 동업자 정도전이 구축하는 관료주의 국가 시스템을 파괴해 버리고 싶은 욕망에 사로잡혔다. 기획가 정도전과 역사적인 대척점에 서게 된 행동가 이방원. 그는 갓 창업한 회사의 실질적 경영자에게 새로운 위협요인이었다. 하지만 위협요인이 두려워서 할 일을 못한다면 진정한 기획가라고 할 수 없을 터. 할 일이 없어진 이방원이 골방에 틀어박혀 이를 가는 동안 기획가는 분주한 발걸음을 옮긴다.

한편, 세자책봉과 공신록 발표 직후에 이성계는 강씨 부인과 함께 온천으로 휴양을 떠났다. 세자책봉과 공신책록으로 인한 여러 잡음에서 벗어나 휴식을 취하고 싶던 모양이다. 그렇게 이성계 부부가 떠나고 난 뒤, 조정은 한동안 뒤숭숭한 분위기에 휩싸였다. 그해 9월 8일, 임금이 온천에서 돌아온 뒤에도 여전히 미묘한 불안은 가라앉지 않았다.

이에 창업공신들은 소외된 왕자들을 달래기 위하여, 이들에게 규정된 과전 외에 전지田地를 더 주도록 왕에게 청하였다. 더불어 이틀 뒤인 9월 28일에는 특별한 이벤트를 벌였다. 공신록에 오른 신하들과, 왕세자를 비롯하여 군君으로 책봉된 왕자들이 모두 왕륜동(개경의 한 지명)에 모여 충성 서약식을 행한 것이다. 일명 '왕륜동 회맹會盟'이라 하는 그 맹약은 이러하였다.

"누구나 처음은 있지만 종말은 있기 드물다."고 하여, 옛날 사람이 경계한 바 있습니다. 무릇 우리들 일을 같이한 사람들은 각기 마땅히 임금을 성심으로 섬기고, 친구를 신의로 사귀고, 부귀를 다투어 서로 해치지 말며, 이익을 다투어 서로 꺼리지 말며, 다른 사람의 이간하는 말로 생각을 움직이지 말며, 말과 얼굴빛의 조그만 실수로 마음에 의심을 품지 말며, 등을 돌려서는 미워하면서도 얼굴을 맞대해서는 기뻐하지 말며, 겉으로는 화합하면서도 마음으로는 멀리하지 말며, 과실이 있으면 바로잡아 주고, 의심이 있으면 물어보고, 질병이 있으면 서로 부조扶助하고, 환란이 있으면 서로 구원해 줄 것입니다. 우리의 자손에게 이르기까지 대대로 이 맹약을 지킬 것이니, 혹시 변함이 있으면 신神이 반드시 죄를 줄 것입니다. 《태조실록》 1392년 9월 29일)

왕자들과 창업공신들은 자손과 동생 그리고 사위들까지 모아 놓고 또 충효계忠孝契를 맺었다. 하지만 세상에 믿을 수 없는 게 정치인의 맹세가 아니던가. 그날 거기에 참석한 정치인이나 왕자 중에 그 맹약이 지켜지리라고 믿은 사람은 과연 몇이나 되었을까.

외부의
위협요인,
명나라 주원장 傳鄭道印

억지 맹약으로 뒤숭숭한 분위기는 조금 가라앉았다. 정도전은 권력 정점에서 본격적으로 국가경영 시스템을 구축해 나간다. 그런데 명나라 황제 주원장이 보기에 이성계는 아직까지 임시 군주였다. 이미 즉위식 다음 날 지중추원사知中樞院事[1]조반을 명나라에 보내어 새 왕이 등극한 사실을 알렸지만 아직까지 회신이 없었다. 게다가 국호도 아직 고려였다. 새로운 나라 이름을 붙여야 했다.

그러던 1392년 10월 22일, 조반이 명나라 주원장에게서 서신을 받아왔다. 서신은 '금후로는 봉강封疆(제후에게 내려준 땅, 봉토)을 조심하여 지키고, 간사한 마음을 내지 않으면 복이 더욱 증가될 것'이라고 끝맺음되어 있었다. 그러면서 어서 국호國號를 정하여 올리라고 하였다. 표현은 썩 유쾌하지 않지만, 새 왕조를 인정해 주는 교서였다. 3개월간 마음 졸이며 서신을 기다리던 창업 주인공들은 일단 한시름을 돌렸다.

그러나 명나라 내부 사정이 정리되면 주원장이 어떤 태도로 돌변할지는 아무도 예측할 수 없었다.

태조는 동업자 정도전을 직접 명으로 보내어 사은謝恩케 한다. 그리하여 1392년 10월 25일, 사은사謝恩使 정도전은 주원장에게 구구절절 덕을 칭송하는 표문表文을 작성하여 들고, 감사의 표시로 말 60필을 이끌고서 5개월간 장기 출장길에 오른다. 이어 1392년 11월 8일에 지중추원사 노숭과 중추원부사 조인옥이 신년인사와 황태손 책봉 하례賀禮를 위하여 명으로 출발하였다.

11월 27일에는 계품사啓稟使 조임이 명에서 돌아왔다. 조임이 들고 온 교서에서 주원장은 '새 왕조 국호를 빨리 지어서 올리라.'고 하였다. 태조는 즉시 도평의사사에 국호를 의논토록 한다. 고조선, 기자조선 등 이미 삼한 이전에 쓰이던 조선朝鮮과, 태조 이성계의 고향 지명인 화령和寧, 두 가지 이름이 거론되었다. 그래서 두 가지 국호를 올려, 주원장이 그중 하나를 낙점케 하기로 하였다. 그리하여 11월 29일, 예문관 학사 한상질이 새 국호를 청하는 주문奏文을 들고 명나라로 떠났다.

한편, 정도전이 장기 출장을 떠난 뒤에 좌시중 배극렴이 병으로 죽었다. 그로 인하여 1392년 12월 13일, 재상급 고위 관직에 대한 개편이 있었다. 조준이 최고위직인 문하좌시중에, 무장 김사형이 그 다음 자리인 문하우시중에 임명되었다. 이들은 엄청나게 넓은 식읍食邑도 받았다. 더불어 권중화權仲和는 예문춘추관대학사, 무신 최영지崔永沚가 문하시랑찬성사로 임명되었다. 정도전은 문하시랑찬성사로 유임되어 여전히 서열 3위에 머물렀다.

그런데 1392년 12월 16일, 좌시중 조준은 전문을 올려 평양에 있는 식읍과 도통사 관직을 사양하였다. 창업 팀 선배 정도전이 고단한 출장길에 있는 동안에 47세 나이로 만인지상萬人之上에 오른 영민한 정치인 조준. 그는 자신에게 벼락같이 쏟아지는 권력과 재물에 오히려 적잖이 부담을 느낀 모양이다. 이에 대하여, 어떤 역사가들은 방원을 제치고 방석을 세자로 책봉한 데 대한 항의의 표시로 조준이 사직을 청하였다고 한다. 물론 뜬구름 잡는 주장이다. 그는 왕자들을 비롯한 재야 구세력의 표적이 될지도 모른다는 불안감에 잠시 스스로 몸을 낮춘 것이다. 그것을 세자책봉과 관련짓는 것은 역사를 제멋대로 가위질하는 일이다.

그런 동안 해가 바뀌었다. 나라 이름 두 개를 들고 명나라에 갔던 한상질은 창업 이듬해인 1393년 2월 15일에 돌아왔다. 그가 들고 온 자문咨問에는 '동이東夷의 국호에 다만 조선朝鮮의 칭호가 아름답고, 또 이것이 전래한 지가 오래 되었으니, 그 명칭을 근본으로 하늘을 본받아 백성을 다스려서 후사를 영구히 번성하게 하라.'는 내용이 들어 있었다. 태조 이성계는 감격하면서 당장 교지를 내렸다.

"지금부터 고려라는 나라 이름은 없애고 '조선'을 국호로 쓸지어다."

결국 주원장은 군소리 없이 '조선'을 국호로 낙점해 주었다. 하긴 스스로가 변방 도적 떼를 이끌고 새 왕조를 창업한 독재자였으니, 마땅히 반대할 만한 명분도 없었다. 주원장은 중국에서 비롯된 나라 '기자조선'을 떠올리며 '조선'이라는 국호가 마음에 들었던 모양이다. 게다가 명나라 내 후계자 구도를 안정시키는 문제로 정적 수만 명을 잔인하게 처형하는 등 가뜩이나 국내 정세에 민감해 있던 주원장은 조선 문제에 대하여 서둘러 매듭을 짓고 싶었을 터다. 국호를 빨리 정하라고 다그치고, 또 두말없이 '조선'이라는 국호에 낙점을 해 준 것은 결국 주원장 자신이 불안한 처지에 있음을 보여 주는 것이었다.

비로소 이름을 얻은 조선 정부에서는 문하시랑찬성사 최영지를 사은사로 삼아 명에 보냈다. 1393년 3월 9일에 최영지는 국호 승인에 대하여 감사하는 표문을 들고 명나라를 향하여 출발하였다. 때마침 정도전이 하정사 노숭과 조인옥을 데리고 귀국할 무렵이었다. 두 팀은 평안도 안주安州에서 마주쳤다. 그런데 최영지에게 그간의 국내 사정을 전해들은 정도전은 심각한 얼굴로 말하였다.

"내가 전하를 뵙게 되면 공公을 불러 돌아오게 할 것이니, 이곳에 잠시 머물고 있으시오."

그런 다음에 개경에 도착한 정도전은 즉시 태조에게 아뢴다.

"최영지는 오랫동안 서북면에서 군사를 거느리고 있어서 중국에 명성이 알려졌사오니, 경솔히 보낼 수 없습니다."

그리하여 최영지를 불러 돌아오게 하고, 사은표는 이염에게 건네주었다. 정도전이 사신을 도중에 돌려세운 위세도 놀랍지만, 그 이유가 더 궁금하다. 그것은 당시 조선과 명 사이에 군사적인 긴장감이 늘 흐르고 있었음을 보여 준 일이었다. 정도전은 명나라에 한동안 머무르면서 그곳 분위기와 정세를 파악한 터였다. 주원장은 백성과 황태손에게는 한없이 너그러운 황제였다. 하지만 정적에게는 잔혹하기 짝이 없었다. 정도전은 주원장이 언젠가는 그 날카로운 경계심을 조선으로 향할 것이라고 본 것이다. 그리고 냉철한 기획가가 염려한 일이 실제로 두 달 뒤에 일어난다.

1393년 5월 23일, 흠차내사欽差內史[2] 황영기·최연 등이 황제가 직접 작성한 글을 가지고 왔다. 그런데 그 내용이 온갖 트집을 잡으며 조선을 위협하는 것이었다. 주원장이 가장 문제로 삼은 것은 조선 정부에서 절동浙東·절서浙西(지금의 저장성〔浙江省〕 일대) 백성들을 첩자로 매수하여 정보를 수집하였다는 것과 조선 정부가 옷감·금·은 등으로 요동지역 장수들을 매수했다는 것이었다. 더불어 조선에서 여진인 5백여 명을 꼬드겨 압록강을 몰래 건너게 하였다며 노발대발하였다. 주원장은 또 "짐은 장차 장수에게 명해서 동방을 정벌하여, 업신여기고 흔단釁端(사이가 벌어지는 실마리)을 일으킨 두 가지 일을 설욕할 것"이라면서, 조선으로 건너간 여진 사람들을 돌려보내라고 서슴없이 협박을 하였다.

자존심이 구겨진 태조는 이성·강계 등지에서 넘어온 여진인을 찾아 돌려보내며 신세 한탄을 한다.

"황제는 많은 군사와 엄격한 정치적 수단으로 마침내 천하를 차지했지만, 사람을 죽임이 정도에 지나쳤으므로 원훈元勳(경륜이 있고 으뜸가는 신하)과 석보碩輔(잘 보좌하는 현명한 신하) 들이 생명을 보전하지 못한 자가 많았고, 이에 우리 작은 나라를 자주 책망하면서, 강제로 청구함이 한이 없었다. 지금 또 나에게 죄가 아닌 것을 책망하면서 군대를 일으키겠다고 위협하니, 이것이 어린아이에게 공갈하는 것과 무엇이 다르겠는가?"

그러자 도승지[3] 이직이 물었다.

"그렇다면 무엇으로 대답하겠습니까?"

이에 태조는 한숨을 쉬며 답한다.

"내가 말씀을 낮추어 조심스럽게 섬길 뿐이지 별다른 방법이 있겠는가."

명나라와 맺은 사대관계에 대한 신세 한탄이었다. 불만은 있지만 별 수 없으니 정성껏 섬기는 수밖에 없다는 것이다. 하지만 1393년 5월 26일, 각 도에서 군적軍籍이 올라온 것을 보면 태조 이성계와 창업 주인 공들이 무작정 사대관계에만 목을 맨 것은 아닌 듯싶다.

그 무렵 남은·박위·진을서 등 절제사들이 왜구를 물리친 다음에 8도에서 파악한 군사 현황 보고서를 작성하여 올렸다. 이 보고에 따르면 기마병과 보병, 기선군騎船軍 등이 모두 20만 8백여 명이고, 자제들과 향리·역리 등 동원 가능한 군사 수가 10만 5백여 명이었다. 당시 조선이 동원 가능한 병력 수는 총 30만 명가량으로 집계되었다.

'로고송'을 만들다 傳鄭道印

창업 1주년 무렵인 1393년 7월 26일, 기획가 정도전은 동업자 이성계에게 특별한 선물을 바쳤다. 기획가 정도전이 '광고 카피' 능력을 한껏 발휘한 선물이었다. 그것은 〈몽금척夢金尺〉·〈수보록受寶籙〉·〈납씨곡納氏曲〉·〈궁수분곡窮獸奔曲〉·〈정동방곡靖東方曲〉 등으로, 태조 이성계가 새 나라를 연 공덕을 찬양하는 악장樂章(제례를 올릴 때 쓰는 노래 가사)이었다. 이른바 새 정부 '로고송'과 같은 것이었다. 진지하고 엄격한 기획가로서 그처럼 낯간지러운 광고 문구를 작성한 이유에 대하여 정도전은 스스로 이렇게 답한다.

"역대 이래로 천명을 받은 임금은 무릇 공덕이 있으면 반드시 악장에 나타내어 그 시대를 빛나게 하고, 장래 보전해야 합니다."

정도전이 지어 바친 악장 가운데 〈몽금척〉의 내용을 옮기면 다음과 같다.

하늘의 살펴보심이 심히 밝으니,

좋은 꿈이 금척金尺에 적합하도다.

맑은 자는 노혼老昏하고 곧은 자는 고집 세니,

오직 덕이 있어야 여기에 적임이네.

하늘이 우리 마음 헤아리시고

나라를 다스리게 한 것이라오.

바르고 굳다 그 부적符籍이여,

상서로운 명을 받았으니.

아들에게 전하고 손자에게 이름이여

천만세를 이어 가리라.

〈몽금척〉은 일찍이 이성계가 임금이 되기 전에, 꿈에 신인神人이 나타나서 금으로 된 자〔金尺〕를 주었다는 내용을 찬양한 노래다. 꿈에 신인이 말하기를 "경시중(고려 말 시중 경복흥)은 깨끗한 덕행은 있으나 또한 늙었으며, 최삼사(최영)는 강직한 명성은 있으나 고지식하다." 면서 이성계야말로 문무를 겸비하고 덕망과 식견이 있어 백성이 바라는 지도자라고 했다는 것이다. 한마디로 이성계가 천명을 받은 군주임을 선전하는 내용이다. 그것은 또한 기획가 자신이 오래 전에 역성혁명 주체를 물색하다가 이성계로 낙점을 하여 함주 군막으로 찾아가던 시절을 떠올리게 한다. 결국 이성계를 선택한 신인과 기획가 자신이 동일시되는 것이다.

한편, 또 다른 악장 〈수보록〉은 '보배처럼 영험한 책을 받았다' 는 뜻이다. 이성계가 임금이 아니었을 때 어떤 사람이 지리산 석벽石壁 속

몽금척

정도전은 악장 〈몽금척〉을 지어 올리고, 직접 악장을 연주곡으로 만드는 일을 감독한다. 사진은 무형문화재 인남순 정재 40년 기념공연 중 〈몽금척〉. 〈몽금척〉의 내용을 무용화한 것으로 17명의 무인이 춤을 춘다. ⓒ 최성복

에서 이상한 글을 얻어 바쳤는데, 그 글에 이런 내용이 들어 있었다고 한다.

> 목자木子가 돼지를 타고 내려와서 삼한의 지경地境을 바로잡는다. 목자 장군 칼이요, 주초走肖 대부 붓이로다. 비의非衣 군자 지혜로 다시 삼한을 바로 잡았도다. 삼전삼읍三奠三邑이 응당 삼한을 일으킬 것이다. 조선은 대代로는 8백 대, 해로는 8천 년을 내려갈 것이다.

물론 목자木子는 '이李씨', 즉 이성계를 말한다. 또한 주초走肖는 조준趙浚, 비의非衣는 배극렴裴克廉이다. 또 삼전삼읍三奠三邑은 정도전, 정

총 그리고 정희계 등 창업에 관여한 세 정鄭씨를 말한다. 정도전은 그 내용을 악곡으로 형상화하였다.

> 높다랗다 저 산이여, 석벽이 하늘과 가지런하네.
> 그 석벽을 쪼개 내어, 예언서를 얻었구나.
> 굳세고 굳센 목자木子가 때를 타고 일어나
> 누가 그를 돕는가, 주초走肖의 그 덕이로세.
> 비의군자非衣君子가 금성에서 스스로 오고
> 삼전삼읍三奠三邑이 도와서 공을 이루리.
> 신도에 자리 정하여, 8백 대를 전하리라.
> 우리 임금이 받은 이것, 보록寶籙이라 이르도다.

이 밖에 정도전은 〈문덕곡文德曲〉 네 편과 〈무공곡武功曲〉 세 편을 더 지어 바쳤다.

〈문덕곡〉은 태조 이성계가 임금이 된 뒤, 1년간 이루어 놓은 업적을 기리는 내용으로 만들어졌다. 1편은 언로를 열었다는 뜻으로 '개언로開言路', 2편은 창업공신을 보전하였다는 뜻의 '보공신保功臣', 3편은 토지개혁을 실시하여 경제제도를 바로잡았다는 뜻의 '정경계正經界', 4편은 법질서를 세웠다는 뜻으로 '제례악制禮樂'이라 하였다. 문치주의 시대를 연 업적을 기리는 악장인 것이다. 하지만 따지고 보면 문덕곡에서 말한 업적도 대부분은 기획가 자신이 이룬 업적이었다.

더불어, 이성계가 무공으로 이룬 업적을 찬양한 〈무공곡〉은 모두 세 편으로 이뤄졌는데, 그중 〈납씨곡〉은 이성계가 용맹한 무공으로 몽골 장수 나하추를 물리치고 동북면을 사수한 업적을 찬양하는 악장이다. 또 〈궁수분곡〉은 이성계가 왜구를 물리친 업적을 담은 내용이고, 〈정동방곡〉은 위화도에서 군사를 돌린 일을 정당화하는 내용이다.

이처럼 정도전이 창업 1주년을 기념하여 바친 선물에 태조는 매우 만족스러워하며 채색 비단을 내려주었다. 그리고 음악교육 행정기관인 관습도감을 설치하고, 정도전을 관습도감판사로 임명하였다. 그리하여 정도전은 직접 악장을 연주곡으로 만드는 일을 감독하게 된다. 나아가 3개월 뒤인 1393년 10월 27일에는 도평의사사에서 임금을 위하여 베푼 잔치 자리에서 전악서典樂署[4] 무공방武功房을 거느리고 〈무공곡〉세 편과 〈문덕곡〉·〈몽금척〉·〈수보록〉 등 새 악곡을 올렸다.

〈문덕곡〉과 〈무공곡〉이 실제로 궁중에서 연주된 기록은 1395년 12월 25일자《태조실록》에도 전한다. 한양으로 천도하여 새 궁궐을 완성한 뒤, 태조 이성계는 보수파 거두 이색을 불러 잔치를 베풀었다. 분위기를 쇄신하여 상생과 화합하는 시대를 열기 위한 자리였다. 이날 연회 자리에서 정도전이 지은 악장이 연주되었다. 이때 〈문덕곡〉과 〈무공곡〉을 들은 이성계는 "이 곡을 들을 때마다 내 심히 부끄럽소."라고 하였다. 아마도 그날 주객인 이색의 눈치를 살피느라 한 말이었을 것이다. 그러자 기획가는 이렇게 답하였다고 한다.

"전하께서 이런 마음이 계시기에 노래를 지은 것입니다."

동업자에 대한 지극한 존경과 믿음이 절로 묻어나는 말이었다. 또한 정도전은 그날 손님으로 초대된 전날의 스승 이색에게 당당함을 보여 주고 싶었을 터다.

정도전이 지은 악장들은 50년 뒤, 세종 대에 완성될 〈용비어천가〉

의 모태이자 예고편인 셈이다. 〈용비어천가〉는 선조들의 업적을 이어받은 이성계가 조선을 창업한 과정을 노래한, 125장의 방대한 서사시다. 우리는 흔히 〈용비어천가〉를 '아첨 문학'의 전형으로 꼽는다. 왕조시대 전제권력을 찬미한 선전물이라는 것이다. 그렇다면 정도전이 지은 악장 또한 그에 앞서는 '아첨 문학'이자, 왕조를 홍보하는 로고송이었다.

하지만 그렇게 편협하게 볼 일만은 아닐 것이다. 안으로 부패하고, 밖으로는 허약하여 백성들이 불편하던 시대에 안정된 국가 시스템을 구축하는 일은 역사적 필연이었다. 그런 시대에 이성계는 27년 동안이나 수많은 싸움에 나서서 공을 세운 인물이었다. 그는 부패한 권문세족이 아니라 말을 타고 전장을 누비며 공을 세운 영웅이었다. 단지 왕씨 왕조를 위해서가 아니라, 자기 가솔과 백성을 위해서 싸웠다.

그런 점에서 이성계는 적어도 사사로운 욕망을 위하여 정권을 찬탈한 기회주의자는 아니었다. 따라서 창업세력과 그 후손들은 역사적으로 대단한 자부심을 가지고 있었다. 악장이나 〈용비어천가〉는 바로 그 자부심을 표현한 것이었다. 더불어 그것은 시가와 음악이 결합된 미적 유산으로 남았다. 그리하여 지금 우리 상상력을 자극하는 소중한 역사 텍스트로 기능하고 있는 것이다.

오늘날 위정자들도 상당한 돈을 쏟아 부으며 국정國政을 선전한다. 또 기업은 자사 이미지를 소비자에게 '세뇌'시키기 위하여 엄청난 자금을 소모한다. 물론 그 자금 출처는 국민과 소비자의 때 묻은 지갑이다. 게다가 20세기 말에도 새로운 통치자가 나타났을 때 '구국의 영웅'이니 '정의사회구현'이니 하는 미사여구가 대중매체를 장식한 사실에 견주어 보면, 그나마 정도전이 지어 바친 로고송은 애교스러운 허풍이 아닐까.

천도를 향한
태조의
집념 傳鄭道印

창업 직후부터 태조 이성계는 개경을 떠나고 싶어 하였다. 개경에는 숱한 정치투쟁으로 흘린 피비린내가 아직 진동하고 있던 것이다. 태조는 예의 신중함이 어디로 가 버렸는지 천도遷都를 무척이나 서둘렀다. 실제로 태조는 즉위 후 한 달도 되지 않은 1392년 8월 13일에 천도 의지를 내비쳤다. 그날 태조는 도읍을 옮길 것이라고 도평의사사에 이른 뒤, 삼사우복야三司右僕射[5] 이염을 한양부에 보내 당장 쓸 만한 궁실을 찾아 수리하게 하였다.

하지만 고관대작들은 개경을 떠나고 싶지 않았다. 그간 개경에 쌓아 놓은 갖가지 기득권이 그들의 발목을 붙잡았을 터다. 1392년 9월 3일, 시중 배극렴과 조준 등은 천도를 늦추자고 태조에게 청하였다. 날이 점차 추워지고 백성들이 돌아갈 데가 없으니, 먼저 궁실과 성곽을 건축하고 각 관사를 배치한 뒤에 도읍을 옮기자는 것이었다. 태조는 그 청을 받아들였다.

하지만 태조는 그해 11월에 정당문학 권중화를 시켜 양광도·경상도·전라도 등지에서 왕자의 태실胎室[6]을 세울 곳을 살피게 하면서 새 도읍의 후보지도 물색케 하였다. 이듬해인 1393년 1월 2일, 권중화는 태실 후보지로 정한 전라도 진동현 산수형세도와 함께, 양광도 계룡산이 신도시로 적당하다며 그곳 지도地圖를 만들어 바쳤다. 그러자 태조는 반대 여론을 무릅쓰고 1393년 1월 18일에 계룡산으로 떠난다. 계룡산 지세를 직접 살펴보기 위해서였다. 그 출장길에 영삼사사[7] 안종원·우시중 김사형·참찬문하부사[8] 이지란·판중추원사[9] 남은 등이 동행하였다.

그러던 1393년 2월 1일, 지중추원사 정요가 도평의사사에서 보낸 계본啓本을 가지고 태조 일행을 뒤쫓아 와서 급하게 아뢰었다. 현비 강씨가 병환이 나서 편치 못하고, 황해도 남동쪽 평주 등지에 초적草賊(좀도둑)이 있으므로 발길을 돌리라는 것이었다. 그러자 태조는 불쾌한 기색으로 정요에게 물었다.

"초적이 있다는 보고가 있었더냐? 누가 와서 알려 주더냐?"

정요는 대답을 못하였다. 태조가 다시 말한다.

"도읍을 옮기는 일을 싫어하는 세가대족世家大族들이 구실을 만들어 이를 중지시키려는 것이다. 개경에 오랫동안 살아 다른 곳으로 옮기기를 내켜하지 않을 터, 도읍을 옮기는 일이 어찌 그들의 본뜻이겠는가?"

속마음을 들킨 수행원들은 모두 할 말을 잃었다. 태조가 말을 이었다.

"예로부터 왕조가 바뀌고 천명을 받는 군주는 반드시 도읍을 옮기게 마련인데, 지금 내가 계룡산을 급히 보고자 하는 것은 내 자신 때에 친히 새 도읍을 정하려는 것이다. 후세 임금이 비록 도읍을 옮기려고 하더라도, 대신들이 이를 저지한다면 어찌 이 일을 하겠는가?"

태조는 계룡산 쪽으로 걸음을 재촉하였다. 그리하여 계룡산에 이른 태조는 며칠간 그곳에 머무르면서 지세를 살펴보았다. 마음에 들었다. 태조는 김주, 박영충, 최칠석 등을 남겨 신도 건설을 감독케 하고 1393년 2월 13일에 계룡산을 떠났다. 태조가 얼마나 개경을 떠나고 싶어했는지를 잘 보여 주는 장면이다.

계룡산 신도시 건설은 급속하게 진행되었다. 1393년 3월 24일에는 신도시를 중심으로 주·현·부곡 등 행정구역이 정해졌다. 그리고 각 도에서 장정을 징발하여 대대적인 토목공사를 시작하였다. 그해 8월에는 부역자들을 기한 내에 보내지 않는다며 수령 아홉 명을 매질하고, 안렴사 조박을 한양부에 가둘 정도로 태조는 다급함을 드러냈다. 계룡산 기슭에는 신도시를 건설하는 망치 소리가 요란하게 메아리쳤다.

하지만 1393년 가을, 그 대공사를 대담하게 가로막고 나선 이가 있었다. 경기좌우도관찰사 하륜河崙이었다. 그는 정안군 이방원의 장인 민제와 친구 사이로, 의술·천문·지리 등의 잡학에 능한 백과사전적 인물이었다. 또 정몽주·정도전·이숭인·권근 등과 함께, '이색 아카데미'에서 배출한 마지막 수재로, 13세에 진사시에 합격하고 18세에는 문과에 급제하여 한때 출세가도를 달리기도 하였다. 방원이 민제의 딸과 혼인하던 날, 하륜은 신랑 관상을 보더니 "둘째 따님이 왕자를 낳겠소."라고 하여 민제를 놀라게 했다는 말도 전한다. 그 둘째 딸은 과연 나중에 세종대왕을 낳는다. 그때 하륜이 그 말을 진짜 했는지, 아니면 한참 나중에 각색된 이야기인지 확인할 수는 없다.

하륜은 위화도 회군 뒤에 이색 계열로 분류되어 정계에서 추방을 당하였다가, 조선 창업 뒤 중도파 회유책에 따라 경기도관찰사로 임용되었다. 하지만 지방 관직을 전전하던 이 출세주의자는 중앙 정계에 진출할 야심을 키우고 있었다. 창업공신에 들지 못한 그가 야심을 실현하기 위해서는, 임금 눈에 번쩍 띨 만한 '깜짝쇼'가 필요했을 것이다.

하륜은 풍수이론을 들먹였다. 계룡산은 지대가 남쪽에 치우쳐서 동면·서면·북면과 서로 멀리 떨어져 있어 문제라는 것이었다. 또 산은 건방乾方(북서쪽)에서 오고 물은 손방巽方(남동쪽)으로 흘러가서 '물이 장생長生을 깨뜨려서 쇠패衰敗가 닥치는 땅'이므로, 도읍지로 적합하지 않다고 하였다. 한마디로 계룡산에 도읍을 정하면 이씨 왕조가 곧 망한다는 내용이다.

이방원에게 책사 역할을 하며, 이후 파란만장한 왕실 비극을 연출한 하륜이 첫 승부수를 띄운 것이었다. 결과는 성공적이었다. 하륜이 올린 상소로 마음이 뜨끔한 태조는 1393년 12월 11일, 계룡산 신도 건설을 중지시킨다. 그리고 하륜더러 다른 도읍 터를 직접 물색케 하였다. 하륜은 서운관書雲觀[10]에 저장된 비서秘書를 모두 검토한 뒤에 새 도읍 후보지로 무악(지금의 서울 신촌 일대)을 제안하였다. 그리고 곧 해가 바뀌었다.

그런데 1394년 1월 16일, 갑자기 왕씨 역모 사건이 돌출되어 천도 논의는 잠시 중단되었다. 왕씨 역모 사건이란, 당시 참찬문하부사 박위가 사람을 시켜 용하다는 점쟁이에게 왕씨들의 명운命運을 점쳐 본

사건을 말한다. 이에 점쟁이는 왕화와 그 아우 왕거가 명운이 좋다고 답해 주었다. 이 일을 왕씨 왕조의 복고 움직임이라고 본 조정은 발칵 뒤집혔다. 대간臺諫과 형부刑部에서 왕씨들을 완전히 제거해야 한다는 상소가 연일 올라왔다. 그러자 태조는 백관들로 하여금 찬반투표로 결정하게 하였다. 그 결과 '잔인한 4월'이 시작되었다. 4월 15일에는 윤방경 등이 강화에 있던 왕씨 일족을 바다에 빠뜨려 죽였고, 이틀 뒤에는 삼척에 유배되어 있던 공양왕과, 그의 두 아들을 교살시켰다. 이어 4월 20일에는 손흥종 등이 거제도에 있던 왕씨 일족을 바다에 쓸어 넣었다.

그 피바람이 잦아든 1394년 8월 11일, 태조는 다시 천도 사업에 매달렸다. 그리고 하륜이 제안한 무악을 둘러보았다. 하지만 신료들 의견이 분분하였다. 무악 천도를 둘러싼 논쟁은 이틀간이나 이어졌다. 태조는 동행한 대신들에게 각자 의견을 글로 써서 내라고 한다. 이에 서운관 관리들은 지리학적으로 도읍이 될 만한 자리가 아니라고 하였다. 더불어 개경에 새로운 궁궐을 지어서 도읍하는 것이 좋다고 했다. 문하시랑찬성사 성석린은 아예 두어 해 기다린 뒤에 의논하자고 했다. 정당문학 정총도 반대하였다. 오직 하륜만이 모든 정치생명을 건 듯 무악 천도를 끈질기게 주장하였다.

"무악이 국세局勢가 비록 낮고 좁다 하더라도, 계림(지금의 경주)과 평양에 비하여 궁궐터가 실로 넓고, 더구나 나라 중앙에 있어 조운漕運이 통하며, 안팎으로 둘러싸인 산과 물이 또한 선현의 비기秘記에 대부분 부합되옵니다. …… 만약 한때의 인심에 순응하여 민폐를 덜려면 송도에 그대로 있을 것이요, 전현前賢의 말씀에 의하여 만세를 위한 터전을 세우려면 이보다 나은 곳이 없습니다."

이에 대하여 판삼사사 정도전은 해박한 역사 지식과 논리 정연한 어법으로 풍수지리설을 정면으로 반박하고 나선다.

"신은 음양 술수 학설을 배우지 못하였는데, 여러 사람 의논이 모두 음양 술수를 벗어나지 못하니, 실로 말씀드릴 바를 모르겠습니다. 하오나, 나라가 잘 다스리려지거나 어지럽게 되는 이유는 사람에게 있는 것이지 지리 성쇠盛衰에 있는 것이 아닌 줄로 아옵니다. 중국에서도 새로 나라를 일으켜 천자가 된 사람이 많되 도읍한 곳은 관중·금릉·낙양·연경 등 네 곳뿐이옵니다. 도읍지에 적합한 곳은 자연히 정해져 있는 것이지 술수로 헤아려서 얻는 것은 아닐 것이옵니다."

그러면서 정도전은 새로 창업한 나라의 터전이 아직 굳지 못한 터이므로, 적당한 때를 기다려서 도읍 터를 보자고 한다. 사실상 천도 연기를 주장한 것이다. 더불어 "어찌 술수한 자만 믿을 수 있고 선비의 말은 믿을 수 없사옵니까?"라며 하륜을 한낱 '점쟁이'로 여겼다.

무악 천도에 대한 의견이 분분하자 태조는 언짢은 기색을 하고 한양으로 발걸음을 옮긴다. 한양은 고려 숙종 때에도 이미 새 도읍지로 물망에 올라, 기반공사가 이뤄진 곳이었다. 그런 까닭에 태조가 맨 처음 천도할 뜻을 드러낼 때, 염두에 두고 있던 곳이기도 하였다. 한양에 도착한 태조는 다음 날 여러 대신들에게 다시 의견을 물었다. 그러자 대신들은 합창을 하였다.

"꼭 도읍을 옮기려면 이곳이 좋습니다."

다만 하륜만이 "산세는 비록 볼 만한 것 같으나, 지리 술법으로 말하면 좋지 못합니다."라면서 잘난 '술법'을 또 운운하였다. 그러나 태조는 결국 한양을 도읍으로 정하였다.

출세주의자 하륜의 깜짝쇼는 끝내 절반의 성공에 머무르고 말았다. 계룡산 도읍 공사를 중지시키는 데는 성공했지만, 정작 자신이 내세운 후보지 무악을 새 도읍지로 관철시키는 데 실패하였으니 말이다. 더불어 정작 본인이 원하던 신도시 건설공사 주도권도 정도전에게 넘겨주고 말았다.

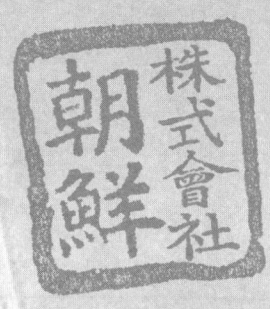

8

사상을
현실로 만들다

통치의 매뉴얼 〈조선경국전〉
거침없는 군사 기획
500년 수도 건설
조선의 CPO 정도전

일찍이 정도전은 MECE 원리에 충실했다. MECE는 '서로 배타적이면서 총괄적으로 철저히(Mutually Exclusive and Collectively Exhaustive)' 하라는 말이다. 한마디로 중복도 없고, 누락도 없음을 말한다. 한정된 자원을 효과적으로 배분하고 효율적으로 경영을 하는 것이다. 정도전이 작성한 경영기획서는 놀랍도록 정교했다. 정치·경제·사회·문화·군사·외교·사상 이념 등 거의 모든 분야에 걸쳐, 누락과 중복이 거의 없었다.

통치의
매뉴얼
《조선경국전》 傳鄭道印

기업사회에서 기획가는 흔히 경영자와 전문가 사이에 존재한다. 하지만 역사 기획가는 통치자와 사상가 사이에 존재한다. 때로는 그 자신이 사상가가 되기도 하고, 때로는 직접 통치 권력의 한 축을 담당하기도 한다. 그래서 기획가는 팔방미인이다. 하지만 과정이나 관념 속에서만 존재하는 미인이다.

그는 주로 집무실 구석에서 흡수한 사상으로 기획서를 만든다. 그렇게 탄생한 기획서는 독립된 개체로서 때로 세상을 지배한다. 기획가 정도전은 어쩌면 관념이 지배하는 세상을 꿈꾸었는지도 모른다. 기획가는 관념을 낳고, 관념은 통치자를 제어하여 세상을 다스리게 하는 구조 말이다.

국가경영 시스템이 어느 정도 자리를 잡은 창업 3년차. 정도전은 성리학 사상과 민본주의 이념을 현실에 적용할 여러 가지 기획서를 작성한다. 종업원 수십 명 되는 작은 회사 하나를 세우고 경영 시스템을 구축하는 일도 복잡하기 그지없다. 우선은 그럴듯한 설립 목적이 있어야 하고, 사람들을 모아 합리적인 의사결정구조를 만들어야 한다. 또 설립 운영에 필요한 자금을 구해야 하며, 사업장도 물색해야 한다. 생산에 필요한 인력과 설비와 물자 그리고 생산된 제품을 유통하고 판매하는 구조도 갖추어야 한다. 그러다 보면 중요한 것은 누락되고, 덜 중요한 것이 중복되는 일도 자주 일어난다. 누락과 중복은 필시 살벌한 '구조조정'으로 귀착된다.

일개 회사 창업도 이러한데 하물며 국가를 통째로 창업하여 그 경영 시스템을 구축하는 일은 얼마나 광대하고 복잡할 것인가. 하지만 창업 후 6년간 정도전은 한 인간이 세상에서 얼마나 많은 일을 할 수 있는지를 보여 주었다. 그는 빈틈없이 기획을 하였다. 역성혁명에 성공하여 새 왕조를 창업한 1392년부터 이방원의 칼에 맞아 죽은 1398년까지, 그 짧은 기간에 기획가가 일구어 낸 업적을 살펴보면 누구나 혀를 내두를 것이다. 그는 6년 동안에, 6백 년간 지속될 문명의 설계도를 그려 냈다.

미국의 경영컨설팅 회사 '맥킨지'에서 강조하는 논리적 사고 기술 중에 'MECE'라는 것이 있다. '서로 배타적이면서 총괄적으로 철저히(Mutually Exclusive and Collectively Exhaustive)' 하라는 말이다. 한마디로 중복도 없고, 누락도 없음을 말한다. 한정된 자원을 효과적으로 배분하고 효율적으로 경영을 하라는 것이다. 국가든 회사든 목표를 달성하기 위해서 쓸 수 있는 인력, 시간, 물자 등이 대체로 한정되거나 편중되어 있기 때문이다.

일찍이 정도전은 MECE 원리에 충실했다. 새로 들어선 조선왕조 시스템에는 구석구석 정도전의 손길이 미치지 않은 곳이 없었다. 그가 작성한 경영기획서는 놀랍도록 정교했다. 정치·경제·사회·문화·군사·외교·사상 이념 등 거의 모든 분야에 걸쳐, 누락과 중복이 거의 없었다. 그러한 기획 성과를 정도전은 1394년부터 1395년 사이에 저서 몇 권으로 정리한다. 거기에는 국가경영에 기본이 될 굵직한 기획서가 들어 있었다.

1394년 3월에는 기본 통치철학을 담은 《조선경국전》을 발표하였다. 그것은 새로 창업한 나라 조선의 헌법이었다. 나라 법의 초안을 한 개인이 만든 것이다. 그리하여 《조선경국전》은 기획가가 죽은 뒤에 조준 등이 공식적으로 편찬한 《경제육전經濟六典》과, 세조 때 완성된 조선 최대 법전인 《경국대전經國大典》의 근간이 되었다. 태조는 묵향이 그윽한 그 기획서를 보고 난 뒤, 감탄하면서 말 한 필과 무늬 있는 비단 등을 하사했다고 한다.

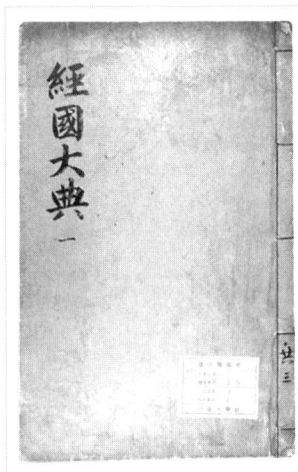

경국대전
정도전이 발표한 《조선경국전》은 조선 최대 법전인 《경국대전》의 근간이 된다. 《경국대전》은 세조 때 집필을 시작하여 성종 때 완성되었으며, 중앙집권적 관료제라는 조선의 통치규범을 확립했다. 한국학중앙연구원 소장.

《조선경국전》은 중국 한나라 평제를 살해하고 권력을 찬탈한 왕망王莽이 작성한 《주례周禮》와 명나라 대법전인 《대명률》을 바탕으로, 통치조직체계와 운영방식을 정하여 조선 법제에 기본이 되었다. 총론과 각론, 두 부분으로 이뤄졌는데, 총론은 국가 기본 구성 요건을 논한 부분으로, 정보위正寶位·국호國號·정국본定國本·세계世系·교서敎書 등 다섯 가지 항목이 들어 있다. 이어 《주례》에서 제시된 관제에 따라 치전治典·부전賦典·예전禮典·정전政典·헌전憲典·공전工典 등 육전六典이 각각 관할하는 사무를 자세히 규정하였다.

《주례》에서는 왕을 형식적인 존재로 삼는다. 그리고 실제 권력은 관官을 총괄하는 '천관총재天官冢宰'가 행사한다. 바로 여기에서 기획가 정도전은 '재상정치'를 발견해 낸다. 하지만 정도전은 《주례》가 지나치게 시스템에만 의존하여 통치하는 것에는 동의하지 않는다. 인간적인 질서, 곧 '인仁'이 바탕에 깔려 있어야 한다고 본 것이다. 정도전은 그러한 정치적 이상을 《조선경국전》 첫머리에 '정보위正寶位'라는 항목으로 밝힌다. 통치에 임하는 임금이 어떤 마음가짐이어야 하는지를 말한 것이다. 그것이 국가 경영 전반을 아우르는 지침이 되었다.

중세 이전 왕조국가에서는 임금이 주인이었다. 영토는 물론이고 거기에서 생산되는 모든 물자도 임금 것이었다. 임금은 백성을 죽이고 살렸다. 더불어 임금은 국가 중대사를 모두 결정해야 하는 권한과 책임을 가지고 있었다. 한마디로 임금은 정치·행정과 입법·사법 기능을 총괄적으로 수행하는 '정치기계'가 되어야 한다. 컴퓨터로 치면 CPU(중앙처리장치)에 해당하는 존재인 것이다. 기획가는 '정치기계'를 위한 매뉴얼을 작성하였다. 그것이 바로 《조선경국전》이었다. 그런데 새로 조립한 '조선'이라는 컴퓨터에 적용할 《조선경국전》은 조작법만 다룬 매뉴얼이 아니었다. 유가적 애민愛民사상을 곁들임으로써 정신이 살아 있는 매뉴얼이었다. 그리고 그 키워드는 '재상정치'였다.

이렇게 국가헌법전이라고 할 수 있는 《조선경국전》을 내놓은 뒤, 정도전은 정치행정 분야 기획서를 차례로 내놓는다. 지방행정 지침서인 《감사요약》과, 국가행정 종합매뉴얼인 《경제문감》 그리고 1397년 말에 완성한 《경제문감별집經濟文鑑別集》 등이 그것이다. 이 가운데 전라도 관찰사로 떠나는 이무에게 주었다는 《감사요약》을 뺀 나머지는 《삼봉집》에 수록되어 지금도 전한다.

뛰어난 기획가이자 저술가인 정도전. 그런 동업자에게 태조 이성계는 술이 거나하게 취할 때마다 "삼봉이 아니면 내가 어찌 오늘 이 자리에 있을 수 있겠는가."라며 찬사를 아끼지 않았다. 요컨대 1395년 1월에 정도전이 정당문학 정총과 함께 《고려사》를 편찬하여 바치자, 이를 본 이성계는 손수 글을 써서 정도전이 발휘한 기획력과 저술 능력에 뜨거운 찬사를 보낸 바 있다.

경의 학문은 경서와 역사의 깊은 문제까지 파고 들어갔고 지식은 고금의 변천을 꿰뚫고 있으며 공정한 의견은 모두 성인들의 말에서 출발하고 명확한 평가는 언제나 충실한 것과 간사한 것을 갈라놓았다. 나를 도와 새 왕조를 세우는 데 공로가 있을 뿐 아니라 좋은 계책은 정사에 도움이 될 만하고 뛰어난 글재주는 문학 관계의 일을 맡길 만하다. 거기다가 온순한 선비의 기상과 늠름한 재상의 풍채를 갖고 있다. 내가 왕위에 오른 첫날부터 경이 유용한 학식을 갖고 있어 재

상으로 임명하고 또한 역사를 맡은 관직까지 겸임하게 하였더니 재
상의 직책을 다하면서도 책을 만드는 데서까지 업적을 나타내었다.

(1395년 1월 25일에 태조가 정도전에게 내린 교서敎書)

이 위대한 기획가에 대하여 세종 때의 명신 신숙주도 "창업 초기에
실시된 큰 정책은 다 선생이 찬정撰定(시문을 지어서 골라 정함)한 것"이라
면서 "당시 영웅호걸이 일시에 일어나 구름이 용을 따르듯 하였으나
선생과 견줄 만한 사람이 없었다."고 말하였다. 정도전을 역적으로 만
든 이단자들 또한 자신들이 편찬한 《태조실록》에서 "그의 힘으로 이
룰 수 있는 데까지, 힘쓰지 않은 것이 없어서 결국 대업을 이룬 만큼 정
말 으뜸가는 공신이었다."며 기획가에게 후한 평가를 내리고 있다.

거침없는
군사
기획 傳鄭道印

일찍이 창업 직후부터 기획가 정도전에게는 이방원을 중심으로 한 위협세력이 자라나고 있었다. 또 밖에서는 주원장이 끊임없이 경계심 어린 눈초리를 보내왔다. 그 와중에서 태조 이성계는 오로지 천도遷都에 매달리고 있었다. 그럴 즈음 기획가는 군사 분야로 관심을 돌린다.

갑옷을 입고, 붓 대신 칼을 잡은 정도전의 모습은 어땠을까? 조선 성종 때의 문신 서거정徐居正의 설화집《태평한화골계전太平閑話滑稽傳》에는, 이색의 제자 몇 명이 '인생에서 가장 즐거운 일이 무엇인가'라는 화두에 각기 답한 내용이 기록되어 있다. 이때 이숭인은 '조용한 산방에서 시를 짓는 것'을 평생의 즐거움으로 생각했고, 권근은 '따뜻한 온돌에서 화로를 끼고 앉아 미인 곁에서 책을 읽는 것'을 즐거움으로 말했다. 그러나 정도전은 이렇게 답하였다고 한다.

"첫눈이 내리는 겨울, 가죽옷에 준마를 타고 누런 개와 푸른 매를 데리고 평원에서 사냥하는 것이 가장 즐겁다."

이 표현대로라면, 호방한 무인 기질까지 갖춘 정도전은 확실히 못하는 분야가 없는 팔방미인이다. 그것도 적당히 흉내만 내는 것이 아니라, 그 분야의 일인자가 되었다. 군사 분야에서도 마찬가지였다.

1393년 4월에 정도전은 《오행진출기도五行陣出奇圖》와 《강무도講武圖》 등 기본전술교범을 펴낸 데 이어, 그해 7월에는 '동북면도안무사'로 함길도(지금의 함경도)에 가서 여진족과 관계를 조정하여 행정구역을 정리하고 돌아왔다. 그리고 1393년 8월 20일에는 임금에게 〈사시수수도四時蒐狩圖〉를 만들어 바쳤다. 그것은 단순한 그림이 아니라 군사 훈련을 위한 병법서였다. 더불어 동업자 이성계에게 군사전략을 설명하기 위한 프레젠테이션 도구였다.

이어 9월 13일, 정도전은 종1품 판삼사사로 제수되었다. 국가재정에 관한 일을 보는 기관의 수장 격이었다. 더불어 그날 지방관제 개편이 있었는데, 지방 각 도의 수장으로 안렴사를 폐지하고, 군사적 성격이 강한 관찰출척사를 회복시켰다. 군사 업무를 총괄하던 '삼군총제부'는 '의흥삼군부'로 바꾸었다. 형식적인 무신합의기구였던 중방도 폐지하였다. 그리고 다음 달에는 영안군 방과를 삼군부 중군절제사로, 무안군 방번을 좌군절제사로, 그리고 흥안군 이제를 우군절제사로 삼았다. 태조 이성계와 정도전에게 위험성이 덜한 인물들로 군 지휘계통이 채워졌다. 의도가 개입된 군제 개편이었다.

그로부터 며칠 뒤. 정도전은 태조에게, 여러 절제사들이 거느린 군사 중에서 무략武略(군사상의 책략)이 있는 사람을 뽑아 '진도陣圖(전쟁 시 진지陣地의 모양을 그린 그림)'를 가르치자고 제안하였다. 실전에 대비하여 작전지도를 가지고 도상훈련을 하자는 것이었다. 태조는 두말없이 윤허하였다. 그리하여 1393년 11월 12일부터 판삼사사 정도전은 직접 넓은 격구장에 군사를 모아 놓고 진도 훈련을 실시하였다.

마침내 창업 3년째인 1394년 1월 27일. 정도전은 군부의 수장인 판의흥삼군부사가 되어 직접 갑옷을 입게 된다. 그리고 여러 장수들과 더불어 군기軍旗에 제사를 지냈다. 이어 정도전은 종래 십위군을 중·좌·우군의 3군으로 나누어 편입시키고 자체의 감독권 및 지휘권도 갖는 강력한 중앙군사체계를 세웠다. 삼군부는 왕실과 도성을 방위하는 중앙군 지휘부였다. 2월 말에는 부위府衛 각 명칭을 모두 바꾸었다. 그리고 지방군 편제도 바꾸었다. 좌시중 조준이 교주도·강릉도·서해도·경기좌·우도 등 5도의 도총제사가 되고, 정도전은 경상도·전라도·양광도 등 3도 도총제사가 되었다.

군권을 손에 쥐고 권력 정점에 오른 정도전 앞에는 거칠 것이 없었다. 사실상 조선은 이성계의 것이 아니라 정도전의 것이 되었다. 기획가는 드디어 '날아가는 새도 떨어뜨릴 만한' 위세를 갖추었다. 하지만 그는 새나 떨어뜨릴 만큼 한가한 권력자가 아니었다. 그는 권력에 취하지 않았다. 대신 그는 고상한 꿈을 꾸었다. 기획가는 그 꿈을 실현하기 위하여, 거센 바람에 흙먼지가 날리는 수미포壽美浦에 나가 '오군진도' 등 군사훈련을 직접 지휘하였다. 숱한 위협으로부터 자신을 지키고 백성을 지키기 위함이었다.

한편, 1394년《조선경국전》과《심기리편》에 이어 정도전은 군사기획서《역대부병시위지제歷代府兵侍衛之制》를 발표하였다. 지금 그 책은 전하지 않지만, 역대 중국과 우리나라의 군사제도가 가진 폐단을 비판하고, 그 연혁사를 그림과 함께 설명하였다고 한다. 군사 분야 경영기획서인 셈이다. 이 밖에 저술 시기와 그 내용이 전하지는 않지만《팔진삼십육변도보八陣三十六變圖譜》와 《태을칠십이국도太乙七十二局圖》와 같은 병서도 지었다. 그리고 마침내 통합 군사훈련지침서인 《진법陣法》을 편찬한다.

정도전이 추진한 군사기획에서 단기적인 목표는 고려 말에 사병화된 군대를 해소하여, 그것을 조정에서 관할하는 중앙군으로 재편하는것이었다. 또 정도전은 중국 역대 병법을 당대 현실에 맞게 손질하여, 실전에 적용이 가능한 전술로 만들었다. 나아가 법가, 도가에 이르기까지 제자백가 사상을 섭렵하고, 이를 토대로 우리 현실에 맞는 독창적 병법이론을 세웠다. 특히 그는 병법에서 '인의'와 '절제'를 화두로삼았다. 《진법》 총론에서 정도전은 군사기획 기본 개념을 이렇게 밝히고 있다.

군대는 신信으로 다스리고 승리는 기奇로 거둔다. 신은 항상 불변이나 전투에는 일정한 규칙이 없다. 따라서 움켜쥘 땐 움켜쥐고 풀어줄 땐 풀어 줌으로써 항상 변화무쌍하여 적이 예상할 수 없게 해야한다.

민본주의자이면서 동시에 이상주의자인 기획가 정도전은 신의와자율로 유지되는 군대를 꿈꾸었다. 군사경영에도 그는 사상을 담았다.그는 군대를 거느리는 목적이 '세상을 바르게 하는 것'이라고 믿었다.일찍이 《주례》에서 말하는 원리이기도 하다. 하지만 엄격한 통제와 맹목적 복종에 익숙한 군관들에게 그것은 매우 낯선 군대였다. 그래서 절제사들은 진도 훈련을 하라는 임금의 명령에도 이 핑계, 저 핑계 대면서 게으름을 피워 댔다.

그러면 역사 기획가 정도전의 병법은 과연 현실성이 있는 것이었을까. 조선 세종 때 진법서를 연구한 변계량은 정도전이 쓴 《진법》을, 이제·하륜이 쓴 병서와 함께 '3대 진법서'로 꼽은 바 있다. 변계량은 "공수攻守에 대한 삼봉의 전술에 다른 이의 그것이 감히 미치지 못한다."며 정도전의 진법을 으뜸으로 꼽았다. 이처럼 《진법》은 실전 위주의 군사전술을 지향한 것이었다.

한편, 기획가 정도전이 군사 분야로 거침없는 발걸음을 내딛자, 정적들은 여기저기서 불만을 드러낸다. 그런 불만을 노골적으로 드러낸 인물이 있었으니, 바로 기회주의자 변중량이었다. 어느 날 변중량은 태조 이성계의 이복동생이자 이방원의 측근인 의안백義安伯 이화李和에게 불평을 토로하였다.

"예로부터 정권과 병권을 한 사람이 겸임을 못하는 법이라, 병권은 마땅히 종실에 있어야 하고 정권은 재상에게 있어야 합니다. 그런데 지금 조준·정도전·남은 등이 병권을 장악하고 또 정권을 장악하니 실로 옳지 못한 일이지요."

이 말을 들은 이화는 쪼르르 임금에게 달려가 고하였다. 그러자 태조는 즉시 변중량을 불러 사실을 확인한 뒤 잔뜩 화를 냈다.

"정도전, 조준 등은 모두 내 수족과 같은 신하들로 끝내 마음이 변치 않을 사람들이다. 이들을 의심한다면 믿을 사람이 누구냐? 이런 말을 하는 자들은 까닭이 있을 것이다."

그리고 태조는 1394년 11월 4일, 그 일에 연루된 박포·이회와 함께 변중량을 순군옥에 가두고 국문하게 하였다. 그 세 사람은 서로에게 책임을 뒤집어씌우며 추태를 보였다.

500년
수도 건설 傳鄭印道

1394년에 정도전이 내놓은 최고의 기획서는 그해 9월에 완성된 〈신도 궁궐조성도新都宮闕造成圖〉일 것이다. 그것은 '신도궁궐조성도감도제조'로서 정도전이 한양에 내려가 종묘·사직·궁궐·관아·시전·도로 등의 터를 배치한 '종합도시 설계도'였다. 그것은 오늘날까지 〈진신도팔경시進新都八景詩〉와 함께 기획가 정도전의 '트레이드 마크'로 인식되고 있다. 그 설계도 위에서 지금까지 수백만 후손이 숨 쉬며 살고 있으니 그럴 만도 하다.

1394년 8월 13일, 도읍지를 한양으로 정한 태조는 곧바로 '신도궁궐조성도감'을 설치하게 하였다. 그리고 그해 9월 9일, 한양의 종묘·사직·궁궐 등의 터를 정할 '신도시 기획 팀'이 꾸려졌다. 판삼사사 정도전이 팀장을 맡고, 권중화·심덕부·김주·남은·이직 등이 팀원으로 참가하였다. 기획 팀은 여러 산맥이 굽어 들어와서 지세가 좋은 곳을

〈진신도팔경시〉 시비
〈진신도팔경시〉는 정도전이 새로 건설한 수도 한양을 기리기 위해 쓴 시조다. 1995년 서울 정도 600주년을 기념하여 종묘 공원에 〈진신도팔경시〉 시비가 세워졌다. 시비 뒤편에는 정도전의 부조가 새겨져 있다.

궁궐터로 정하고, 그 동서쪽에 종묘와 사직 터를 정하는 등 새 도시 밑그림을 그려 냈다. 관아를 지을 자리를 잡고, 시전과 도로도 배치하였다. 단순한 배치가 아니라 성리학 이념에 따른 철학적 배치였다. 한마디로 사상을 공간에 옮긴 것이다.

그렇게 도면이 완성되자 정도전은 심덕부와 김주에게 한양 신도공사를 맡겨 두고 1394년 9월 23일에 개경으로 돌아온다. 그리고 다음 달인 10월 25일, 태조는 당장 천도 길에 올랐다. 매사 치밀하고 신중한 태조도 천도에 대해서만큼은 앞뒤 가릴 틈 없이 서둘렀다. 정도전이 한 충고도 통하지 않았다. 수많은 원혼이 서린 개경을 어서 떠나고픈 심정이 그만큼 절박했던 모양이다. 태조는 개경에 도평의사사의 지부支部 격인 분도평의사사分都評議使司와 각 관아별 관원 두 명씩만 남게 하고, 아직 궁궐도 완성되지 않은 한양으로 이사를 서둘렀다.

태조 일행은 1394년 10월 28일, 한양에 이르렀다. 그리고 옛 한양부 객사를 임시 궁궐로 삼아 짐을 풀었다. 드디어 한양 시대가 열렸다. 하지만 도시는 옛날 그대로였다. 새 도읍 모양새를 갖추려면 엄청난 공사가 필요했다. 태조 자신도 피땀을 흘려야 할 백성들에게 미안했을 것이다. 그런 미안함이 없었다면 그도 낡은 시대 왕들과 다를 바 없었을 터다.

1394년 12월 4일, 드디어 종묘 공사를 위한 첫 삽을 떴다. 공사를 시작하기 하루 전에는 임금이 목욕재계를 하고 하늘과 땅, 산과 강의 신에게 고유문告由文(중대한 일을 치른 뒤에 그 내용을 적어서 사당이나 신명에게 알리는 글)을 올렸다. 크나큰 역사를 일으키며 백성들 괴로움이 염려되니, 좋은 날과 때를 맞추어 공사가 잘되게 해 달라는 것이었다. 고유문은 정도전이 작성하였다. 그렇게 갑술년(1394년) 한 해가 저물었다. 그리고 1395년, 태조 이성계에게는 생애 가장 행복한 한 해가 떠올랐다.

그해 봄에 이르러 종묘와 새 궁궐이 서서히 모습을 갖추어 갔다. 그러던 3월 20일, 태조는 임금이 되기 전의 옛 친구들을 불러 주연을 베풀었다. 남양백南陽伯 홍영통과 창녕부원군 성여완 등이 참석하였다. 분위기가 무르익어 갈 무렵 정도전은 이제는 왕이 된 동업자를 위하여 즉석에서 "금원禁院(궁궐 안의 동산이나 후원)에 봄빛은 깊고 꽃은 한창인데, 옛 친구 불러서 술잔을 드니……"라는 시詩 한 수를 지어 올렸다.

1395년 9월에는 종묘와 궁궐 공사도 거의 마무리되어 가고 있었다. 태조는 모처럼 행복한 나날을 보낸다. 그런 태조는 동업자 정도전에게 말한다.

"새 대궐 침실 벽에 본받을 만하고 경계될 만한 말을 경사經史(경서

經書와 사기史記)에서 모아서 올려 주오.”

창업 이념을 밤낮으로 마음에 새기겠다는 뜻이었다. 그렇게 새 왕조는 나날이 모습을 갖추어 갔다. 그리하여 1395년 9월 29일, 드디어 종묘와 새 궁궐이 준공되었다. 의정부·삼군부·육조·사헌부 등 각 사司의 공청公廳도 더불어 모습을 드러냈다. 그 날짜 실록에 따르면 새 궁궐의 내전內殿은 연침燕寢(왕이 한가롭게 거처하던 궁궐)이 일곱 간이고 소침이 동서로 각 세 간이었다. 연침의 동서남북으로는 각 수십 간의 행랑이 길게 늘어서 있어서 대부분 서로 통하게 되어 있었다. 신료들의 조회를 받는 정전正殿은 왕의 집무실인 보평청報平廳 남쪽에 있었다. 정전은 돌계단 위에 2층으로 되었으며 넓이는 가로 34미터에 세로 15미터 가량이었다. 정전의 둘레 또한 수십 간의 행랑으로 연결이 되어 있었다. 그 밖에 주방廚房·등촉방燈燭房·인자방引者房·상의원尙衣院과 상서사尙書司·승지방承旨房·내시다방內侍茶房 등 부속건물이 무릇 3백 90여 간이나 되었다고 전한다. 궁궐의 동문은 건춘문建春門, 서문은 영추문迎秋門, 남문은 광화문光化門이라 했는데, 각 문은 상하층으로 되어 있으며 세 간 위층 다락 위에 종과 북을 달아서, 새벽과 저녁을 알리게 하였다고 한다. 더불어 광화문 남쪽 좌우에는 의정부議政府·삼군부三軍府·육조六曹·사헌부司憲府 등과 같은 각 사司의 공청이 배치되었다.

그런데 종묘와 궁궐, 관청만으로 새 도읍이 완성된 것은 아니었다. 도읍을 방어할 도성을 수축해야 하였다. 1395년 윤9월 13일에 정도전은 ‘도성조축도감도제조’가 되어 도성 쌓을 자리를 정하게 되었다. 이어 10월 5일에 태조는 종묘의 낙성과 새 궁궐 완공식을 열었다. 민생과 관련한 국정쇄신 교서를 백관에게 내린 뒤 새 궁궐에서 잔치가 열렸다. 태조는 신도시 축조에 공이 큰 조준과 정도전에게 "종묘의 예식은 모두 경들이 정한 것이었다."며 말〔馬〕을 하사하였다. 특히 정도전에게는 "아악을 들어 보니 경의 공이 적지 않았다."며 금으로 장식한 각대 하나를 더 주었다고 한다.

이틀 뒤인 1395년 10월 7일에도 정궁의 완성을 기념하는 연회가 열렸다. 술잔이 몇 바퀴 돈 다음에 기획가에게 궁궐의 이름을 지어 보라고 하였다. 그러자 이 천재 기획가는 '경복궁'이라는 세 글자를 뽑아 바치며 그 까닭을 말한다.

"이미 술에 취하고 덕에 배가 불러서 군자의 만년을 빛나는 복을 빈다는 뜻으로 《시경詩經》, 〈주아周雅〉에서 연유한 이름이옵니다. 궁궐이란 곳은 임금이 정사를 하는 곳이요, 사방에서 우러러보는 것입니다. 전하와 자손께서 만년 태평의 업을 누리시고 사방의 신민으로 하여금 길이 보고 느낄 수 있게 하기 위함이옵니다."

그러면서 정도전은 임금에 대한 따끔한 충고도 빠뜨리지 않았다.

"《춘추春秋》에 이르기를, '백성을 중히 여기고 건축을 삼가라.' 했으니, 넓은 방에서 한가히 거처할 때에는 가난한 선비를 도울 생각을 하고, 전각에 서늘한 바람이 불면 맑고 그늘진 것을 생각해 본 뒤에 만백성을 봉양하는 데 저버림이 없어야 할 것입니다."

태조를 위시한 중신들은 고개를 끄덕였다. 기획가의 유창한 프레젠테이션은 계속되었다. 침실에 해당하는 '강녕전康寧殿'은 안일한 것을 경계하며 공경하고 두려워하는 마음을 두라는 뜻이었다. 왕이 조회를 하는 정전은 부지런함으로 천하를 다스리라는 뜻에서 '근정전勤

경복궁 근정전
정도전은 경복궁과 궁내 각 전의 이름을 지어 바쳤다. 왕이 조회를 하는 정전인 근정전은 부지런
함으로 천하를 다스리라는 의미에서 지은 이름이다.

政殿', 평상시에 거처하는 편전은 깊이 생각하고 살피라는 뜻으로 '사
정전思政殿'이라고 하였다. 폭포 물 흐르듯 쏟아내는 정도전의 언변에
좌중은 숨을 죽였다. 그것은 새 도읍 한양 건설과 궁궐 축성의 하이라
이트였다.

혼히 역사가들은 정도전이 태조에게 '대대적인 공사를 벌이고 새
도읍을 만들어 왕조의 위엄을 세우라'고 건의했다고 한다. 하지만 그
것은 추측일 뿐이다. 한양 천도를 적극적으로 추진한 사람은 태조 자
신이었고, 거기에 적극적으로 가담한 사람은 오히려 출세주의자 하륜
이었다. 정도전은 다만, 한양으로 천도가 결정된 상황에서 신도시 설
계 팀장을 맡아 기획력을 발휘했을 뿐이다. 하륜의 주장에 반대한 데
서 보이듯, 정도전은 실상 성급한 천도를 달갑지 않게 생각하고 있었

다. 사옥이 번드르르하다고 회사가 잘 되는 것은 아니다. 위대한 기획가도 그런 심정이었을 것이다.

조선의
CPO
정도전 傳鄭印道

1394년에《조선경국전》을 발표한 기획가는 그로부터 한 달쯤 뒤에 유가적 사상서인《심기리편》을 내놓는다. 성리학적 세계관에 바탕을 둔 정치사상과 철학을 집대성한 이 책은 구성이 독특하다. 불교가 도교를 비판하고, 도교가 불교를 비판하게 한 다음에, 이 두 가지의 잘못을 다시 유교가 한꺼번에 깨우쳐 주는, 기발한 논법을 사용한 것이다. 그것은 불교나 도교에 비하여 성리학이 우월함을 입증하는 철학사상서였다.

위대한 역사 기획은 확고한 사상에서 나온다. 그럼 사상과 이념은 어떻게 다를까? 사상은 어떠한 사물이나 현상에 대한 구체적인 사고나 생각을 말한다. 그것은 숱한 의심과 판단 그리고 추리를 거쳐서 정리된 생각 체계다. 그런데 사상이 역동성과 방향성을 가지면 이념이 된다. 이념은 곧 사람들이 지향하는 이상적인 관념이다. 그래서 철학에서는 이념을 '순수한 이성에 의하여 얻은 최고 개념'이라고 정의한다. 결국 이념이란 동시대 인간들이 함께 추구할 보편적 가치를 말한다.

이념은 혁명에 뿌려진 양념이다. 백성들은 양념이 없는 혁명을 섭취하려 들지 않는다. 폭력적 쿠데타로 권력을 잡을 수는 있어도 백성들 마음을 사로잡을 수는 없다. 낡은 시대를 대체할 새로운 사상과 이념이 집단 속에 자리를 잡을 때 혁명은 비로소 완성된다. 그런데 사상과 이념을 실천한다는 것은 매우 어려운 일이다. 그래서 개인의 삶 속에서 '지행합일知行合一'을 이루어 낸 사람은 존경받는 위인이 된다. 하물며 사상을 현실에 옮겨, 새로운 국가에 적용시키는 일은 '모세의 기적'만큼이나 드물고 어려운 일이다. 위대한 기획가는 그런 기적을 시도하였다.

이념 정립을 위하여 정도전은 조선 백성들 머리에서 불교를 지워 버리고 그 빈 자리에 성리학 이념을 채우려고 하였다. 이른바 문화혁명이었다. 동업자 이성계마저 불교적 습성에서 벗어나지 못한 터에 정도전은 통치 이념을 새롭게 정립해야 한다는 절대적인 사명감에 불타올랐다. 불교 중심 사회에서 유교 중심 사회로 역사적인 전환을 시도한 것이다.

정도전은 고려사회가 안고 있는 가장 심각한 문제가 불교의 폐단과 토지의 집중이라고 보았다. 고려 말에 불교는 왕실과 귀족의 비호를 받으며 권력의 도구가 되었다. 전국에 수많은 절이 세워지고, 놀고먹는 승려들이 나날이 늘어갔다. 재물과 권력에 맛들인 사원에서는 막대한 농장과 노비를 소유하였고, 툭하면 불사佛事를 일으켜 국고를 탕진하였다. 사찰 대부분은 평민 열 집 재산을 하루아침에 써 버렸다. 결국 사원이 소유한 대토지를 몰수하는 수밖에 없었다. 그러기 위해서는 강력한 중앙집권체제를 만들어야 했다.

이미 낡은 불교 세계관을 밀어내고, 새로운 통치 시스템에 적용할 현실적이고 합리적인 이념이 필요했다. 그것은 성리학이었다. 성리학은 장대하고도 치밀한, 인간이 상상할 수 있는 거의 모든 분야를 아우르는 사고체계다. 우주와 자연에서 정치, 경제, 문학, 역사를 거쳐 일상적인 행위규범까지 망라하는 이 거대한 사유체계에 견줄 만한 것은 아마도 마르크스주의밖에 없을 것이다. 개인적 삶보다는 공동체적 삶의 태도를 지향한다는 점에서 성리학과 마르크스주의는 닮았다. 개인은 전체를 위해 존재하고 전체는 개인을 위해 존재하는 세상. 그것이 성리학자나 사회주의자가 꿈꾸는 세계다. 이들은 세계를 하나의 거대한 구조로 파악하기 때문에 사고체계 또한 정교하면서도 거시적擧示的일 수밖에 없는 것이다.

애초에 정도전이 혁명을 꿈꾼 것도, 불교적 세계관을 성리학으로 완전히 대체할 수 있다는 자신감에서 비롯된 것이었다. 사실 고려 말 유학자들은 이미 사찰의 폐단을 비판한 바 있었다. 마지막 고려인 정몽주도 일찍이 불교와 도교를 이단으로 규정하면서 낡은 사회의 고정관념에 조금 더 강도 높은 비판을 가한 적이 있었다. 하지만 불교를 종합적이고, 체계적으로 비판한 사람은 역시 정도전이었다. 그는 불교 비판 논문집인 《불씨잡변》과 《심기리편》 등의 저서에서 불교 교리에 대하여 정면으로 이론적 비판을 가하였다.

거대 종교 불교에 대한 기획가의 겁 없는 도전은 일찍이 창왕의 왕사였던 승려 찬영과 나눈 대화 속에서도 보인다. 당시 '이금'이라는 사람이 나타나 스스로 미륵이라 칭하면서, 제 말을 믿지 않으면 3월에 해와 달이 빛을 잃을 것이라고 예언을 흘리고 다녔다. 이때 승려 찬영이 말했다.

"이금의 말은 황당무계하고 웃기는 이야기가 아니오?"

그러자 정도전은 싸잡아 비난했다.

"이금이나 석가나 그 말이 다르지 않습니다. 다만 석가는 멀리서 다른 사람 일을 말했기에 사람들이 그 허망함을 모르고 있을 뿐이며, 이금은 가까이서 3월의 일을 말했기 때문에 허망함이 금방 드러난 것뿐입니다."

그러자 찬영이 아무 말 없이 자리에서 일어났다고 한다.

정도전은 불교에 대하여 편집증적인 거부감을 가지고 있던 것으로 보인다. 그는 "이단이 날로 성하고 우리 도는 날로 쇠잔해져서, 백성들을 금수禽獸와 같은 지경에 몰아넣고 도탄에 빠뜨렸다."며 불교에 원색적인 비난을 쏟은 적도 있었다. 나아가 기획가는 조금 더 체계적으로 불교를 비판하기 위하여, 성균관제조[1]로 일하던 1398년 여름에 《불씨잡변》을 펴낸다. 생애 마지막 저술을 불교 비판으로 맺은 것이다.

당시 《불씨잡변》의 발문을 쓴 권근의 서술에 따르면, 정도전이 그해 여름에 몸이 아프다고 며칠간 휴가를 내더니 그 책을 써 가지고 와서 보여 주며 이렇게 말했다.

"불교의 해독은 윤리를 저버리는 것으로, 장차 짐승을 끌고 와서 인류를 멸망케 할 것이므로, 명분과 교리를 책임진 이들은 불교를 적으로 삼아 배척해야 한다. 불교를 타파할 수 있다면 죽더라도 마음을 놓을 수 있겠다."

당시 정도전은 4품 이하 관료와 유생들에게 경사를 가르치는 임무를 맡고 있었다. 그래서 불교를 비판하고 성리학을 강고히 교육할 수 있는 교과서가 필요했다. 《불씨잡변》은 그 교과서였다. 더불어 그것은 동업자이며 주군인 태조 이성계가 절간 출입이 잦은 데 대한 우려를 간접적으로 드러낸 것이었다. 당시 이성계는 "유학에 으뜸가는 스승인 이색도 불교를 믿지 않았느냐." 며 여전히 불사에서 헤어나지 못하고 있었다.

한편, 불교를 제거하고 그 빈 자리에 성리학을 심기 위해서는 대중적인 매체가 필요했다. 그것은 바로 책이었다. 정도전은 짧은 기간에 많은 책을 발행할 수 있는 기술과 시스템을 구상한다. 그래서 떠오른 것이 바로 '금속활자'였다. 당시 금속활자는 이미 불경을 인쇄하는 데 쓰였다. 정도전은 '적의 무기'로 적을 공략하는 방법을 선택하였다. 그리하여 동료 유생들에게 독특한 제안서를 내놓는다. 그것은 바로 〈서적포를 설치하는 시〔置書籍鋪詩〕〉였다.

> 물어보자, 어떤 물건이 사람에게 지식을 더해 줄까?
> 타고난 자질이 좋지 않으면, 문장을 통해 이루어지는 법.
> 한스럽게도 우리나라에는 서적이 적어서
> 책을 읽었다 한들 열 상자가 되는 사람도 없다네.
> 늘그막에 못 본 책을 얻는다 해도
> 읽고 나서 덮으면 이내 까먹어 버린다오.
> 다짐해 바라노니 부디 서적포를 설치하여
> 후학에게 책을 널리 읽게 하고 무궁토록 전했으면.

그대 보라, 저 오랑캐가 윤리를 해치는 것을,

그런 글이 책시렁과 동량棟樑을 꽉 채웠네.

저들은 성盛하고 우리는 쇠했다 탄식할 것 있으랴?

본디 우리들이 뜻이 강하지 못한 것을.

여러분께 청하노니 서적 인쇄비용을 도우시어

모쪼록 사도斯道(유학의 도리)가 더욱 빛을 발하게 하소.

서적포는 원래 고려시대 국자감의 인쇄 기관이었다. 그러나 그 기능이 거의 유명무실한 상태였던 모양이다. 그런 서적포를 복원하여 다양한 책을 많이 찍어서 널리 보급하자는 것이다. 하지만 금속활자에 대한 그 열망은 아쉽게도 기획에서 그치고 말았다. 그리고 역설적으로 그를 죽인 태종 이방원이 나중에 조선시대 최초의 구리 활자인 계미자를 만들어 금속활자 시대를 열게 된다. 그렇게 쏟아져 나온 책들은 조선 선비들에게 성리학 이념을 채워 주었다. 더불어 그 선비들이 5백 년간이나 조선을 지배한 것이다.

백성들에게 새로운 사상을 각인시키는 일은 오늘날 시각으로 보면 '사상의 자유'를 억압하는 것이다. 하지만 정도전의 불교배척운동은 폭력이 전혀 동반되지 않은, 순수한 사상투쟁이었다. 기획가가 휘두른 무기는 오직 이론과 논리뿐이었다. 더불어 그 대상이 힘없는 하층민이 아니라 주로 부패한 기득권층이었다는 사실이 중요하다. 그것은 사상의 억압이 아니라 수구세력에 대한 저항이었다. 그랬기에 태조 이성계도 불교배척운동을 가로막지는 못한 것이다.

정도전은 조선의 창업 이념을 만들어 냈다. 그렇게 보면 그는 '조선의 CVO(Chief Vision Officer, 최고비전제시책임자)'였다. 정도전은 스스로 역성혁명의 선두에 서서 그것을 실천하였고, 새로 창업한 국가의 경영 일선에서 실세 재상이 되어 국정을 이끌었다. 그렇게 보면 정도전은 '조선의 CEO(Chief Executive Officer, 최고경영자)'였다. 나아가 그는 자신의 경영 시스템을 자손만대에 남기기 위하여 수많은 저서를 지어냈다. 그것은 역사상 가장 질긴 국가의 '경영 매뉴얼'이 되었다. 따라서 그를 '조선의 COO(Chief Operation Officer, 최고운영책임자)'라 불러도 무방할 것이다. 정도전은 활발한 출판을 통하여 널리 지식을 보급하려고 구상하였다. 지식경영을 꿈꾼 그는 '조선의 CKO(Chief Knowledge Officer, 최고지식경영책임자)'였다. 그런데, '정도전'이라는 이름 앞에 이처럼 많은 수식어가 붙을 수 있는 것은 그의 걸출한 기획능력 때문이다. 그래서 결국 그는 '조선의 CPO(Chief Planning Officer, 최고기획가)'가 되는 것이다.

600년이 지난 오늘날까지 정도전만큼 치밀한 사고와 긴 호흡을 동시에 갖춘 위대한 기획가는 없었다. 그렇다면 앞으로는 그만한 역사 기획가가 나올 수 있을까?

아쉽게도 지금 우리 사회에는 그런 기획가가 탄생할 만한 시스템이 없다. 조금 과장을 하자면 다시 수백 년이 흘러도 그런 기획가는 나오지 못할 것 같다. 고려 후기 수구 권문세족보다 수백 배나 강력한 '자본주의'라는 괴물이 그런 기획가의 탄생을 가만둘 리가 없기 때문이다. 더더구나 오늘날 우리 사회에는 당시 이성계와 같은 신중하고 든든한 후원자도 없지 않은가.

9

무너진
기획가의 꿈

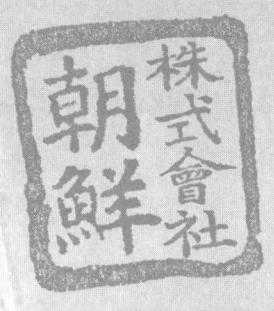

두 거인의 '기氣 싸움'
'이중 플레이' 주원장과 몇 가지 의혹
요동정벌을 기획하다
사병혁파로 고조된 갈등
단칼에 잘려 나간 기획가의 꿈
역사 속에 부활한 조선의 기획가

정도전은 창업 당시 실세 재상으로서 자신이 실천한 바를 고스란히 시스템화하였다. 그는 기획가면서 동시에 실천가였다. 그래서 그는 역사 속의 CPO(Chief Planning Officer)다.

두
거인의
'기氣 싸움' 傳鄭印道

1395년 12월 20일. 새 궁궐 입주를 앞두고 태조 이성계는 판삼사사 정도전과 좌우정승 조준, 김사형 등을 불렀다. 그리고 이들에게 칼 한 자루씩을 내려 주었다. 안팎에서 자라고 있는 위협세력으로부터 창업 국가와 자신을 지키라는 뜻이었을 터다. 이처럼 세 중신에게 의미 있는 칼 한 자루씩을 하사한 태조는 12월 28일, 드디어 새 궁궐에 입주한다. 그리고 곧 새해를 맞았다.

1396년 새해 첫날에 태조는 새 궁궐에서 백관과 함께 명나라 쪽을 향하여 넙죽 인사를 올린 다음에 신하들을 위하여 큰 잔치를 베풀었다. 모두 묵은 때를 말끔히 씻어 버리고 즐거운 마음으로 한 덩어리가 되었다. 연이어 술잔이 부딪쳤다. 잔치 분위기가 무르익자 몇몇 신하들은 일어나 춤을 추기도 하였다. 그때 기획가 정도전이 술잔을 받들고 의미 있는 한마디를 하였다.

"정월 원조元朝(새해 첫날 아침)는 한 해의 으뜸이며, 시조始祖는 일국의 으뜸이오니, 으뜸이란 것은 온갖 좋은 것 중에서도 제일입니다. 하오니 나라의 시조는 삼가지 않을 수 없습니다."

먹고 마시며 노는 것도 중요하지만, 창업 군주는 후대에 모범을 보여야 하므로 모든 일에 조심해야 한다는 말이었다. 그것은 창업 국가 초대 재상으로서 기획가 자신에게 던진 신년 화두이기도 하였을 터다. 대규모 도성공사를 며칠 앞두고 새해를 맞은 기획가는 마음이 그리 편치 않았던 모양이다.

창업 5년차인 1396년은 도성축조공사와 함께 시작되었다. 몇 개월 전에 이미 기획가는 '도성조축도감도제조'로서 성곽 쌓을 자리를 정해 둔 터였다. 그 자리에 전국 각지에서 징발한 장정 11만 8천 70여 명이 동원되어, 1월 9일부터 대규모 토목공사가 시작되었다. 지금 서울 4대문을 연결하는, 약 18킬로미터의 성곽 공사였다.

한편 도성공사가 시작되고 한 달쯤 지난 2월 9일, 명나라 예부禮部에서 공식 외교문서인 자문咨文이 도착하였다. 내용인즉, 새해 정초에 하정사 편에 올린 표문表文과 전문箋文에 '경박하게 희롱하고 모멸하는 문구'가 있으니, 글 지은 자를 명으로 압송하라는 것이었다. 이른바 '표·전문사건'이 불거졌다.

조선 정부에 비상이 걸렸다. 조선 개국 전부터도 이미 트집을 일삼던 주원장이었지만, 이번에는 그 분위기가 사뭇 달랐다. 표·전문 작성자를 직접 압송하라고 한 것은 조선에 대한 직격탄이었다. 이에 조선 정부는 '중국말에 서투르고 표현이 비루해서 경박하게 된 것이지, 고의가 아니다.'라는 내용으로 해명서를 보냈다. 더불어 전문을 지은 김약항을 2월 15일에 명나라로 압송하게 하였다. 표문을 지은 성균관대사성 정탁은 중풍에 걸려 일어날 수가 없었던 것이다.

다음 달인 1396년 3월 29일에는, 인신印信(왕의 직인, 국새)과 고명誥命(임명장)을 청하러 명에 갔던 계품사 정총 일행 중 한 명이 명나라에서 돌아왔다. 주원장은 이미 자문을 통하여 조선 건국을 승인하였지만, 창업 5년째가 되도록 그 물증인 인신과 고명을 보내지 않고 있었다. 말하자면 조선은 사대국 명나라에서 구두 승인만 받은 채로 허가증 없이 나라를 경영하고 있었던 것이다.

그런데 이번에도 주원장은 인신과 고명이 아닌 협박장을 보내왔다. 주원장은 조선 임금 이성계가 간사하고 교활하다고 비난하였다. 가짜 인신을 전달하여도 조선의 '야만인'들은 알지 못할 것이라고 비아냥거리기도 하였다. 그러면서 표·전문을 만들고 교정한 사람을 모두 압송할 것을 요구하였다. 더불어 명나라에 억류된 유구·정총·정신의·김약항 등의 가족들까지 명나라로 보내라고 윽박질렀다. 그러더니 마침내 1396년 6월 11일에는 우우牛牛와 왕예 등 명나라 사신이 들이닥쳤다. 이들은 표·전문 작성자를 직접 압송해 가겠다며 큰소리를 쳤다.

"전문을 지은 자만 보내오고, 표문을 지은 정도전과 정탁은 여태껏 보내지 않았으니, 표문을 지은 정도전 등과 원래 데리고 오라던 본국 사신 유구 등의 가솔을 빨리 보내라."

주원장은 비로소 속내를 드러냈다. 그랬다. 주원장은 결국 정도전을 겨냥하고 있었다. 이로써 14세기 후반, 동아시아 세계를 뒤흔든 두 거인은 기氣 싸움을 시작하였다. 변방 도적 떼를 이끌고 천하 군웅을 굴복시킨 뒤 명나라를 건국한 독재자 주원장, 그리고 일찍이 핏줄논쟁에 시달리면서도 오직 붓 한 자루로 이상국가를 설계한 기획가 정도전 사이에 줄다리기가 시작된 것이다. 이성계와 정도전은 명 사신들에게 즉답을 미루며 시간을 벌기로 하였다. 그리고 참찬문하부사 조반을 성절사로 보내고, 사흘 뒤에는 판문하부사 권중화 편에 말 열두 필을 진상품으로 보냈다.

그러던 중 엎친 데 덮친 격으로 1396년 6월 26일에는 현비가 병이 났다. 가뜩이나 어려운 때에 아내마저 병으로 드러눕자 이성계는 매우 고통스러워하였다. 태조는 사랑하는 아내가 쾌유하기를 바라며 승려들을 시켜 부처에게 빌고, 소격전昭格殿[1]에서 천지신명에게도 빌었다. 하지만 현비 강씨의 병세는 좀처럼 나아지지 않았다. 그 무렵에는 홍수마저 져서 궁궐 귀퉁이가 내려앉기도 하였다. 강원도 아홉 고을에서 산이 무너지고 물이 넘쳐 백성들은 수마水魔에 시달렸다.

그런 와중에서도 정도전과 명나라 사신 사이에 줄다리기는 계속되었다. 그러던 차에 권근이 스스로 표·전문 작성 책임자로서 명나라 행을 자청하였다. 이로써 권근과 정탁을 명에 보내는 것으로 가닥을 잡게 된다. 그리하여 7월 19일에는 권근·정탁·노인도 등이 명나라 사신 송패라와 함께 금릉으로 떠났다. 이때 하륜 또한 계품사를 자청하였다. 보수파 문인 권근과 이방원 측 책사 하륜이 민감한 시기에 스스로 명나라 행에 나선 것은 눈여겨볼 대목이었다.

한편 이성계 측은 정도전이 가지 못하는 이유를 해명한 시말서를 함께 보냈다.

정도전은 장고狀告에 의하면, 나이는 55세이고 판삼사사의 직에 있사온데, 현재 복창腹脹(배가 더부룩한 병)과 각기병(말초신경에 장애가 생기는 일종의 영양실조 증상)이 있습니다. 도전은 대사성 정탁이 기초한 홍무^2 29년의 하정표賀正表를 고치거나 교정한 일이 없사온데, 이제 거기에 관련되었다 하여 자세하게 살펴 주기를 빌므로…….

그러면서 정탁이 원래 정도전에게 교정을 청하였으나, 당시 정도전이 종묘에 제향祭享하는 일로 바빠서, 그 일을 지문하부사^3 정총과 예문관제학^4 권근에게 대신하게 하였다고 해명하였다. 더불어 억류 중인 사신의 가솔들은 보낼 수 없음을 단호하게 밝혔다. 그런 다음에 태조는 내전 침실까지 명 사신들을 불러들여 연회를 베풀어 주었다.

한편, 그 무렵 정도전은 공신 칭호인 '봉화백'만 남기고 나머지 모든 현직에서 물러났다. 비록 주원장의 압송 요구에 응하지는 않았지만, 조정 중신으로서 책임지는 모습을 보여야 했다. 더불어 병에 걸렸다고 공표한 마당에 계속 관직을 유지하는 것은 모양새가 좋지 않았다. 판삼사사 정도전 후임으로는 이색·우현보 계열인 설장수偰長壽가 임명되었다. 이처럼 정도전이 낙마落馬하자 이방원과 하륜 등 내부 위협세력은 속으로 기뻐하며 애써 표정관리에 들어갔다.

그러던 1396년 8월 9일, 현비는 병세가 더욱 악화되었다. 태조는 현비를 판내시부사^5 이득분 집으로 옮기게 하였다. 하지만 그로부터 사흘 뒤인 8월 13일 밤에 현비는 이득분 집에서 세상을 떠나고 말았다. 사랑하는 아내가 저승으로 가는 길을 몸소 지키며, 이성계는 통곡하였다. 그에게 현비는 아내이기 전에 함께 전장을 누빈 전우였고, 창업 의지가 흔들리지 않도록 뒷받침해 준 정신적 동지였다. 더구나 지금은 어린 세자 방석을 보살펴야 할 처지였다. 그런 현비를 잃은 이성계는 말로 표현할 수 없는 슬픔을 느꼈다.

하지만 창업 군주 이성계는 노국공주를 잃은 슬픔에 폐인이 되어버린 공민왕과는 사랑 표현법이 사뭇 달랐다. 이틀 만에 슬픔을 털고 일어난 이성계는 상복을 입은 채로 직접 안암동, 행주 등지로 나가 능터를 물색하였다. 그리고 8월 23일에야 취현방聚賢坊(지금의 정동) 언덕으로 능터를 결정하였다. 그 다음 날에는 또 문무백관에게 "상복을 입고 사무를 보면 불편하니 목욕재계하고 제향을 올릴 때만 입으라."고 일렀다. 그리고 도성 역사役事 현장을 방문하여 술을 내려 주면서 인부들을 격려하였다. 또 아직 조선에 머무르고 있는 명나라 사신들에게 연회도 베풀어 주었다. 사랑하는 아내 상을 당한 처지에서도 이성계는 차질 없이 국정을 수행하였다.

1396년 9월 24일, 도성공사도 마무리되었다. 여덟 방향으로 낸 각 성문에도 이름을 붙였다. 동서남북 방향 문은 각각 흥인문·돈의문·숭례문·숙청문이라 하였다. 또 동북쪽은 홍화문, 동남쪽은 광희문, 서남쪽은 소덕문이라 하고, 서북쪽은 창의문으로 이름 붙였다. 이어 9월 28일에는 죽은 현비 강씨에게 '신덕왕후'라는 존호를 붙이고, 능호도 '정릉貞陵'으로 정하였다.

그러던 1396년 11월 4일, 계품사 하륜과 표문 작성자 정탁이 멀쩡한 모습으로 명나라에서 돌아왔다. 권중화·구성로·유구·정신의 그리고 하성절사 조반도 돌아왔다. 정총·권근·김약항·노인도를 제외한 사신과 종사관 스물여섯 명이 2~3일 간격으로 모두 도착한 것이다. 명나라 독재자가 변덕을 부린 것일까. 주원장은 이들에게 옷가지와 말 한 필씩을 내주는 친절까지 베풀었다고 한다.

두 나라 사이에 긴장감이 조금 해소된 듯하자 조선 조정에서는 11월 20일, 정총·권근·김약항·노인도의 가솔들을 금릉으로 보냈다. 이어 다음 날에는 명나라 사신 우우 일행도 비로소 금릉으로 돌아갔다. 그리고 사흘 뒤에는 여러 사신단을 풀어 준 데 답례하는 뜻으로 판삼사사 설장수와 중추원부사 신유현이 안장 갖춘 말과 예물을 잔뜩 가지고 명나라로 떠났다.

태조의 주름살을 부쩍 늘게 만든 한 해가 그렇게 저물었다. 그리고 해가 바뀌면서 정릉 공사가 완성되었다. 정월 초사흗날, 취현방 북쪽 언덕에서 신덕왕후 장례식이 있었다. 태조 이성계는 한동안 조용히 슬픔을 달랬다. 그 무렵에는 기획가 정도전 또한 잡과시험 감독관 말고는 바깥 활동을 삼가고 있었다.

'이중 플레이'
주원장과
몇 가지 의혹 傳鄭印道

그러던 1397년 3월 8일, 권근이 안익·김희선 등과 함께 명에서 돌아왔다. 정총·김약항·노인도 등을 제쳐두고 권근 등만 멀쩡하게 돌아온 것이다. 주원장은 선유문에서, "조선국왕이여! 나는 아직도 기운이 난다."고 허풍을 떨며 어김없이 표·전문 문제를 들먹였다. 그러면서 권근을 풀어 준 까닭을 이렇게 말하였다.

"먼저 온 4인의 수재秀才 중에서 권근만 우직하고 진실하기에 놓아 돌려보낸다."

권근은 명나라에 머무는 동안 황제에게 시를 지어 바쳐 상도 받고, 또 명나라 궁정도서관인 문연각文淵閣에서 잠시 종사하기도 하였다. 한마디로 권근은 명나라에서 주원장과 시를 주거니 받거니 하면서 잘 놀다가 돌아온 것이었다.

이어 4월 17일에는 판삼사사 설장수와 중추원부사 신유현 그리고 전前 호조전서戶曹典書[6] 양천식 등도 함께 돌아왔다. 그런데 이들이 들고 온 자문이 조선에 또 긴장감을 조성하였다. 주원장은 조선에서 선물로 보내온 안장 갖춘 말과 기구에 모두 흠이 있어, 그간 진행된 나라 간 혼담을 파기한다고 하였다.

또 정총에 대한 새로운 소식도 알게 되었다. 본국에서 왕비 상을 당했다는 소식을 들은 정총은 왕비가 작고하였으니 상복을 입겠다고 우겨서 명절에 흰옷을 입고 궐 안에 들어가는 등 주원장 눈 밖에 나는 행동을 하여 풀려나지 못했다는 것이었다. 더불어 주원장은 이해하기 어려운 이유를 대며, 자신이 서번西藩[7]을 정벌하는데 조선에서 2만 인마人馬로 참전할 것을 요청하기도 하였다. 그런데 이번에도 자문의 주제는 역시 정도전이었다.

새로 개국한 조선에 등용된 사람의 표전表箋을 보니, 이것은 삼한 생령生靈의 복이 아니요, 삼한의 화禍의 으뜸이다. 지금 조선 국왕 이 李의 문인 정도전이란 자는 왕에게 어떤 도움을 주는가? 왕이 만일 깨닫지 못하면 이 사람이 반드시 화禍의 근원일 것이다. 지금 정총·노인도·김약항이 만일 조선에 있다면 반드시 정도전의 우익羽翼(보좌하는 사람)이 되었을 것이니, 곧 이들로 인하여 이미 화를 불러 그 몸에 미쳤을 것이다.

주원장은 정도전을 '조선의 화근禍根'이라고 하였다. 정총 등이 끝까지 억류된 진짜 이유도, 이들이 정도전과 '한패'인 까닭이었다. 그래서 주원장은 이방원과 가까운 하륜, 권근 등은 잘 대접하여 보내 주었

주원장
역사가들은 주원장이 '표·전문사
건'에서 노린 것은 요동정벌을 추진
한 위협인물 정도전이었다고 본다.
명나라 태조 주원장은 원나라를 몰
아내고 중국을 통일하여 대명률을
제정하고 과거제도를 정비하는 등
많은 업적을 남겼다. 재위 시 연호
홍무를 따라 홍무제라고도 한다.

통도사 불이문
경남 양산에 있는 통도사 현판은 주원장의 친필로 전해진다. '원종제일대가람'이라고 쓰여 있다.

지만, 정도전에게 '날개를 달아 줄' 정총·김약항·노인도 등은 계속 억류한 것이다. 이처럼 주원장은 노골적인 '이중 플레이'를 하였다. 그러면 주원장은 왜 그토록 집요하게 정도전을 물고 늘어진 것일까?

그 까닭을 역사가들은 흔히 '요동정벌론'에서 찾는다. 그 논지에 따르면, 정도전과 이성계는 창업 초기부터 군사개혁을 단행하며 요동정벌을 추진했다. 당시 명나라는 밖으로는 원나라 잔존세력인 북원과 오랜 전투로 지쳐 있었고, 안으로는 권력승계 과정에서 주원장과 주변 번왕(제후)들이 대립하고 있었다. 이런 어수선한 틈을 타서 태조 이성계와 정도전이 잃어버린 고구려 영토를 회복하기 위하여 요동정벌을 추진했다는 것이다. 그리고 그 낌새를 눈치 챈 주원장이 잠재적 위협 인물인 정도전을 제거하려고 집요하게 이성계를 압박했다는 것이 그 요지다.

당시 동북아시아 역학관계를 고려하면 일면 타당성이 있는 논지다. 또한 이성계와 정도전이 요동정벌을 추진한 것도 근거 있는 사실이다. 하지만 그것만으로는 설명되지 않는 의문이 남는다. 나중에 이방원 일파가 작성한 '광고책자'인 《태조실록》에도 그 의문점들은 발견된다.

첫째는 명나라 사신 우우가 조선에서 머물렀을 때, 이방원에게 보인 이상한 행동이다. 당시 태조 이성계는 여러 왕자들에게 돌아가면서 명나라 사신들을 접대케 하였는데, 그 장면이 《태조실록》 6월 26일자 기사에 이렇게 기록되어 있다.

전하(이방원)의 사저에 와서는 전하를 뵙고 모르는 결에 상에서 내려와 고두례叩頭禮를 행하므로 …… "천자天子의 사신이 배신陪臣(접대나 시중을 맡은 신하)에게 고두하다니, 어찌 이런 예가 있는가? 반드시 까닭이 있을 것이다." 하고, 태조에게 그 죄를 얽으려 하다가 마침내 그대로 하지 못했다.

'고두례'란 큰절을 올린 뒤에 곧바로 일어나지 않고 이마를 바닥에 한 번 더 조아리는 것으로, 상대에 대한 무한한 공경을 나타내기 위한 인사법이다. 본디 불자들이 석가에게 하는 인사법에서 비롯되었다. 그런데 대국의 독재자가 보낸 사신이 소국의 일개 왕자에게 머리를 조아렸다는 것이다. 그날 사신의 행동은 예법을 중시하는 유교시대에 도저히 있을 수 없는 일이었다.

게다가 며칠 뒤에 태조 이성계가 직접 이들을 내전에서 접대하려고 내관을 시켜 불러오게 하였을 때, 우우는 "황제의 명을 아직 이루지 못했는데, 한갓 술에만 취하면 어떻게 복명復命(명령을 받든 사람의 결과 보고)하겠는가? 정확한 계획을 말해 준다면야 연일 취한들 어찌 싫어하겠는가?"라고 하였다. 일개 왕자 이방원에게는 고두례까지 갖추던 사신이 정작 태조 이성계에게는 매우 불손한 태도를 보인 것이다. 결국 사신 우우는 조준과 김사형 등 두 정승이 가서 다시 청한 뒤에야 내전으로 왔다. 이처럼 명나라 사신들마저 조선에 대하여 '이중 플레이'를 한 것이다.

둘째로 통사通詞 양첨식이란 사람이 조선에 머물던 명나라 사신들에게 "돌아갈 때 정도전을 꼭 데리고 가라."고 권했다는 사실도 의혹 가운데 하나다. 그는 외교 실무와 통역을 담당하는 일개 관리였다. 나라 간 외교 문제에 발언권을 행사할 만큼 벼슬이 높은 인물도 아니었다. 그런 그가 임금 뜻에 거스르는 행동을 하였고, 그 사실이 나중에 밝혀져 가산을 완전 몰수당하고 섬으로 종신 유배된다. 그렇다면 그 배후는 누구였을까.

셋째, 목을 내놓고 명나라 행을 자초했다는 권근과 하륜이 멀쩡하게 돌아온 사실도 의혹 가운데 하나였다. 명나라 사신 우우 등이 정도전을 잡으러 왔을 때 권근은 "표表를 짓는 일에는 신도 참여하였으니, 원컨대 사신을 따라 경사京師(명나라 서울을 높여 부르는 말)에 가서 변명을 하겠습니다."라며 명나라 길을 자청하였다. 임금이 부르지도 않았는데 사신 길을 자청한 것이다. 이때 태조는 "경은 노모가 있고 또 황제의 명령이 없으니 차마 보낼 수 없다."며 보내지 않으려고 하였다. 그러자 권근은 간곡히 다시 청하였다고 한다.

"부르는 명령을 기다리지 않고 신을 보내면 병으로 가지 않는 자(정도전)도 의심을 면할 수 있고 신도 혹 용서를 받을 수 있지마는, 부름을 당하여 가면 신의 죄가 더욱 무거워질 것입니다."

감동받은 태조는 권근에게 사행使行을 허락했다고 한다. 하지만 정도전은 마음이 못내 찜찜하였다. 이방원과 가까운 권근이 명나라 행을 자청한 것도 걸렸지만, 정도전을 명으로 압송해야 한다고 주장하던 하륜이 인솔자를 자청하고 나선 것도 심상치 않았다. 마침내 정도전은 태조에게 아뢴다.

"권근은 이색이 사랑하던 제자입니다. 이색이 일찍이 기사년에 주상을 황제에게 고자질하다가 뜻을 얻지 못하였는데 지금 근이 스스로 청하여 가니, 필시 이상한 일입니다. 근을 보내지 마소서."

이색이 위화도 회군 이듬해에 창왕을 명에 입조시켜 이성계 측을 물리치려 한 사건을 사례로 들며 정도전은 권근의 명나라 행을 막으려 하였다. 하지만 태조는 황금 노자를 찔러 주면서 결국 권근을 명으로 보낸다. 그리고 권근은 명나라에서 환대를 받은 뒤 멀쩡하게 돌아왔다. 그 사실을 두고 《태조실록》은 "권근이 명나라로 간 것을 '아름답게' 여기고, 정도전을 '그르게' 여기는 자가 있었다."며 당시 여론을 전한다.

그렇다면 권근은 왜 위험한 명나라 길을 자청하였을까. 목숨을 건 지극한 충성심이었을까, 아니면 명나라에 가더라도 안전을 보장받을 계책이 있었던 것일까. 나중에 권근이 스스로 원종공신原從功臣으로 책봉해 달라고 올린 상서에 그 답변의 실마리가 있을지도 모르겠다.

1397년 12월 24일, 권근은 자신의 문장 실력을 뽐내며 긴 상서를 올렸다. 그는 상서에서 "개국공신 교서의 글도 모두 다 신이 닦아서 고친 것이오며, 교사郊祀[8]·종묘의 악장과 도읍을 정하고 궁궐을 경영하는 문부文簿(문서와 장부)도 모두 신이 짓고 뽑은 것"이라며 자기 공을 스스로 치하한다. 또한 자신이 명에 가서 주원장을 달래어 정도전을 위험에서 벗어나게 하였다고 자랑한다. 그러면서 권근은 자신을 원종공신 반열에 올려 달라고 청하였다. 태조는 권근의 청을 들어주었다. 권근과 함께 상서를 올린 설장수도 뜻을 이루었다. 조선 역사를 통틀어, 이처럼 제 공을 스스로 치하하는 상서를 올린 예는 찾아보기 어렵다.

한편, 권근이 명나라에 다녀왔을 때 정도전은 사헌부로 하여금 전 호조판서 양천식과 판삼사사 설장수와 화산군 권근을 탄핵하게 하였다. 정총 등은 모두 억류 당하였는데 권근 등이 멀쩡하게 돌아온 까닭을 밝혀야 한다는 것이었다. 또 양천식과 설장수도 국문을 하여 명나라에서 무슨 말을 했는지 밝혀야 할 것이라며 탄핵하였다. 하지만 신하들끼리 불신으로 대립하는 것을 꺼린 이성계는 정도전을 설득하면서 탄핵을 받아들이지 않았다.

요동정벌을 기획하다 傳鄭道印

주원장이 보인 이중적인 태도와 보수 정객들의 미심쩍은 행적은 그렇게 의혹만 남긴 채 역사 속에 묻혀 버렸다. 물론 권근이나 양첨식이 이방원 일파와 어떤 관련이 있는지 역사 기록에서 확인할 수는 없다. 그러나 이방원을 중심으로 결집한 국내 보수 세력이 명나라 주원장을 은근히 사주하여 이성계와 정도전을 곤경에 빠지게 한 징후가 실록 곳곳에 보인다. 그렇게 나라 안팎으로 불안한 그림자가 다가오고 있었다.

이미 세월이 흘렀건만, 세자책봉에 대한 불만을 깊숙이 간직한 이방원을 중심으로 검은 연기가 피어나고 있었다. 이방원 사저私邸 문간에는 왕실 종친은 물론이고, 권력에서 밀려난 보수 인사들 발길이 잦아지고 있었다. 그처럼 나라 안팎으로 불안한 기운이 감도는 가운데, 정도전과 이성계는 여러 가지 위험을 제거하고 정국을 뒤집을 만한 묘안을 찾기에 골몰하였다. 그러던 1397년 6월 어느 날, 정도전이 이성계에게 넌지시 아뢰었다.

"장차 세자 저하 안위가 실로 걱정이옵니다."

정도전을 빤히 쳐다보던 태조는 곧 눈길을 허공에 주며 답한다.

"무슨 큰일이야 있겠는가."

하지만 태조 또한 불안한 낯빛을 감추지는 못하였다. 정도전이 말을 이었다.

"하오나 전하! 만에 하나라도 있을지 모르는 사태에 미리 대비하여 만전에 만전을 기해야 할 줄로 아뢰옵니다."

태조는 잠시 눈을 감고 생각하다가 입을 열었다.

"허면 무슨 방도라도 있는 게요?"

"무엇보다도 왕자와 종친들이 거느린 사병을 해체하는 일이 시급할 것으로 생각되옵니다."

"반발이 만만치 않을 터인데, 무슨 수로 일시에 사병을 해체한단 말이오?"

"장차 종묘와 사직을 영구히 보전케 하려면 군권을 중앙으로 집중하는 것이 당연한 이치이옵니다. 하오니 지금 사병의 근거지가 되는 각 도 병마도절제사[9]를 모두 파하여 삼군부로 통합하면 사병은 저절로 해체될 것이옵니다. 또한 장차 명의 핍박에서 벗어나려면 언제라도 변경을 확보하여 스스로 국경을 지킬 수 있는 군사력을 준비해 두어야만 할 것이옵니다."

태조는 고개를 끄덕였다. 사병을 혁파하여 중앙군을 강화하고, 그렇게 집중된 군사력으로 언제든 요동을 확보할 수 있도록 준비해 두자는 것이었다. 그것은 결국 독립경영을 위한 방어력을 확보하자는 것이었다. 태조는 정도전의 전략에 따라 각 도 병마도절제사를 파하고 삼군부 관아도 새로 짓게 하였다.

사병혁파. 그것은 조선 왕실 주변을 또 한 번 술렁이게 하였다. 정도전과 남은 등이 요동을 정벌하려 한다는 소문도 떠돌았다. 1397년 6월 14일자 실록은 '정도전과 남은, 심효생이 군사를 일으켜 국경에 나갈 것을 태조에게 건의했다.'고 전한다. 그리고 때마침 병을 앓아 집에서 쉬고 있다가 그 말을 들은 좌정승 조준은 즉시 대궐에 가서 반대 주장을 폈다고 한다.

"새로 개국한 나라로서 경솔히 이름 없는 군사를 출동시키는 것은 심히 불가합니다. 이해관계로 말하더라도 천조天朝가 당당하여 도모할 만한 틈이 없으니, 거사해도 성공하지 못하고 뜻밖에 변이 생길까 염려되옵니다."

실록에서는 조준이 거병에 반대하자 태조가 기뻐하였다고 한다. 또 남은이 조준을 모함한 데 대하여 임금이 노하여 질책하였다고 한다. 태조는 요동공략에 별로 관심이 없었는데, 오직 정도전 일파가 이를 강력하게 추진하였다는 것이다. 하지만 이들의 시나리오는 엉성하기 그지없다. 조준의 반대가 있은 직후인 1397년 7월 2일에 태조는 봉화백 정도전과 의성군 남은에게 안장을 갖춘 말을 선물로 내려 준다. 앞뒤가 엇갈린다. 거병을 싫어하는 태조가 정도전과 남은에게 의미심장한 선물을 내려 준 사실을 어떻게 설명할 수 있을까.

정도전의 요동정벌 추진에 대하여 역사가들이 흔히 던지는 질문은 두 가지다. 하나는 '정도전이 과연 실제로 요동정벌을 추진하였을까?'이고, 다른 하나는 '당시 요동정벌이 현실적으로 가능했을까?'라는 것이다.

이에 대하여 한쪽에서는 두 질문에 모두 "그렇다."고 답한다. 명나라는 당시 조선과 마찬가지로 어수선한 상태에 있었고, 주원장이 "만일 조선이 20만 대군을 내어 쳐들어온다면 우리 군대가 어찌 막겠는가?"라고 말하면서 조선과 여진의 협공을 두려워했다는 것, 그리고 원나라의 잔존세력이 도처에 남아 있어서 명나라는 늘 부담을 가지고 있었다는 것을 근거로 든다. 물론 반대의견도 있다. 정도전은 유교사상에 푹 젖은 철저한 사대주의자였기 때문에, 그의 요동정벌론은 순전히 국내용이었다는 것이다.

그러나 이 두 가지 관점 모두 쇼비니즘chauvinism에 젖은 역사관이다. 쇼비니즘이란 맹목적이고 광신적이며 호전적인 애국주의를 말한다. 흔히 국수주의國粹主義나 전체주의와도 통한다. 쇼비니즘은 그 말 속에, 다른 집단에 대한 배타성을 포함하고 있다. 맹목적 반일감정 같은 것도 쇼비니즘의 한 가지다. 최영이 요동정벌을 추진한 이유가 실제로 고구려 고토 회복을 위한 것이었다면 그것 역시 쇼비니즘에서 자유롭지 못하다. 방어전이 아닌 선제공격으로 이뤄지는 거의 모든 군사행동은 쇼비니즘을 동반한다. 그것은 자국이나 상대국 백성 모두에게 굴레를 씌우는 일이기 때문이다. 무솔리니나 히틀러, 군국주의 일본이 그랬듯이.

그렇다면 붓으로 승부하는 합리적인 기획가 정도전은 과연 선제공격에 의한 요동정벌을 준비한 것일까? 기획가는 낡고 부패한 회사 고려를 폐업하고, 유교철학에 기반을 둔 재상 중심의 이상국가를 꿈꾸었다. 하지만 그 꿈에 '고구려의 고토를 회복하는 원대한 이상'은 들어 있지 않았다. 어떤 문헌에도 그런 내용은 단 한 줄도 나오지 않는다. 다만 그의 정적들이 나중에 작성한 실록에 무작정 '요동정벌'이란 말이 튀어나온다. 언제, 어떻게 거병을 하자는 언급도 전혀 없다. 조선사 최고 논객인 그가 앞뒤 설명도 없이 무작정 군사를 일으켜 요동을 정벌하자고 했을까? 더구나 판삼사사·의흥삼군부사 등 모든 핵심 관직을 다 내놓고 사실상 백의종군한 정도전이.

물론 정도전이 군사적인 긴장감을 조성하고 전시태세로 몰고 간 것은 맞다. 하지만 그것은 선제공격에 의한 요동정벌이 아니라, 튼튼한 방어 전력을 구축하여 명의 간섭을 받지 않고 독립경영을 하자는 것이었다. 더불어 대내적으로는 정적들을 무장해제하는 명분이었을 것이다. 기획가는 어디까지나 외교적으로 사대교린事大交隣을 천명하였다. 평화롭게 공존하되, 전쟁을 억지抑止할 충분한 방어력을 유지하는 것이다. 당시 정도전은 '요동정벌'이 아니라 '독립경영'을 꿈꾸었다.

조준의 극렬한 반대로 요동정벌론은 잠시 수면 아래로 잠겼지만, 태조와 정도전은 계속해서 진도를 가르칠 훈도관[10]을 양성하여 각 진鎭에 나누어 보내고, 삼군부로 하여금 날마다 진법을 익히게 하였다. 또 그해 8월 30일에는 왜적을 막지 못한 의주·안주·평양도의 수군만호水軍萬戶[11] 세 사람을 사형시키는 등 엄정한 군율을 세우는 데 힘을 쏟았다. 9월부터는 전백영을 서북면 선위사宣慰使[12]로 삼아 성 쌓을 만한 곳을 조사하였다. 곳곳에 방어기지를 만들기 위함이었다.

10월에는 "3년을 경작하면 반드시 1년의 저축이 있어야 한다."는 원칙에 따라 유비고有備庫[13]를 설치하였다. 그리고 정도전이 유비고 제조관으로 제수되었다. 군량이 넉넉하지 못하면 용맹한 군사 백만이 있더라도 소용이 없으므로, 평소에 군량미를 비축해 두어야 했다.

그렇게 '부국강병 프로그램'이 가동되고 있던 1397년 11월 30일, 명나라에서 비보가 날아들었다. 억류되어 있던 정총·김약항·노인도가 죽었다는 소식이었다. 정총은 어린 나이에 장원급제하고 공양왕 때 이미 병조판서에 올라, 일찍이 창업 팀에 합류한 개국공신이었다. 1394년에는 정도전과 함께《고려국사》를 편찬하기도 하였다. 그런 과정에서 정도전과 호흡이 잘 맞았고, 태조의 신임도 듬뿍 받았다. 그는 왕비 상을 당하여 만리타향에서도 상복을 고집하다가 국문을 당하여 죽었다고 한다. 하지만 진짜 이유는 정도전과 가깝다는 것이었다.

정총 등의 죽음으로 전시대비태세가 더욱 강화되었다. 12월 15일에 태조는 양주 말 목장 군사훈련 상황을 점검하였다. 같은 날 용산강에 가서 병선兵船 제작 현장도 시찰하였다. 다음 날인 12월 16일에는 좌정승 조준에게 판의흥삼군부사를 겸직으로 제수하였다.

한편 정총 등이 희생된 뒤에도 주원장은 계속 표·전문과 관련된 트집을 잡았다. 12월 18일에는 예부상서 자문을 통하여 표·전의 계본을 잘못 쓴 사람을 빨리 보내고 조공은 3년마다 하라고 하였다. 문제는 결국 정도전이었다. 정도전이 조선에 남아 있는 한 주원장은 발 뻗고 잠을 잘 수 없던 모양이다. 또한 조선 내부에서도 정적들을 중심으로, 정도전을 보내어 매듭을 지어야 한다는 여론이 솔솔 일어나고 있었다.

정도전을 겨냥한 칼날이 사방에서 다가오고 있었다. 기획가에게는 최대 위기였다. 그러자 1397년 12월 22일, 태조는 정도전을 동북면

도선무순찰사[14]로 보내 버렸다. 겉으로는 이씨 선조들 능을 봉안하라 는 것이었지만, 실제로는 정도전을 위기상황에서 벗어나게 하는 동시 에 성과 역참을 설치하는 등 군사 요새를 정비하기 위해서였다. 요동 공격 진로를 확보하려는 것이었다. 이성계는 자신의 오랜 가신이자 심복인 참찬문하부사 이지란을 도병마사로 삼아서 정도전을 보좌하 게 하였다. 동업자를 한겨울에 변방으로 밀어내는 데 대한 미안함을 표현한 것이다.

그렇게 한 해가 저물고, 태조 즉위 7년째인 1398년이 밝았다. 태조 는 새해 벽두부터 병치레에 시달린다. 하지만 그런 와중에서도 태조 이 성계는 동북면의 칼바람 속에서 임무를 수행하고 있는 동업자를 정성 으로 챙긴다. 1398년 1월 7일에는 궁온宮醞(궁중에서 빚은 술)을 보내어 노고를 격려하는가 하면, 다시 2월 5일에는 중추원부사 신극공 편에 옷 과 술을 보내면서, 마치 친구를 대하듯 자필로 쓴 편지도 보냈다.

　　서로 헤어진 지 여러 날 되니 생각하는 바가 매우 깊다. 신중추中樞(신극공)를 보내어, 먼 길을 떠난 고통을 묻고 위로코자 하였더니, 최긍이 마침 와서 안부를 알려주어 조금 위로가 된다. 이에 저고리 한 벌로써 바람과 이슬을 막게 하는 것이니 쓸모 있게 받아들이면 다 행이겠다 …….

　　송헌거사松軒居士는 쓴다.

서명자는 왕이 아니라 '거사'였다. '송헌松軒'은 이성계가 임금이 되기 전에 쓰던 호였다. 자신을 '거사'로 지칭함으로써 이성계는 '친구' 정도전에게 우정을 듬뿍 보내준 것이었다. 그러자 경원부(두만강 유역의 옛 행정구역)에 성을 쌓다가 임금의 선물과 편지를 받은 정도전은 주군이면서 친구인 이성계에게 무한한 감사의 답장을 보냈다.

편지 한 장으로 이를 데 없이 성스러운 가르침을 받았고, 옷은 구천九天(세상을 덮은 아홉 하늘)에서 내리었으니, 신의 몸에 딱 맞았나이다. 또 선온宣醞(임금이 내려준 술)을 붕준朋樽(여러 통 무더기)으로 내리셨으니, 감사함과 부끄러움에 눈물이 흐릅니다. …… 자나 깨나 만수의 기원을 배倍나 더하겠나이다.

정도전과 이지란은 3월 20일에 임무를 마치고 돌아왔다. 태조는 안마鞍馬(안장을 얹은 말)를 내려 주면서 정도전의 공을 치하하였다.

"경의 공이 윤관[15]보다 낫다. 윤관은 다만 9성을 쌓고 비를 세운 것뿐인데, 경은 고을 경계와 참로[16]를 구획하고 관리의 명분名分까지 제도를 정하여, 삭방도朔方道(철령 이북 지방)를 다른 도와 다를 바가 없이 하였다."

사병혁파로
고조된
갈등 ^{傳鄭印道}

정도전이 동북면에서 돌아온 뒤 사병혁파 작업에 힘이 실리자 정가가 다시 술렁였다. 이방원 사저 문턱을 넘나드는 사람들 발길이 잦아졌다. 그럴 즈음인 1398년 4월 20일에, 정도전은 권근과 함께 성균관제 조가 되었다. 그리고 4품 이하의 선비와 주요 관청의 유생을 모아 강습을 하였다. 비록 정부의 핵심 요직은 아니지만, 그의 정적들에게는 정도전이 중앙 정계에 복귀하는 것으로 보였을 터다. 이때 태조는 군량 1천 석과 병선 열 척을 경원부에 배치하였다.

한편, 표전을 둘러싼 주원장의 트집은 계속되고 있었다. 계본을 잘못 쓴 책임을 지고 압송된 조서는 명나라에서 모진 문초를 당하였다. 1398년 5월 14일, 주원장은 윤규·윤수·공부孔俯 등을 즉시 추가로 압송하라고 요구하였다. 이들이 조서와 함께 음이 같은 글자를 몇 개 골라서 계본에 끼워 넣는 글 장난을 쳤다는 것이다.

조선 조정에서는 공부 등 3인을 명에 보내는 것을 두고 찬반논의가 있었다. 대부분 찬성을 하였지만 한상경과 정구 등은 반대 입장을 보였다. 태조 임금과 조정 중신들은 쉽게 결정을 내리지 못하고 망설였다. 그런 가운데 마침내 정도전에게 화살이 날아왔다. 주원장이 정도전을 '조선의 화근'으로 지적하였으니, 먼저 정도전을 보내어 처분을 기다려야 한다는 것이었다. 그런 여론은 사병혁파로 궁지에 몰린 이방원 진영에서 나온 것이었다. 정도전은 다시 궁지에 몰렸다. 그러던 1398년 윤5월 3일, 우산기상시右散騎常侍[17] 변중량이 정도전을 보내지 말라는 상소를 올렸다.

　　"먼저 반복된 명령을 한 가지라도 따르지 않은 것이 없었는데도 견책이 이와 같은데, 어찌 후일의 변고를 기다린 후에 이를 알겠습니까? 황제가 기뻐하고 노여워하는 큰 계책이 어찌 일개 서생이 가고 머무는 사이에 결정되겠습니까?"

　　의외였다. 한때, 정도전에게 정권과 군권이 집중되는 것을 비판하는 상소로 곤욕을 치른 그가 이제는 용감하게도 정도전을 편들고 나선 것이었다. 태조는 변중량이 올린 소疏에 대하여 도당(도평의사사)에서 의논하게 하였다. 하지만 도당은 이미 정도전에게는 정적들의 소굴이나 다름없었다. 결국 도당에서는 정도전을 보내자는 쪽으로 의견을 정하였다. 이에 태조는 한동안 마음을 정하지 못하고 고심하였다. 현비도 세상을 떠난 마당에 태조가 인간적으로 믿고 의지할 사람은 오직 동업자 정도전뿐이었다. 태조는 그런 정도전을 차마 주원장에게 보낼 수 없었다.

　　그래서 태조는 1398년 윤5월 18일, 정도전·이지란·설장수·성석린 등을 불러 큰 잔치를 베풀었다. 판문하부사 심덕부, 영삼사사 권중화, 좌정승 조준, 우정승 김사형, 의성군 남은 등도 참석시켜 실컷 즐기게 하였다. 이처럼 공신세력과 중도 진영 원로들 간에 단합대회를 열어줌으로써 태조는 정도전을 명에 보내자는 여론에 입막음을 한 것이다.

그런 다음 두 동업자는 다시 군사 준비태세를 다그쳤다. 1398년 윤5월 21일에는 의흥삼군부에서 부위군 근무태세를 점검하여 인사에 반영할 것을 제안하였다. 진도 훈련도 강화되었다. 양주 목장에서 날마다 훈련이 실시되었다. 각 도 절도사와 군사들에게도 훈련을 독촉하였다. 훈련 자세가 불량한 군관이나 병졸에게는 매질까지 하였다. 관병들 사이에서 당연히 원망이 싹터 올랐다.

그러던 1398년 6월, 명나라 주원장이 죽었다는 소식이 날아왔다. 명나라와의 외교적 긴장관계는 한순간에 해소되었다. 더불어 정도전도 외부 위협에서 벗어날 수 있었다. 물론 그것은 일시적인 해소일 뿐이었다. 새로 등극한 명나라 어린 황제가 자리를 잡기 전에 힘을 길러, 완전한 독립경영의 발판을 마련해야 했다. 태조와 정도전은 군사력 증강에 더욱 박차를 가하면서 전시 대비태세를 갖추어 나간다.

하지만 그 무렵 판의흥삼군부사로서 명목상 군부 총책임자인 좌정승 조준은 휴가를 청하여 집에 칩거하고 있었다. 기록에 따르면, 7월 11일에 정도전과 남은은 조준의 집에 찾아가서, 요동공격이 결정되었으니 그 문제에 대해 다시 언급하지 말 것을 요청하였다. 그러자 조준은 "백성들이 명령을 따르지 않아 요동에 도착하기 전에 나라가 패망할까 염려된다."며 반대하였다고 전한다. 이처럼《태조실록》은 정도전과 조준의 대립을 자주 묘사하고 있다.

그런데 장면마다 정도전 측 논리는 껍데기만 기록되어 있는 반면, 조준이 주장한 내용은 그 앞뒤가 충분히 기록되어 있다. 왠지 조준 쪽을 두둔하는 느낌이 물씬 풍긴다. 다분히 형평성에 어긋나는 역사 서술이다. 더불어 당시 좌의정 조준의 언행에서는, 창업 전 수구세력을 향하여 전제개혁을 부르짖던 개혁가 조준의 모습은 찾아볼 수 없다. 정도전과 남은은 당시 조준에게서 10년 전 조민수나 우현보의 그림자를 보았을 것이다.

한편 1398년 7월 19일에는 부분적인 인사개편이 있었다. 이방원의 측근 하륜은 충청도 도관찰출척사로 내려갔다. 이날 인사는 정도전 측이 위협세력인 이방원과 하륜을 떼어놓기 위해서 행한 것으로 보인다. 또 야사에 따르면 이날 하륜의 송별회가 열렸는데, 하륜이 실수를 가장하여 이방원의 술상을 엎어 버렸다. 그러고는 사과를 핑계로 이방원을 따로 불러내어 말했다.

"장차 형세가 엎어진 술상처럼 될 것입니다."

그러자 방원이 물었다.

"그럼 어찌해야겠소?"

하륜이 대답하였다.

"다른 방도는 없고, 다만 선수를 쳐서 없애는 것뿐이외다."

이들 사이에는 그 무렵에 이미 정권 탈취를 위한 치밀한 시나리오가 세워졌을 것이라는 게 역사가들의 일반적인 견해다. 해박한 학문과 뛰어난 정치적 감각으로 나중에 태종 이방원 시대를 이끈 하륜. 그는 집권 시절에 충청도 태안군의 순제라는 곳에 운하를 파서 조운漕運 선박이 이용케 하고, 용산에서 남산 밑으로 이어지는 한강 운하를 구상하기도 하였다. 물론 제대로 된 운하 건설에 성공하지는 못하였지만, 그는 다양한 국토 개조 구상을 할 정도로 통이 큰 인물이었다. 삽과 곡괭이와 우마차밖에 없던 시절에 참 무모한 발상이었다.

한편, 1398년 7월 25일. 태조는 전라도와 경상도의 진도陳圖 강습 상황을 시찰하게 하였다. 그 결과, 각 진이 모두 진도를 익히지 못하고 있으며, 나주진만 조금 익히고 있다는 보고를 받았다. 태조는 벌컥 화를 냈다.

"즉시 각 진의 훈도관을 가두고, 첨절제사[18]가 제대로 감독하지 못한 죄를 논하라."

더불어 이틀 뒤에 태조는 순군천호[19] 김천익을 전라도와 경상도 각 진에 보내어 첨절제사 중에 진도를 익히지 않은 사람을 매질하게 하였다. 또 8월 1일에는 사헌부에 명하여 여러 왕자와 의성군 남은, 참찬문하부사 이무 등이 진도를 익히지 않는 까닭을 묻게 하였다.

그런데 여기서 잘 납득이 되지 않는 점이 있다. 《태조실록》은 정도전과 남은이 요동공략을 이끌었고, 태조는 이들에게 끌려간 것으로 묘사하고 있는데, 정작 정도전의 측근이며 요동정벌론자인 남은이 태조의 질책을 받은 점을 어떻게 이해해야 할까.

그것은 당시 요동정벌을 가장 앞서 추진한 사람이 바로 태조 자신이었음을 보여 주는 단면일 것이다. 사실 당시 가장 절박하게 사병혁파와 군권 집중을 원한 사람은 바로 태조 이성계 자신이었다. 사랑하는 아내 현비는 저세상으로 떠났고, 자신은 병치레로 앓아눕기 일쑤였다. 게다가 믿음직한 동업자 정도전은 명나라의 협박에 끊임없이 시달리고 있었다. 그런 터에 만약 자신이 죽고 정도전마저 힘을 잃으면 어린 세자의 운명은 그야말로 바람 앞의 촛불일 터였다. 그러므로 태조는 왕실 종친의 무장을 해제하고, 군사력을 세자에게 집중시키려 하였다. 그래서 사병을 해체하면서도 세자 방석과 동복同腹 형 방번이 거느린 군사만은 거두지 않은 것이다.

세자의 힘과 권위를 세워 주는 것, 당시 이성계의 관심은 온통 그것이었다. 물론 그것은 기획가 정도전이 바라는 바이기도 하였다. 그리하여 8월 4일, 사헌부에서 진도를 익히지 않은 지휘관 292명을 탄핵하였을 때, 태조는 훈련 담당자들에게 곤장 1백 대씩을 치게 하였다. 그리고 8월 9일에는, 탄핵 명단에 오른 창업공신과 왕실지친 그리고 원종공신에 대해서는 휘하 사람에게 태형 50대씩을 쳤다. 외방 여러 진의 절제사로서 진도를 익히지 않은 사람도 모두 곤장을 맞았다. 온 나라가 볼기짝 치는 소리로 요란했다. 그로 인하여 정적들의 불만은 극에 달하였다. 특히 정안군 이방원은 수하 병사들이 볼기짝 맞는 광경을 목도하면서 눈에 쌍심지를 켜게 된다.

한편, 1398년 8월 9일자 《태조실록》에 따르면 이날 정도전은 요동 공략에 대해 다시 한 번 조준을 설득하려다가 실패하였다. 그러면서 정도전과 남은이 임금에게 날마다 요동정벌을 권하였다고 한다. 그리하여 무리하게 진도를 익히게 한 것이 온 나라에 볼기짝 치는 소리를 울리게 하였다고 기록하고 있다. 실록에 따르면, 당시 모두가 반대하는 요동정벌을 유독 정도전과 남은이 독불장군처럼 추진한 꼴이 된다. 하지만 한때 정도전에 대한 비방과 적대적 여론을 만들어 퍼뜨린 당사자들이 나중에 편집한 내용인지도 모를 일이다. 한마디로 《태조실록》은 공연이 끝난 뒤에 쓴 연극 대본이지 않던가.

단칼에
잘려 나간
기획가의 꿈 傳鄭印道

1398년 8월 14일, 죽은 왕비의 능에 며칠간 나들이를 하던 태조는 또다시 병이 도졌다. 이틀이 지나고 사흘이 되어도 좀처럼 병세는 나아질 기미가 보이지 않았다. 정적들은 시시각각 음모를 꾸미고 있었다. 그런 마당에 누구보다 걱정에 휩싸인 사람은 바로 정도전이었다. 전시 동원 체제를 연출하고 있는 중요한 때에, 이성계가 영영 일어나지 못한다면 참으로 큰일이었다.

정도전과 이성계. 두 사람은 인간적인 의리와 우정으로 맺어진 허물없는 친구였다. 조선 창업을 전후하여 20년 가까운 세월 동안 두 사람의 믿음에 금이 간 흔적은 역사 기록에 단 한 줄도 보이지 않는다. 창업 전 동지였을 때나 창업 후 군신관계가 되었을 때나 두 사람의 우정과 의리에는 변함이 없었다. 그들 사이를 이간질하려는 세력이 사방을 가득 메우고 있었는데도 말이다.

그처럼 늘 허물없는 친구이자 완벽한 콤비였던 동업자가 병석에서 일어나지 못하자, 정도전 또한 집에서 다리 뻗고 편히 잘 수가 없었다. 그래서 궁궐에 가까운 송현방(지금의 관훈동, 송현동 일대) 남은의 첩 집에 '임시 캠프'를 차려 놓고 측근들과 함께 수시로 문병하며 시국을 걱정하고 있었다. 만약 태조가 갑자기 죽기라도 한다면 왕위승계에 차질이 없도록 만전을 기해야 할 중요한 상황이었다.

그처럼 정도전이 긴장하고 있을 무렵, 다른 쪽에서는 행동가 이방원이 비밀리에 안산 군수 이숙번을 불러 일렀다.

"임금이 병환이 나기를 기다려 간악한 무리들이 반드시 변고를 낼 테니, 내가 만약 부르거든 마땅히 빨리 와야만 할 것이다."

공연 뒤에 대본을 쓰다 보니, 마치 정도전이 할 말을 이방원이 한 것으로 잘못 옮긴 듯하다. 임금이 병이 나면 변고를 일으키려고 벼르던 사람은 바로 이방원 자신이 아니던가. 그렇게 궁궐 주변에 팽팽한 긴장감이 흐르던 1398년 8월 26일.

태조는 병세가 악화되어 사경을 헤맸다. 그리하여 왕자들에게 급히 궁궐로 모이라는 전갈이 전해졌다. 방원은 하늘이 준 기회라고 생각하였다. 아버지의 병환이 악화될수록 아들의 가슴은 마구 뛰었다. 속도전의 승부사 이방원. 그는 이번에도 속도에 승부를 걸었다. 그는 하룻밤 승부수를 띄웠다. 날이 새기 전에 세상을 바꾸어야 했다. 방원은 처남 민무구와 잠시 머리를 맞댄 뒤, 이숙번을 급히 불렀다. 그리고 집 앞에 있는 신극례의 집에서 무장한 채로 대기시켰다. 그런 다음 자신은 대궐로 향하였다.

《태조실록》에 따르면, 그날 오후에 이방원을 비롯하여 방의·방간 등 왕자들과 이백경·이화·이제 등 종친들은 근정문 밖의 서쪽 행랑에서 모여 대기하였다. 그러던 이날 오후 4시경에 이방원의 집종 소근이 궁궐로 와서 이방원을 찾았다. 소근은 큰 소리로 "주인마님께서 배와 가슴이 몹시 아프십니다."라고 말하였다. 잠시 주변을 살피던 이방원은 즉시 사저로 돌아갔다. 그런데 배가 아프다던 부인은 멀쩡한 상태로 남편을 맞았다.

의아해 하는 방원에게 민씨 부인은 정도전 일파가 송현방 남은의 첩 집에 모여 있다는 정보를 알려 주었다. 그러면서 창고에 몰래 숨겨 둔 무기를 보여 주었다. 방원은 '거사'를 하기로 결의를 다졌다. 그리고 처남 민무질에게 여러 가지 사항을 지시한 뒤에 다시 대궐로 돌아갔다.

근정전 서쪽 행랑으로 돌아온 이방원은 온갖 상황을 기다리며 행동을 개시할 때를 기다렸다. 죽성군 박포는 정도전 일파가 모여 있는 송현방 동향을 살펴 수시로 이방원에게 알렸다. 여러 왕자와 종친들은 모두 말〔馬〕을 남겨 두지 않았으나, 이방원만 소근을 시켜 서쪽 행랑 뒤에 말을 대기시켰다. 저녁 8시쯤 궐 안에서 나온 내관이 전하였다.

"전하께서 위급하시어 병을 피하고자 하니, 여러 왕자들은 빨리 안으로 들어오시되 종자從者는 모두 들어오지 못하게 하십시오."

이화·이종·이제가 먼저 근정전 문 안으로 들어갔다. 하지만 방원은 방의·방간·이백경 등과 더불어 들어가지 않고 서성이며 말하였다.

"옛 제도에 궁중의 여러 문에는 밤에 반드시 등불을 밝히는데, 지금 보니 궁문에 등불이 없다."

그러면서 이방원은 배가 아프다는 핑계를 대고 서쪽 행랑 문밖으로 나왔다. 그리고 뒷간에 들어가 앉아서 생각을 정리하였다. 방원은 곧바로 행동을 개시하기로 마음을 다졌다. 하필이면 뒷간에서 말이다. 그때 방의와 방간 등이 이방원을 부르는 소리가 들렸다. 이방원에게 행동개시 여부를 확인하려는 것이었다.

뒷간에서 나온 방원은 즉시 말을 타고 궁성의 서문을 통과하여 약속 장소로 달려간다. 그 뒤를 방의, 방간, 이백경 등이 따랐다. 그들은 삼군부 앞길에 이르러 이숙번과 마주하였다. 무장한 이숙번은 제법 많은 군졸을 거느리고 그들을 맞았다. 이거이·조영무·신극례·서익·문빈·심귀령 등도 모여 있었다. 곧 민무구·무질 형제가 기병과 보병을 끌고 왔다. 이날의 반란자들이 쓴 실록에는 그 수효가 겨우 기병 열 명에 보졸이 아홉 명이었으며, 그나마 민씨 부인이 몰래 준비해 둔 무기를 절반만 소지했다고 한다. 그러나 아마도 거짓일 터다. 실록에 따르면 그날 밤 광화문에서 남산에 이르기까지 어둠 속에 정예기병이 꽉 차 보였다. 그러면서 실록에는 '사람들이 신神의 도움이라고 하였다.'고 기록하고 있지만, 실제로 그날 밤 집결한 반란군 숫자가 적어도 수백 명은 되었음을 보여 주는 증거다.

쿠데타 세력의 첫 번째 표적은 당연히 권력 수뇌부 정도전이었다. 그 다음에 백관의 의결기구인 도당을 접수하고, 궁궐 수비를 무력화시킨 다음, 세자 방석을 끌어내리면 끝이었다. 태조가 병으로 의식을 잃은 사이에 조선 천하는 이방원을 비롯한 정실 왕자들에게 접수될 터였다. 그리하여 밤 10시쯤 되었을 무렵, 방원은 이숙번과 무장한 보졸 10여 명을 이끌고 송현방 쪽으로 조용히 다가갔다. 그리고 소리 없이 남은의 첩 집을 포위하였다.

그때 정도전은 여느 때처럼 송현방 '임시 캠프'에서 측근들과 모여 있었다. 등불 아래 간단한 주안상을 차려 놓고, 남은·심효생·이무·이근·장지화·이직 등과 함께 정세를 걱정하며 담소를 나누고 있었다. 이날 정도전은 측근들에게 죽음에 대한 철학을 토로하였다고도 한다. 밤이 깊어 노복들도 대부분 잠이 들어 있었다. 왕자들이 거느린 시위패侍衛牌를 이미 혁파한 터라서 경호에도 별로 신경을 쓰지 않았다.

그러던 터에 지붕에 무언가 '툭' 하고 떨어지는 소리가 났다. 이어 같은 소리가 두 번이나 더 들려왔다. 화살이 기왓장에 떨어지는 소리였다. 좌중은 갑자기 안색을 굳히며 바깥 소리에 귀를 기울였다. 이어 바깥이 환해졌다.

"불이야!"

밖에서 누군가 외쳤다. 심효생·이근·장지화 등이 동시에 바깥으로 뛰쳐 나갔다. 그러나 곧바로 세 사람은 비명과 함께 쓰러졌다. 바람을 가르는 칼날, 그리고 이어지는 비명으로 '임시 캠프'는 순식간에 아수라장이 되었다.

비로소 변고가 일어난 것을 깨달은 정도전과 그 측근들은 급히 몸을 피하였다. 남은은 탈출에 성공하였다. 이직은 지붕에 올라가서 불을 끄는 노복 시늉을 하다가 도망쳤다. 이무는 문밖으로 나오다가 빗나가는 화살을 맞았다. 보졸步卒이 그를 죽이려 하였으나 이방원이 살려 주었다. 그는 사실 이방원 측 첩자였다.

정도전은 정신없이 이웃집 담장을 넘었다. 전前 판사 민부의 집이었다. 정도전은 그 집 침실로 몸을 숨겼다. 그리고 최후를 예감한 듯, 담담한 표정으로 좌정하고 필묵 보따리를 펼쳤다. 위대한 기획가는 죽음

앞에서 칼 대신 붓을 꺼냈다. 당시 사회에서 진정한 사대부라면 늘 필묵을 몸에 지니고 다니는 것이 예사였다. 정도전은 사대부다운 죽음을 맞이하기 위하여 생애 마지막 시 한 수를 지었다.

자조自嘲

조존操存(흩어지는 마음을 붙잡음) 성찰省察 두 가지에 공력을 다하여
책 속 성현의 길 저버리지 않았노라
삼십 년 동안 부지런히 쌓은 업이
송현방 정자에서 한 번 취해 허사가 되었구나.

이어 이방원과 보졸들이 민부의 집으로 들이닥쳤다. 《태조실록》에는 그날 집주인 민부가 "배가 볼록한 사람이 집에 숨어 있다."고 고자질한 것으로 되어 있다. 그것이 사실인지는 알 수 없지만, 어쨌든 정도전은 짧은 시 한 수를 써 놓고 작은 칼 하나를 들고 밖으로 나왔다.

침입자 이방원이 보졸과 함께 마당에서 그를 맞았다. 정도전과 이방원은 잠시 눈빛을 교차하였다. 그리고 곧 이방원이 칼을 빼들었다. 정도전은 가만히 눈을 감았다. 칼날이 바람을 일으켰다. 그 순간 위대한 기획가의 꿈은 잘려 나갔다. 이상국가를 향한 꿈도, 독립경영의 꿈도, 단 한순간에 허공으로 날아가고 만 것이다.

실록에는 이때 정도전이 엉금엉금 기어 나와서 "예전에 공公이 이미 나를 살렸으니 지금도 또한 살려 주소서."라고 방원에게 빌었다고 되어 있다. 하지만 실록의 묘사를 그대로 믿을 만큼 독해력이 떨어지

는 사람은 드물 것이다. 정도전이 최후를 맞아 사대부다운 모습을 버리고 단지 목숨을 구하고 싶었다면, 시를 지을 시간에 멀리 도망칠 궁리를 하지 않았을까.

정도전을 살해한 후 이방원은 즉시 조준과 김사형 두 정승을 불러냈다. 만인지상의 두 정승은 쿠데타 주인공 이방원 앞에 무릎을 꿇었다. 방원은 이들에게 '합좌合坐'를 명하였다. 당상관堂上官 대신들이 모여 대사를 의논하는 것을 말한다. 반란을 진압해야 할 위치에 있던 두 정승은 일개 왕자가 시키는 대로 고분고분 따랐다. 조준과 김사형은 예조에 명하여 백관들을 재촉해 모이게 하였다. 백관이 모인 곳은 도평의사사 관아가 아닌, 운종가(지금의 종로) 길바닥이었다.

그로써 도당마저 접수한 쿠데타 세력은 궁궐 수비를 맡고 있는 조온과 박위를 불러냈다. 조온은 곧 휘하의 병졸들을 끌고 나와 항복하였다. 그리고 모두 무장을 해제하여 집으로 돌아가게 하였다. 하지만 박위는 한참 동안 응하지 않았는데 나중에 상황을 파악하기 위하여 밖으로 나왔다가 살해당하였다. 그로써 한양 도성은 반란군 천지가 되었다.

역사 속에 부활한 조선의 기획가 傳鄭道印遁

날이 밝았다. 그 사이 태조는 불행인지 다행인지 의식이 조금 회복이 되었다. 조준과 김사형, 두 정승은 간밤에 일어난 상황을 궁궐에 보고하였다. 정도전과 남은, 심효생 등이 비밀리에 모의하여 종친들을 해치려 하다가 오히려 주륙 당하였다는 것이었다. 이때 반란군을 공격하자고 말한 사람은 오직 세자의 매형인 이제뿐이었다. 하지만 갓 의식이 돌아온 태조는 그를 말렸다. 더 피를 보고 싶지 않은 까닭이었다.

이방원은 또 도당을 시켜 백관 명의로 소를 올리게 하였다.

"적자이면서 장자를 세자로 세우는 것은 만세의 도리인데, 전하께서 장자를 버리고 유자幼子(어린 자식)를 세웠으며, 도전 등이 세자를 감싸고서 여러 왕자들을 해치고자 하여 화를 예측하기 어려운 처지에 있었으나, 다행히 천지와 종사의 신령에 힘입어 난신이 형벌에 복종하고 참형을 당하였으니, 원컨대 전하께서는 적장자인 영안군을 세워 세자로 삼게 하소서."

그 말을 들은 태조는 숨이 턱 막혔다. 이성계는 체념하였다. 시녀의 부축을 받으며 간신히 일어나서 압서押署를 한 임금은, 다시 돌아누우며 말하였다.

"어떤 물건이 목구멍에 낀 듯 내려가지 않는다."

이어 도당에서 세자 방석을 내보내 달라고 청하였다. 태조는 모든 것을 체념한 듯 방석에게 말한다.

"이미 세자를 바꾸었으니, 나가더라도 무엇이 해롭겠느냐?"

방석이 울면서 하직하였다. 왕세자비 현빈은 옷자락을 당기면서 통곡하였다. 방석은 그런 현빈을 물리치고 밖으로 나갔다. 그리고 궁성의 서문을 나가다가 살해되었다. 방석의 형 방번 또한 강화도 통진으로 안치되는 도중에 목숨을 잃었다.

한편, 정도전의 네 아들 가운데 정유·정영은 변고가 났다는 말을 듣고 급히 아버지를 구하러 가다가 쿠데타군에게 살해되었다. 정담은 집에서 자기의 목을 찔러 죽었다. 늘 패자 쪽에 줄을 선 특이한 기회주의자 변중량도 살해되었다. 그는 이방원에게 "공公에게 뜻을 둔 지 벌써 두서너 해 되었습니다."라고 말하며 목숨을 구걸하였다. 그러자 이방원은 "저 입도 또한 고깃덩이다."라며 목을 날려 버렸다. 이제는 집으로 돌아갔다가 저녁때 들이닥친 쿠데타군에게 목숨을 잃었다. 가까스로 변란 현장을 벗어나 성 밖에 몸을 숨기고 있던 남은은 순군옥 쪽에 스스로 나갔다가 최후를 맞았다. 그 무렵 정도전의 아들 진이 순군옥에 갇혀 있었다. 진은 유일하게 살아남아 나중에 군대에 들어갔다.

쿠데타는 완벽하게 성공하였다. 속도전의 귀재 이방원은 이번에도 승리하였다. 더불어 태조 이성계는 정도전·방석·방번·이제·남은 등 하룻밤에 사랑하는 사람을 모두 잃고 말았다. 이제 천하는 이방원의 것이었다. 그리고 이성계는 식물임금이 되었다.

쿠데타 며칠 뒤에는 종친 측근과 더불어 변절한 자들의 벼슬잔치가 벌어졌다. 그 자리에서 조준은 여전히 좌정승으로, 김사형 또한 우정 승으로 유임되었다. 하륜은 정당문학에 제수됨으로써 정권 실세가 되 었다. 나머지는 대부분 이방원 측 인사나 변절자들로 채워졌다. 그 무 렵 이방원의 부인 민씨는 남편이 아닌 영안군 방과가 세자에 오르게 된 사실에 불만을 털어놓았다. 그러자 방원은 대수롭잖다는 듯이 내뱉 는다.

"형님에게는 적실 아들이 없질 않소?"

그랬다. 둘째 방과에게는 적실 아들이 없었다. 비로소 민씨는 얼굴 을 폈다. 이쯤 되면 이방원도 이미 정치 고수의 반열에 오를 만하다. 그 는 진정한 승부사였다. 그는 승부를 위해서 기다릴 줄 알았다. 그 기다 림은 기회가 왔을 때 속도를 발휘하여 순간적인 승부를 결정하기 위한 것이었다. 어찌 보면 진짜 집념의 사나이는 바로 이방원이었다. 하지 만 그의 집념과 승부욕은 맹목적인 것이었다. 승부에서 그의 전략은 '먼저 죽이는 것'이었다. 마지막 고려인 정몽주와 조선의 창업자 정도 전이 그 전략에 희생되었다. 또한 그의 이념은 '약육강식'이었다. 그 이념에 따라 아버지를 식물인간으로 만들고, 무능한 형을 발판 삼아, 결국에는 스스로 왕이 되었다. 이방원은 이성계가 되었고, 하륜은 정 도전이 된 것이다.

조선 3대 왕 태종 이방원. 그가 남긴 업적은 우리가 성군聖君이라 일컫는 세종을 탄생시킨 것뿐이다. 하긴 그마저 부인 민씨의 업적이 더 클지도 모른다. 그 밖에 태종 대에 이뤄진 정책과 치적은 이미 삼봉 정도전이 기획한 것을 모방한 것들이 대부분이었다.

한편, 위대한 기획가 정도전은 죽은 뒤에도 이방원 일파의 집요한 공격을 받는다. 1409년(태종 9년)에는 모든 녹권錄券(공신의 훈공을 새긴 패)이 추탈되고 가산을 적몰 당하였다. 1411년에 이방원은 손흥종·황거정과 함께 정도전을 아예 서인庶人으로 폐하였다. 더불어 자손대대로 벼슬에 나올 수 없도록 금고禁錮하였다. 그러나 무엇보다도 이방원이 정도전에게 가한 가장 잔혹한 행위는 《태조실록》이라는 역사 기록을 '정도전 역적 만들기' 대본으로 삼았다는 것이다.

신권에 기반을 둔 관료주의 국가를 꿈꾸던 정도전은 왕조의 잔혹한 계승자 이방원의 손에 죽고 말았다. 하지만 왕조의 계승자들은 정도전의 이름을 지울 수 없었다. 지우지 못할 이름이라면 거기에 오물을 씌우는 수밖에 없었다. 왕조 사회에서 씻어 내기 어려운, 가장 지독한 오물은 바로 '역적'이라는 누명이었다. 행동가 이방원은 쿠데타를 정당화하기 위하여 정도전에게 역모를 씌웠다. 역신으로 몰린 정도전에게는 시호나 행장, 비문도 주어지지 않았다. 그의 출생 연도가 불확실한 것도 그런 까닭이다.

하지만 기획가는 사후 6백 년 역사 속에서 점점 부활하였다. 1422년 12월, 세종은 정도전과 더불어 '무인정란'에 희생된 공신들의 화상畵像(사당에 거는 초상화)과 공권을 자손들에게 돌려주었다. 세조 11년(1465년)에는 정도전의 증손 정문형이 《삼봉집》을 편찬하였다. 거기에 신숙주가 후서를 달았다. 한편, 조선의 기획가 정도전의 명예가 회복

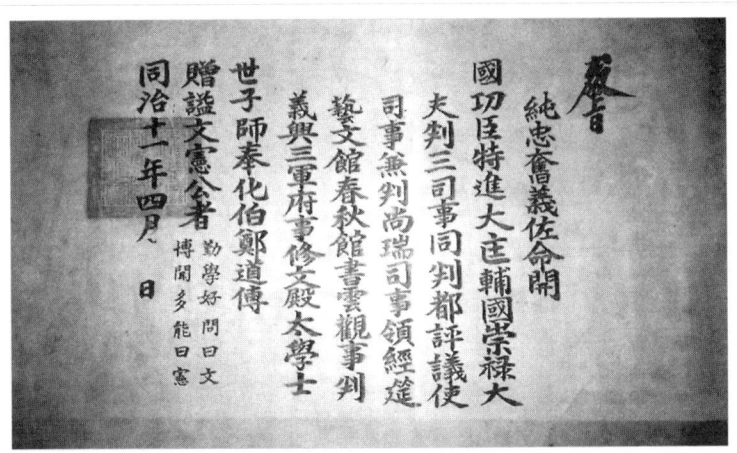

사시교지

고종은 1872년 정도전에게 문헌이란 시호를 하사하는 사시교지를 내렸다. 문文은 학문적 지식이 높고 넓다는 의미이고, 헌憲은 법도에 정통하다는 의미다. 봉화정씨종회 소장.

문헌사

문헌사는 정도전의 사당으로 경기도 평택시 진위면 은산리에 위치해 있다. 편액에 쓰인 '유종공종儒宗功宗'은 태조가 하사한 것으로, 유학에 관한 학식이 으뜸이고, 공로도 가장 크다는 뜻이다.

된 것은 고종 2년(1865년)에 이르러서다. 그해 9월 공신 징호가 회복되고, '문헌文憲'이라는 시호도 받게 되었다. 그리고 문민정부가 들어선 1994년 11월, 문화관광부에서 정도전을 11월의 문화인물로 지정했다. 그해는 서울 정도定都 6백 년을 기념하는 해였다.

정도전은 창업 당시 실세 재상으로서 자신이 실천한 바를 고스란히 시스템화하였다. 그는 기획가면서 동시에 실천가였다. 그래서 그는 역사 속의 CPO(Chief Planning Officer)다. 역사가들은 흔히 그가 정적 이방원 일파의 위험에 철저히 대비하지 못한 것을 그의 실수로 꼽는다. 하지만 그가 다가오는 죽음의 그림자를 예견하면서도 애써 피하려 하지 않고 담담하게 죽음을 맞이한 것을 보면, 그것을 실수라고 말하기는 어려울 것이다.

그가 저지른 진짜 실수는 다른 데 있었다. 그것은 자신처럼 다방면에 탁월한 재상이 후대에서도 계속 나오리라는 믿음이었다. 더불어 자신만큼 임금과 궁합이 잘 맞는 재상이 늘 존재하리라고 기대한 것이었다. 그의 사후 6백 년 역사를 돌이켜보면 실로 정도전처럼 뜨거운 열정과 차가운 이성으로 역사에 획을 그은 인물은 없었다. 그 점에서 정도전은 기획가로서 실수를 범한 것이었다. 물론 그것이 위대한 기획가의 탓은 아닐 것이다. 그를 역사 속에 매장해 버린 못난 후손들의 탓일 터다.

사람은 누구나 죽는다. 그리고 죽고 나면 대부분 그 이름도 사라진다. 다만 어떤 이는 죽은 자리에 커다란 빛을 남긴다. 그 빛으로 사람들 눈길이 모이는 순간, 그의 삶은 부활하고, 그 육신은 별이 된다. 진정으로 힘없는 백성의 처지에 서서 수많은 기득권 세력과 싸우며, 파괴적 열정에 머무르지 않고, 새로운 세상을 설계한 역사의 CPO 정도전. 그가 이 척박한 현실 속에서 의연하게 부활하기를 기대해 본다.

1. 꿈 너머 꿈을 꾸다

1 **전지傳旨** 왕명 출납을 담당하는 승정원을 통해 임금이 내린 상벌에 관해 담당 관
아에 전달되는 명령서.

2 **판삼사사判三司事** 전곡錢穀의 출납과 회계를 담당한 관아인 삼사 소속의 종1품
관직.

3 **공생貢生** 지방에서 천거한 학자.

4 **형부상서刑部尙書** 군사 행정 관청인 병부兵部 소속의 정3품 관직.

5 **중랑장中郞將** 정5품의 무관 관직. 장군을 보좌하는 역할을 한다.

6 **하정사賀正使** 정월 초하룻날 새해를 축하하러 중국으로 보낸 사신.

7 **정동행성征東行省** 충렬왕 때 원나라가 고려의 개경에 둔 관아로 자국의 관리를
두어 고려의 내정을 간섭했다.

8 **중서문하시랑평장사中書門下侍郞平章事** 조정의 서무와 간쟁諫諍 등을 담당한 관
아인 중서문하성 소속의 정2품 관직.

9 **전교주부典校主簿** 정7품 관직. 오늘날 주사 정도 직급에 해당한다.

10 **보우普愚** 고려 후기 선종 가지산문파의 승려(1301~1382). 불교 통합에 힘썼다.

11 **전민변정도감田民辨正都監** 고려 후기 토지와 신분제를 바로잡기 위해 설치한 개
혁기관.

12 **노비안검법奴婢按檢法** 광종 7년(956년), 원래 양민이다가 신라 말 고려 초에 억울

하게 노비가 된 사람들을 해방시켜 주기 위해 만든 법.

2. 기획 이념을 세우다

1 **정언右正言** 조정의 서무와 간쟁諫諍 등을 담당한 관아인 중서문하성 소속의 종6
품 관직. 임금에게 옳지 못하거나 잘못된 일을 고치도록 간하는 일을 담당했다.

2 **선부의랑選部議郞** 전조銓曹, 병조兵曹, 의조儀曹를 합쳐 설치한 관아인 선부 소속
의 정4품 관직.

3 **자제위子弟衛** 공민왕 때 설치된 궁중 내 관청. 1372년 공민왕은 젊고 잘생긴 청년
들을 뽑아 자제위에 두고 시중을 들게 하였다. 당시 왕의 총애를 받은 대표적인 인
물이 홍륜洪倫이다.

4 **조일신趙日新** 공민왕이 세자였을 때 원나라에서 시종하였다가 공민왕이 즉위하
자 1등공신에 책록되었다. 하지만 충신들을 제거하고 왕을 위협하여 관직을 차지
했으며 자신의 무리들에게 관직을 주는 등 악행을 거듭하다 참살당했다.

5 **사예司藝** 성균관에서 음악 지도를 담당한 정4품 관직.

6 **장사성張士誠** 원나라 말기 반란군 지도자(1321~1367). 군사를 모아 반란을 일으
킨 후 대주大周란 국호를 짓고 자신을 성왕이라 일컬었다.

7 **서연시독관書筵侍讀官** 경연청에서 강의를 하는 정5품 관직.

8 **전의부령典儀副令** 종5품 관직.

9 **김의金義** 명나라에서 온 사신을 살해하고 원나라로 도주한 호송관(74쪽 참조).

10 **심왕瀋王** 원나라에서 인질로 둔 고려 왕이나 왕족에게 주던 봉작. 맨 처음 충선왕
이 심양왕으로 봉직을 받았고, 후에 심왕으로 명칭을 변경하였다.

3. 현장체험, 기획의 밑바탕이 되다

1 **가의賈誼** 전한 시대 학자, 정치가(기원전 200~기원전 168). 너무 유능하여 고관들
의 시기를 받아 좌천되었다.

2 **굴원屈原** 춘추시대 문장가, 최초의 시인(기원전 343?~기원전 277?). 〈어부사〉로
유명하며, 성품이 강직하고 고결하여 간신들의 시기를 받아 절명하였다.

3 **한유韓愈** 당나라 때 문인, 사상가(768~824). 자유로운 형식의 고문古文을 창도하

여 산문문체개혁에 기여하였다.

4 관용방關龍逄 하나라 걸왕 때 충신(81쪽 참고).

5 부원수副元帥 전시에 군대를 통솔하는 원수 바로 아래의 임시 무관직.

4. 목표를 향한 한발 전진

1 《도선비기道詵秘記》 통일신라 말 중 도선(827~898)이 중국의 풍수지리설을 바탕으로 썼다고 알려진 예언서. 《고려사》 등의 기록에 등장하나, 현재는 전하지 않는다.

2 정당문학政堂文學 조정의 서무와 간쟁諫諍 등을 담당한 중서문하성 소속의 종2품 관직.

3 지제교知製敎 왕에게 교서 등의 글을 기초하여 바치는 일을 담당한 관직.

4 밀직사密直司 왕명 출납, 궁궐 경호, 군사 기밀 유지 등에 관한 일을 담당한 관아.

5 승선承宣 밀직사 소속으로 왕명 출납을 담당한 정3품 벼슬.

6 부절符節 두 쪽을 맞추어 진위를 가리게 만든 일종의 신분증.

7 합하閤下 정1품 벼슬아치를 높여 부르던 칭호.

8 삼사사三司使 전곡錢穀의 출납과 회계를 담당한 관아인 삼사 소속의 정3품 관직.

9 문하찬성사門下贊成事 정사를 총괄하던 중앙 통치기관인 문하부 소속의 정2품 관직.

5. 기획 실행을 위한 네 가지 프로젝트

1 밀직제학密直提學 왕명 출납, 궁궐 경호, 군사 기밀 유지 등에 관한 일을 담당한 관아인 밀직사 소속의 정3품 관직.

2 주청사奏請使 동지사冬至使 이외에 중국에 청할 일이 있을 때 보내던 사절.

3 철령위鐵嶺衛 명나라가 세운 병참 군영.

4 도통사都統使 각 도의 군대를 통솔하는 일을 담당한 무관직.

5 이지란李之蘭 여진 출신 무장(1331~1402). 고려에 귀화한 후에 이성계를 도와 조선 건국에 공을 세웠다. 본명은 퉁쿠룬투란타무르〔佟古倫豆蘭帖不兒〕.

6 수시중守侍中 정사를 총괄하던 중앙 통치기관인 문하부 소속의 최고위 관직.

7 팔관회八關會 나라에서 주관한 불교행사. 10월 15일은 개경에서, 11월 15일은 서

경에서, 술·다과 등을 베풀면서 나라의 안녕을 빌었다.

8 **지문하부사**知門下府事 정사를 총괄하던 중앙 통치기관인 문하부 소속의 종2품 관직.

9 **대간**臺諫 관료를 감찰 탄핵하는 임무를 수행하는 관리인 대관과 국왕을 간쟁 봉박하는 임무를 수행하는 관리인 간관을 함께 이르던 말.

10 **경연**經筵 왕에게 유교 경전과 사서를 가르치던 제도 또는 그 자리.

6. 조선 창업 그리고 새로운 시작

1 **대사헌**大司憲 정사를 논의하고 풍속을 바로잡으며 관리를 규찰하는 일을 담당한 관아인 사헌부 소속의 정3품 관직.

2 **공사**供辭 조선시대 죄인이 문초를 당해 범죄 사실을 진술하던 일.

3 **좌상시**左常侍 최고 중앙 의정기관인 내사문하성 소속의 정3품 관직.

4 **신정률**新定律 수시중 정몽주가 만든 새로운 국법.

5 **시좌궁**時坐宮 임금이 임시로 지내던 궁전.

6 **수창궁**壽昌宮 서소문 안에 있던 별궁. 고려 초기에 건립하여 몽골과의 전쟁으로 훼손되었다가 우왕 때 재건립되었다.

7 **국둔전**國屯田 국경을 지키는 군사가 경작하여 그 수확을 모두 군자軍資에 충당하던 토지.

8 **이속**吏屬 관아의 벼슬아치 밑에서 일 보는 사람.

9 **주장관**主掌官 송사訟事와 인사, 과거科擧 등에 관한 행정 사무를 주관主管하는 담당 관원.

10 **좌명공신**佐命功臣 창업에 직접 공을 세운 공신.

11 **문하시랑찬성사**門下侍郞贊成事 정사를 총괄하던 중앙 통치기관인 문하부 소속의 정2품 관직.

12 **의흥친군위절제사**義興親軍衛節制使 왕의 친위부대 지휘관.

7. 국가경영 시스템을 구축하다

1 **지중추원사**知中樞院事 왕명 출납, 궁궐 숙위 등의 일을 담당한 관아인 중추원 소

속의 종2품 관직.

2 흠차내사欽差內史 황제의 특명으로 보낸 사신.

3 도승지都承旨 왕명 전달, 상서 전달의 임무를 담당한 관아인 승정원 소속의 최고
위 관직.

4 전악서典樂署 궁중 음악을 관장하던 관아.

5 삼사우복야三司右僕射 전곡錢穀의 출납과 회계를 담당한 관아인 삼사 소속의 종2
품 관직.

6 태실胎室 왕손들의 태를 봉안하던 곳.

7 영삼사사領三司事 전곡錢穀의 출납과 회계를 담당한 관아인 삼사 소속의 최고위
관직.

8 참찬문하부사參贊門下府事 정사를 총괄하던 중앙 통치기관인 문하부 소속의 종2
품 관직.

9 판중추원사判中樞院事 왕명 출납, 궁궐 숙위 등의 일을 담당한 관아인 중추원 소
속의 정2품 최고위 관직.

10 서운관書雲觀 천문·재상災祥·역일 등의 일을 담당한 관아.

8. 사상을 현실로 만들다

1 제조提調 중앙에서 각 사 또는 청의 우두머리가 아니면서 각 관아의 일을 다스리
던 직책.

9. 무너진 기획가의 꿈

1 소격전昭格殿 하늘·땅·별에 지내는 제사를 담당한 관아.

2 홍무洪武 명나라 태조 때의 연호.

3 지문하부사知門下府事 정사를 총괄하던 중앙 통치기관인 문하부 소속의 정2품
관직.

4 예문관제학藝文館提學 임금의 말이나 외교적인 글인 사명辭命을 짓는 일을 담당
한 예문관 소속의 종2품 관직.

5 판내시부사判內侍府事 내시를 관할하던 관아인 내시부 소속의 종2품 최고위 관직.

6 호조전서戶曹典書 호구戶口, 공부貢賦, 전량田糧 등에 관한 일을 담당한 관아인 호조 소속의 정3품 최고위 관직.

7 번藩 제후가 맡아 다스리는 영지.

8 교사郊祀 임금이 수도 밖에서 지내던 제사.

9 병마도절제사兵馬都節制使 각 지방의 병마를 지휘하던 종2품 무관.

10 훈도관訓導官 한양의 사학四學과 지방의 향교에서 교육을 담당하던 교관.

11 수군만호水軍萬戶 각 도의 수군에 속한 종4품 외직 무관.

12 선위사宣慰使 외국 사신을 영접하는 일을 담당한 임시 관직.

13 유비고有備庫 군수품 보급을 담당한 관아.

14 도선무순찰사都宣撫巡察使 지방에 변란이 있을 때 파견한 임시 관직.

15 윤관尹瓘 고려 때 장군(?~1111). 고려 예종 2년(1107년)에 여진을 정벌하고 9성을 쌓았다.

16 참로站路 역참을 지나던 길.

17 우산기상시右散騎常侍 정사를 총괄하던 중앙 통치기관인 문하부 소속의 정3품 관직.

18 첨절제사僉節制使 일선 진영을 관장하던 종3품 무관. 절도사 아래 직급이다.

19 순군천호巡軍千戶 치안을 담당하는 기관인 순군만호부巡軍萬戶府에 속한 관원.